Nina Schuster
Grüne Öffentlichkeiten

Urban Studies

Nina Schuster (Dr. phil.) ist Soziologin. Sie forscht und lehrt an der Technischen Universität Dortmund zu stadt- und kultursoziologischen Fragen, sozialer Ungleichheit und Differenz, sozialen Konflikten und Praktiken, Feministischer und Queerer Theorie sowie qualitativen Methoden empirischer Sozialforschung. Sie ist Mitbegründerin und Mitglied im Redaktionskollektiv von sub\urban. zeitschrift für kritische stadtforschung. 2022 war sie Gastprofessorin an der Technischen Universität Wien.

Nina Schuster

Grüne Öffentlichkeiten

Soziales Miteinander in städtischen Kleingärten

[transcript]

Gefördert durch die Deutsche Forschungsgemeinschaft (DFG) – Projektnummer: SCHU 2885/2-1.
Die Open-Access-Publikation wurde von der Deutschen Forschungsgemeinschaft und der Technischen Universität Dortmund im Rahmen des Projekts Open-Access-Publikationskosten gefördert.
Die Publikation wurde außerdem von der Technischen Universität Dortmund gefördert.

Bibliografische Information der Deutschen Nationalbibliothek
Die Deutsche Nationalbibliothek verzeichnet diese Publikation in der Deutschen Nationalbibliografie; detaillierte bibliografische Daten sind im Internet über https://dnb.dnb.de/ abrufbar.

Erschienen 2024 im transcript Verlag, Bielefeld

Umschlaggestaltung: Maria Arndt, Bielefeld
Umschlagabbildung: Nina Schuster
Lektorat: Katrin Viviane Kurten
Druck: Majuskel Medienproduktion GmbH, Wetzlar
https://doi.org/10.14361/9783839472200
Print-ISBN: 978-3-8376-7220-6
PDF-ISBN: 978-3-8394-7220-0
Buchreihen-ISSN: 2747-3619
Buchreihen-eISSN: 2747-3635

Gedruckt auf alterungsbeständigem Papier mit chlorfrei gebleichtem Zellstoff.

Für Jörg, der dachte, ich sei ein Gartenspion.

Inhalt

Einleitung

Was sucht die Soziologie im Kleingarten? Während Urban Gardening in den vergangenen Jahren viel Aufmerksamkeit in Gesellschaft und Wissenschaft entgegengebracht wurde, bleiben die Kleingärten merkwürdig blass. Das mag daran liegen, dass ihr Beitrag zum sozialen Miteinander der Stadt bisher kaum gewürdigt worden ist, da sie als städtische Grünräume vorwiegend hinsichtlich ihrer ökologischen Dimension betrachtet wurden. Vielleicht haben Soziologie und Stadtforschung Kleingärten aber auch unterschätzt, sie als Randphänomen betrachtet und ausschließlich mit Kleinbürgertum und einengenden Traditionen und Regeln assoziiert. Angesichts der großen Aufmerksamkeit, die aktuell und international den verschiedenen neuen städtischen Gartenformen entgegengebracht wird, ist diese Forschungslücke erstaunlich. Die große Zahl der (diversen) Gärtner_innen in Deutschland, die Größe der von Kleingartenanlagen eingenommenen städtischen Flächen und ihre Institutionalisierung in Vereinen und politisch einflussreichen Verbänden, aber vor allem ihre lange und wechselvolle Geschichte, ihre Anlage auf Dauer und ihre diversen Funktionen für die Städte machen eine intensive soziologische Betrachtung von Kleingärten unbedingt interessant.

Dieses Buch nimmt Kleingärten als städtische Bereiche in den Fokus, die die Stadtbewohner_innen auf den ersten Blick zum Gärtnern aufsuchen, die aber viele darüber hinausgehende soziale Funktionen haben. Vor allem ermöglichen die Vereine, dass Mitglieder, die in ihrem sonstigen städtischen Alltag möglicherweise wenig Berührungspunkte hätten – sei es, weil sich ihr Alltag, ihre Lebensumstände und -entwürfe oder ihre beruflichen Orientierungen unterscheiden oder weil sie in verschiedenen Bereichen der Stadt leben –, trotz Unterschiedlichkeit in Kontakt miteinander kommen können. Denn auch in der grünen Öffentlichkeit des Kleingartens gestalten die Stadtbewohner_innen die Gesellschaft in der Stadt. Daher versteht die Forschung, die diesem Buch zugrunde liegt, Kleingärten sowohl als Ausdruck und Ergebnis sozialer und urbaner Prozesse als auch als Orte der Neuaushandlung von Differenz und Transformation in der Stadt.

Mit Kleingartenvereinen als exemplarischem sozialem Feld habe ich mich drei Jahre lang (2018 bis 2021) in einem soziologischen Forschungsprojekt, gefördert durch die Deutsche Forschungsgemeinschaft (DFG), beschäftigt. Hierfür habe ich in Kleingärten in einer west- und einer ostdeutschen Großstadt die Mechanismen erforscht, die bei der Herstellung und Aufrechterhaltung sozialer Ungleichheit und im Umgang mit Differenz am Werk sind. Dabei habe ich analysiert, wie Menschen im alltäglichen städtischen Miteinander auf Differenz Bezug nehmen. In diesem Buch diskutiere ich, ob und inwiefern sich im Mikrokosmos Kleingarten bestimmte gesellschaftliche Prozesse und Dynamiken des sozialen Wandels und der zunehmenden gesellschaftlichen Heterogenität, aber auch spezifischer städtischer Entwicklungen wiederfinden und inwiefern sie dort bearbeitet werden. Hierbei ist die Frage, was Kleingärten zu grünen Öffentlichkeiten in der Stadt macht, in denen unterschiedlichste Menschen einander begegnen, welche Rolle Differenzaushandlung und Konflikte dabei spielen und letztlich, inwiefern sie im Alltag banale Transgression ermöglichen (Amin 2002b).

Die Beschäftigung mit der gesellschaftlichen Bedeutung von Kleingärten zeigt, dass nicht nur Fragen des Wohnens und Arbeitens für die stadtsoziologische Forschung interessant sind; es lohnt, sich auch mit den sozialen Funktionen städtischer Gartenvereine zu beschäftigen. Als historisch gewachsene städtische Bereiche bieten sie der Gesellschaft Möglichkeiten für Austausch und Begegnungen, die sich zwar von anderen öffentlichen Stadträumen unterscheiden, aber für städtische gesellschaftliche Prozesse ebenso relevant sind. Die Mikroöffentlichkeiten der Kleingärten ähneln dabei möglicherweise anderen kleinen städtischen Öffentlichkeiten wie beispielsweise der Öffentlichkeit von Gemeinschaftsgärten und städtischen Parks, aber auch kleinen Öffentlichkeiten wie Hundewiesen oder Spielplätzen. Dort können sich punktuelle, teilweise auch regelmäßige Kontakte zwischen Fremden ergeben, was auf soziale Funktionen für die Stadt hindeutet. Darin sind Kleingärten anderen kleinen städtischen Öffentlichkeiten wie Stadtbibliotheken (Peterson 2017) und Videotheken, Jugend-, Kultur- und Stadtteilzentren, Repaircafés, selbstorganisierten Fahrradwerkstätten und Stadtteil-Suppenküchen ähnlich. Kleingärten stellen allerdings aufgrund ihrer dauerhaften Anlage, die mit einer privaten Verpachtung städtischer Grünflächen verbunden ist, einen besonders interessanten Gegenstand zur Erforschung des städtischen sozialen Miteinanders dar. Die Vereine, zu denen die Parzellen gehören, ermöglichen den Aufbau dauerhafter sozialer Verbindungen und erzeugen soziale Dynamiken, die weniger flüchtig sind als in anderen kleinen städtischen Öffentlichkeiten. Und anders als Orte, die gezielt für Begegnungen und Bildung in der Stadt oder im Stadtteil gegründet wurden, wie Communitycenter oder öffentliche Bibliotheken, entstanden vor über 200 Jahren erste Kleingartenvereine zur Selbstversorgung der ärmeren Stadtbewohner_innen. Nach vielen Jahrzehnten ihres Bestehens hat sich ihre Funktion verändert und verschoben, auch wenn hier nach wie vor gegärtnert wird und Gemüse, Obst, Kräuter und Blumen angebaut werden. Die Frage, welche darüber hinausgehenden Funktionen Kleingärten für Stadt und Gesellschaft haben, wird derzeit neu ausgehandelt.

Neuaushandlung der Funktionen von Kleingärten

Der Prozess zur Neuaushandlung der Funktionen von Kleingärten verläuft aktuell im Kontext der folgenden städtischen und gesellschaftlichen Prozesse:

(1) Die öffentliche Wahrnehmung von Kleingärten ist im Wandel. Im Zuge eines allgemein wachsenden Interesses am Gärtnern in der Stadt entstehen viele neue Veröffentlichungen über Kleingärten. Deren Darstellungen entfernen sich immer mehr von früheren Klischees zum Kleingarten. Sie ziehen eine deutliche Linie zur traditionell angenommenen Spießigkeit der Vereine und ihren Regeln, wobei sie sich über die »Drittelregelung« und die Aushandlungen zur vorgeschriebenen Heckenhöhe im Kleingarten ebenso lustig machen wie über den sprichwörtlichen und ganz ohne Ironie aufgestellten Gartenzwerg, geradlinig gezogene Beete und englischen Rasen. Sie entwerfen ein Bild vom individuellen Garten als romantisch verklärte Selbstverwirklichungsoase, die die Individualität und Kreativität der Nutzer_innen widerspiegelt. Die private Parzelle wird dabei isoliert von ihrer (Vereins-)Umgebung präsentiert. Diese Darstellung legt ein beredtes Zeugnis über das anhaltende Interesse an Kleingärten ab und zeigt die damit verbundenen heutigen Projektionen eines individualisierten Lifestyles, der auch mithilfe der Kleingartenparzelle verwirklicht werden soll. Unter den Tisch fallen dabei die diversen sozialen Dynamiken und Funktionen, die Kleingartenvereine nach wie vor mit sich bringen. Die Parzellen sind eben keine individuellen Inseln. Sie erfüllen für die Stadt mehr Funktionen als nur die individuelle Selbstverwirklichung und haben damit eine Funktion auch für das städtische Zusammenleben insgesamt.

(2) Kleingartenvereine sind auch deshalb für die soziologische Forschung spannend, da derzeit nicht nur ein Generationenwechsel in den Vereinen stattfindet, bei dem sich – vor allem in großen Städten – auch die Heterogenität der Mitglieder erhöht. Dabei haben Kleingärten seit einigen Jahrzehnten ihre frühere Funktion der Subsistenzsicherung der ärmeren Bevölkerungsschichten eingebüßt. Das ermöglicht heute neue Aushandlungen dazu, wie diese Definitionslücke mit neuen Funktionszuschreibungen geschlossen werden soll. Darin liegt viel Potenzial für Veränderungen in den Vereinen, die hierbei in einem Wechselverhältnis mit Stadt und Gesellschaft stehen.

(3) Derzeit werden auch Fragen der regionalen Nahrungsmittelproduktion wieder stärker in den Fokus gerückt. Diese Funktion ist den Kleingärten als Frühform des städtischen Gärtnerns historisch eingeschrieben und wird von ihnen auch aktuell wieder stärker erfüllt. Allerdings werden Kleingärten in diesem Kontext – im Gegensatz zu dem neueren Phänomen von Gemeinschaftsgärten – bisher zu wenig beleuchtet.

(4) Und nicht zuletzt wird in wachsenden Städten der Erhalt von Kleingartenvereinen immer wieder infrage gestellt. Hohe Bodenpreise erzeugen Begehrlichkeiten, sowohl bei potenziellen Investor_innen als auch bei den Kommunen. Dabei werden Flächen, die für Kleingärten reserviert sind, häufig gegen den städtischen Wohnungsmangel ausgespielt. Unterschlagen wird dabei häufig, dass keineswegs die ärmeren Gesellschaftsschichten davon profitieren, wenn die bisher von Kleingärten eingenommenen Flächen neu bebaut werden. Statt bezahlbarem Wohnraum entstehen in kapitalistischen Städten in guten Lagen Büros, Eigentumswohnungen oder teure Apartments für Besserverdienende. Regelmäßig müssen in deutschen Großstädten ganze Kleingartenvereine, die ja Orte der Mieter_innen und eher ärmeren Stadtbewohner_innen sind, aufgrund dieser Entwicklungen weichen.

Gesellschaftlicher Rahmen: Dimensionen des Wandels heterogener Gesellschaften

In Westeuropa und Nordamerika sind zeitdiagnostisch für diese Studie unter anderem die folgenden gesellschaftlichen Entwicklungen als Rahmenbedingungen relevant:

(1) Seit vielen Jahren ist eine Vervielfältigung der Lebensentwürfe zu beobachten, die verbunden ist mit einem Aufweichen traditioneller Vorgaben. Für die Individuen bedeutet das einen Zugewinn an Freiheiten und gleichzeitig ei-

nen gewachsenen individualisierten (Leistungs- und Entscheidungs-)Druck, deren Kehrseiten eine fehlende soziale Zugehörigkeit, Vereinzelung und Verunsicherung sein können (Beck 1986). Obwohl seit Jahrzehnten traditionelle Familienmodelle und Geschlechterarrangements durch zahlreiche Alternativen herausgefordert werden – und mit ihnen die heteronormative Ordnung –, bleiben die zweigeschlechtliche Norm und die Norm der heterosexuellen Kleinfamilie persistent (Butler 1991).

(2) Trotz der Normalität von Zuwanderung und eines hohen Bevölkerungsanteils mit Einwanderungsgeschichte in westlichen Industriestaaten (in Deutschland haben derzeit etwa 40 Prozent der Bewohner_innen eine Migrationsgeschichte) ist die Norm einer nationalen »Leitkultur« in diesen Gesellschaften noch immer wirkmächtig (Hess/Moser 2009). Die im öffentlichen Diskurs damit verknüpfte Ethnisierung der ›Anderen‹ und die Assimilationsforderungen, die auch an Menschen gerichtet werden, die hier geboren wurden, wirken ausgrenzend. Immer wieder weist die Forschung auf die Benachteiligung und Diskriminierung von Menschen mit Migrationsgeschichte hin – auf dem Arbeits- und Wohnungsmarkt, aber auch im Bildungssystem und hinsichtlich der Möglichkeiten politischer Teilhabe.

(3) Im Bereich der Erwerbsarbeit bleibt zwar die Norm einer Normalerwerbsbiografie bestehen. Allerdings ist sie (auch für *weiße* erwerbsfähige Männer) keine Selbstverständlichkeit mehr. Die Erwerbsbeteiligung von Frauen steigt seit Langem, aber ein hoher Anteil der Frauen arbeitet in Teilzeit, in befristeten Arbeitsverhältnissen und niedriger entlohnten Berufssparten. Insgesamt werden prekäre oder prekarisierte Lebensbedingungen für immer mehr Menschen alltäglich (Motakef 2015). Diskutiert wird zudem eine erhöhte Aufmerksamkeit der jungen Erwachsenen für eine bessere Work-Life-Balance, der unter anderem ein gesteigertes Bewusstsein für die eigene – auch psychische – Gesundheit zugrunde liegt.

(4) Gesellschaftliche Prozesse und menschliches Miteinander haben trotz einer zunehmenden Digitalisierung der Lebenswelt – und einer Abnahme des Anteils schwerer körperlicher Arbeit aufgrund der fortschreitenden Automatisierung der Produktionsprozesse – auch weiterhin eine räumliche und körperbezogen-materielle Dimension. Dies bedeutet, dass die körperliche Kopräsenz von Menschen weiter bedeutsam bleibt und ein großer Teil menschlicher Interaktionen nach wie vor in konkreten Räumen stattfindet, durch diese geprägt ist und darauf einwirkt – bei gleichzeitigem Einfluss digitalisierter Prozesse mithilfe von Navigationssystemen, plattformbasierten und -unterstützten Praktiken und Ähnlichem.

Diese und weitere langfristige makrogesellschaftliche Entwicklungen hinterlassen Spuren im beforschten Feld der Kleingartenvereine. Sie bilden sowohl den Rahmen als auch gelegentlich den Gegenstand der Praktiken und Aushandlungen auf mikrosozialer Ebene.

Ziel dieses Buches

Wie bereits gezeigt, werden Gesellschaften in diesem Buch also nicht als statisch betrachtet, sondern hinsichtlich ihrer Dynamiken und Prozesse, die einen fortwährenden Wandel implizieren. Soziale Prozesse zu betrachten ermöglicht, das Funktionieren und die Reproduktionsmechanismen der Gesellschaft in den Fokus der Analyse zu rücken. Aktuelle gesellschaftliche Prozesse sind dabei nur im Kontext eines globalisierten kapitalistischen Wirtschaftssystems und globaler Wirtschafts- und Finanzkrisen, neuer, global organisierter Kommunikationsformen und zunehmender Mobilität, neuer Migrationsformen und wachsender Transnationalisierung sowie ganz aktuell unter dem Eindruck diverser Krisenszenarien zu verstehen. Diese Prozesse schlagen sich als intersektionale soziale Ungleichheiten und in Machtverhältnissen gesellschaftlich nieder und sind in stetigem Wandel und in Aushandlung befindlich. Strukturell verankerte Hierarchien und Machtverhältnisse wirken in kapitalistischen Gesellschaften bis in die Tiefenschichten des Alltags und des alltäglichen Handelns hinein.

Für die Forschung, die diesem Buch zugrunde liegt, war eine zentrale Frage, inwiefern soziale Prozesse und Praktiken auf der alltäglichen Ebene eine Rolle für die Aushandlung von Differenz und eine mögliche Verständigung über Differenzen hinweg mit sich bringen. Eine weitere Frage war die nach dem transformativen Potenzial, das sich im alltäglichen Miteinander entfaltet, auch im Hinblick auf die Verringerung sozialer Ungleichheiten.

Damit leistet das Buch einen Beitrag zu verschiedenen Debattensträngen in Soziologie und interdisziplinärer Stadtforschung. Es greift ungleichheits-, differenz- und konflikttheoretische Perspektiven auf und bezieht sie auf aktuelle gesellschaftliche Entwicklungen. Die Annahme einer alltäglichen Aushandlung gesellschaftlicher Ordnung in sozialen Praktiken beruht auf praxistheoretischen und interaktionssoziologischen Überlegungen (Goffman 1963; Hörning/Reuter 2004; Schmidt 2012). Diese unterschiedlichen Zugangsweisen verbindet die Studie, um städtische Mikroöffentlichkeiten und den alltäglichen Umgang mit sozialem Wandel und Differenz zu analysieren.

Untersuchungsdesign

Die in diesem Buch vorgestellte Studie wurde als Ethnographie erarbeitet. Sie kontextualisiert städtische soziale Praktiken, um zu zeigen, inwiefern gesellschaftliche Veränderungen und städtische Entwicklungen sich auch im Mikrokosmos Kleingarten widerspiegeln und dort ebenfalls ausgehandelt werden. Aus einer explorierend-qualitativen Perspektive wurden unter anderem die folgenden Aspekte des sozialen Miteinanders im Kleingartenalltag, der Konfliktaushandlung und der sozialen Differenzierungsprozesse fokussiert, wobei diese in der Praxis zum Teil ineinandergreifen:

- Praktiken: handwerkliche und gärtnerische Praktiken; Wissensvermittlung und Lernen; gegenseitige Unterstützung, Beratung und Kooperation; Freizeit-, Kommunikations- und Gemeinschaftspraktiken; Definition von Aufgaben und Rollen im Verein;
- Ordnungen: Wissensordnungen, Normen, Regeln, Gesetze, Traditionen; Machtverhältnisse und Hegemonien im Verein; Rolle des Verbands; Verständnis von Gartenzweck und -ästhetik; Verständnis des Vereinszwecks; Gartenvergabepraxis;
- Soziale Differenzierungsprozesse und Konfliktaushandlung: Relevanzsetzung beziehungsweise Irrelevanz sozialer Differenzierungskategorien wie Geschlecht, Klasse, Herkunft, Alter; Bedeutung von Körperbildern und Körperkraft; Herstellung von Zugehörigkeit und Exklusion; Identifikation neuer Nutzergruppen, Praktiken und Ansprüche.

Die Studie arbeitet anhand von Kleingartenvereinen – einem klar umrissenen sozialen Bereich, der teilweise auch ein umkämpfter städtischer Bereich ist – eine Perspektive auf Differenz und deren Aushandlung in der Stadt aus, die sensibel für soziale Ungleichheit und Machtverhältnisse ist. Sie entwickelt ein Verständnis dafür, wie in alltäglichen Prozessen Differenz bewältigt und gesellschaftliche Integration in der Stadt ausgehandelt wird, auch hinsichtlich der Rolle von Konflikten für Differenzaushandlung in der Stadt. Die Analyse von Kleingartenvereinen eignet sich dafür als Beispiel, da sie – implizit auch im Gegensatz zu anderen, oft eher temporären Formen städtischer Gärten wie Gemeinschaftsgärten und Interkulturellen Gärten – aufgrund der Vereinsform und durch langfristige Pachtverträge eine längerfristige institutionalisierte Form des städtischen Miteinanders ermöglichen.

Die dreijährige Studie, die dieses Buch vorstellt, hat verschiedene Kleingartenvereine in einer ost- und einer westdeutschen Großstadt erforscht. Die ausgewählten Großstädte[1] ähnlicher Größenordnung haben unterschiedliche stadtentwicklungspolitische Ausgangslagen. Beide Städte verzeichnen aktuell ein Bevölkerungswachstum, die eine deutlich, die andere nur leicht. Zudem eint die Städte ein im Bundesvergleich hohes Armutsrisiko und relativ hohe Arbeitslosenquoten, was für eine große Bedeutung der Kleingärten in beiden Städten spricht. Hinsichtlich der Heterogenität der Bevölkerung, insbesondere des Anteils Zugewanderter und von Menschen mit Migrationsgeschichte, unterscheiden sich die Städte auch aus historischen Gründen wesentlich: Während in der West-Stadt 19 Prozent der Bewohner_innen keinen deutschen Pass haben (34 Prozent haben eine Einwanderungsgeschichte), haben in der Ost-Stadt nur 13 Prozent der Bewohner_innen keinen deutschen Pass (20 Prozent haben eine Einwanderungsgeschichte) (Statista 2022). In den vergangenen zehn Jahren näherten sich die Zuwanderungsquoten der Ost-Stadt deutlich an die der West-Stadt an. Für die Studie wurde angenommen, dass sowohl das Einkommensniveau als auch der Anteil an Menschen mit Migrationsgeschichte in den Städten im Zusammenhang mit der Betrachtung des sozialen Miteinanders in den Kleingärten, der Zusammensetzung der Pächter_innen in den Vereinen und der Funktionen der Gärten und Vereine eine gewisse Relevanz haben würde.

Wie oben geschildert, hat die Studie weder eine stadtvergleichende Perspektive eingenommen noch hatte sie zum Ziel, regionale Besonderheiten herauszuarbeiten. Vielmehr dienten die zwei Fallstudienstädte in Ost und West dazu, stadtübergreifend ein möglichst breites Spektrum an Praktiken und Aushandlungsprozessen in deutschen Kleingartenvereinen zu entdecken und zu analysieren. Die historischen Unterschiede in der Entwicklung von ost- und westdeutschen großstädtischen Kleingartenvereinen, die sich insbesondere auf die Zeit zwischen 1945 und 1989 beziehen, haben zwar bis heute gewisse Auswirkungen, spielten insgesamt aber eine geringere Rolle als im Vorfeld erwartet.

---

1 Die Namen der Städte und der untersuchten Vereine werden in dieser Studie nicht genannt, um die Gesprächspartner_innen und Vereine zu schützen. Da es um die Untersuchung des gesellschaftlichen Phänomens Kleingarten ging und nicht um regionale Unterschiede oder eine Vergleichsperspektive, ist dies auch im Sinne der Fragestellung.

Für eine differenzierte Annäherung an die unterschiedlichen Kleingartenvereine einer Stadt wurde zunächst deren städtische Lage (zentral oder peripher) als Kriterium genutzt. Aufgrund der Erwartung, dass mehr sozialer Wandel in nachgefragten innerstädtischen Lagen stattfinde, wurde eine größere Anzahl innenstadtnaher als peripher gelegener Vereine einbezogen. Folgende Annahmen lagen der Beschäftigung mit der Lage der Kleingartenvereine in der Stadt zugrunde:

(1) Vereine, die innenstadtnah und in Stadtteilen liegen, die sich durch Gentrifizierungsprozesse stark verändern, könnten sich wesentlich stärker wandeln als solche in Stadtteilen oder Städten mit entspanntem Wohnungsmarkt. Denn dieser Druck auf den Wohnraum wäre auch an einer höheren Nachfrage nach Gärten zu erkennen, was in den Vereinen wiederum gewisse Veränderungen der Mitgliederstruktur ergäbe.

(2) Gartenvereine in weniger nachgefragter Lage in der Stadt könnten sozial homogener sein und stärker an Traditionen festhalten, da sie weniger Veränderungsdruck ausgesetzt sind.

(3) Die Kleingartenvereine könnten sich hinsichtlich der Vielfalt ihrer Mitglieder unterscheiden. In Städten oder Stadtvierteln mit besonders vielfältiger Bewohnerschaft wurde ein höheres Maß an Offenheit im Umgang mit Differenz erwartet, das sich im sozialen Miteinander des Gartenvereins widerspiegeln könnte.

Eigene Position im Feld, Perspektive und Feldzugang

Vor Beginn meiner Forschung hatte ich bereits verschiedene Erfahrungen mit Gärten und Gärtnern gemacht, zunächst widerwillig beim Laubharken und Unkrautjäten im Garten meiner Eltern, dann freiwillig im Schulgarten der Grundschule und nach dem Abitur bei einem landwirtschaftlichen Praktikum im Biogemüseanbau im französischen Burgund, später im WG-Gemüsegarten und seit 2012 im eigenen Kleingarten. Die anfängliche Faszination und Fremdheit des Mikrokosmos Kleingarten mit seinen sozialen Eigenheiten und speziellen Regularien sind längst der Gewohnheit gewichen. Daher war ich bereits recht vertraut mit dem Forschungsfeld.

Dass ich mit dieser soziologischen Studie die Welt der Gärten mit der akademischen Welt verbinde, ist also kein Zufall. Eine Herausforderung war allerdings, immer wieder den eigenen Blick zu hinterfragen und auf Distanz zum Forschungsfeld zu gehen (Amann/Hirschauer 1997). Lange hatte ich mich gebremst, die Forschung in meine Freizeit vordringen zu lassen – mein Garten sollte mein besonderer, privater Ort der Entspannung bleiben. In meinem Verein habe ich allerdings erlebt, dass sich dort die Mitglieder unterschiedlicher gesellschaftlicher Gruppen alltäglich begegnen und in ihren Interaktionen miteinander klarkommen, ohne die gesellschaftlichen Dynamiken, die unterschwellig mitschwingen mögen, explizit zu benennen. Vieles deutete für mich darauf hin, dass Kleingartenvereine ein interessanter Gegenstand für ein soziologisches Forschungsprojekt zum sozialen Miteinander in der Stadt sein könnten.

Längst als Soziologin an der Fakultät Raumplanung der TU Dortmund beschäftigt, hatte ich bereits viel zu Fragen von sozialer Ungleichheit und Diversität in Städten gearbeitet und bereits in meiner Dissertation zur Raumproduktion queerer Szenen (Schuster 2010) ethnographisch geforscht. Also konzipierte ich ein Forschungsprojekt zu sozialem Wandel, Konflikten und der Aushandlung von Differenz in Kleingartenvereinen. Ich erhielt dafür Fördermittel der DFG für eine eigene Stelle. Mein Blick auf das Forschungsfeld war und ist dabei geprägt durch die Perspektive einer Kleingärtnerin in Westdeutschland, die als promovierte Soziologin an einer Universität beschäftigt ist, der biodeutschen Mittelschicht zugerechnet wird und das Abweichen von heteronormativen Erwartungen aus eigener Erfahrung kennt.

Erhebungsmethoden und methodisches Vorgehen

Das Forschungsprojekt ist ethnographisch ausgerichtet und orientiert sich am Zugang der »lebensweltlichen Ethnographie« (Honer 1993; Wacquant 2003, 2013; Girtler 2001). Diese arbeitet vor allem mit beobachtender Teilnahme, ergänzt durch ethnographische Interviews, Dokumenten- und Bildanalysen sowie Expert_inneninterviews (Hitzler 2000). »Beobachtende Teilnahme« beinhaltet eine intensive Beobachtung, bei der die Forschenden versuchen, so gut wie möglich selbst Teil des Forschungsfeldes zu werden. In der Beobachtung generieren sie über eigene leibliche, emotionale und kognitive Erfahrungen Wissen, das eine Sinnrekonstruktion aus der Binnenperspektive ermöglichen kann. Dies beinhaltet, mit größter Offenheit vorzugehen, um die dem Forschungsgegenstand eigenen Logiken und Ordnungen, die die Akteure im Feld nutzen beziehungsweise an denen sie sich reiben, wahrnehmen und analysieren zu können. Ethnographische Studien zeichnet ein besonderes Wechselverhältnis von Forschenden und Forschungsgegenstand aus, da die

Forschenden selbst im Feld handeln und dieses durch ihre Interpretationen der Ereignisse und Erlebnisse mitgestalten. Die abwechselnd-gleichzeitigen Mitgliedschaften in Forschungsfeld und akademischem Feld bringen regelmäßig auch Interessens- und Loyalitätskonflikte mit sich (Wacquant 2003; Keller 2015). Ein reflexiver Umgang mit diesem Wechselverhältnis, vor allem der Positionalität der Forschenden, ist unerlässlich, um mögliche Effekte der Forschungssituation auf die Ergebnisse transparent zu machen (Bourdieu 2002 [1993]).

Im Zentrum dieser ethnographischen Studie standen drei qualitative Forschungsmethoden: beobachtende Teilnahme, teilstrukturierte Interviews und leitfadengestützte Expert_inneninterviews. Darüber hinaus wurden in die Betrachtung Dokumente aus dem Forschungsfeld (Gartenverbandszeitschriften, Internetpräsenzen der Vereine) sowie journalistische Darstellungen zum Forschungsfeld in Zeitungsartikeln und Fernsehfilmen einbezogen. Als Forscherin war ich in unregelmäßigen Rhythmen selbst im Forschungsfeld präsent – in einigen Vereinen öfter, in anderen selten oder nur einmalig.

Der Feldzugang zu den verschiedenen Kleingartenvereinen, die Gegenstand dieser Forschung waren, verlief unsystematisch über bestehende Kontakte, soziale Netzwerke und im Schneeballsystem. In dem Kleingartenverein, in dem ich selbst seit mehr als zehn Jahren eine Parzelle nutze, war ich mit Abstand am häufigsten anwesend – nicht immer als beobachtende Teilnehmerin. Dort konnte ich am intensivsten beobachten, und zwar nicht nur von meiner Parzelle aus, sondern auch bei verschiedenen gemeinschaftlichen Anlässen. Zudem habe ich die Gärten vieler Vereinsmitglieder besucht, sowohl von befreundeten als auch fremden, und mit ihnen ungezählte ethnographische Gespräche geführt. Hierbei ging es auch darum, Themen aufzuschnappen, die die Gärtner_innen beschäftigten, und diese im Austausch mit ihnen zu vertiefen, um ihre Perspektiven einzufangen und zu verstehen. Außerdem eröffnete dieser Austausch neue Themen und Zugang zu weiteren Gesprächspartner_innen, wenn beispielsweise von Vorkommnissen im Verein berichtet wurde, was ich nutzte, um mit weiteren Gärtner_innen Kontakt aufzunehmen.

Für die Studie unternahm ich diverse Rundgänge durch Gartenvereinsanlagen, am häufigsten im eigenen Verein, aber auch in zahllosen anderen Anlagen – oft allein, manchmal in Begleitung einer anderen Person. Ziel dieser Erkundungen war, die Atmosphäre in der Anlage zu erspüren und dabei zu sehen und zu hören, was andere Gärtner_innen gerade taten, sie zu grüßen und gelegentlich ein paar Worte mit ihnen zu wechseln. Je nach Wochentag und Uhrzeit war ich als Beobachterin mehr oder weniger auffällig, besonders, wenn in der Anlage sonst nicht viel los war oder ich zum eingehenden Betrachten länger stehen blieb. Einige Male fiel ich dabei anderen Gärtner_innen auf, die mich daraufhin misstrauisch musterten. Vielleicht befürchteten sie, dass ich etwas auskundschaften und Kriminelles im Schilde führen könnte. Einbrüche und Diebstähle sind in Kleingartenvereinen an der Tagesordnung. Wer sich auffällig anders verhält als andere, zieht das Misstrauen der Vereinsmitglieder auf sich.

Expert_inneninterviews (Meuser/Nagel 2009) führte ich mit Vertretern der beiden Stadtverbände, mit einer Vertreterin einer kleinen Institution im Bereich Kleingartenwesen, mit den Vertreter_innen zweier gemeinschaftlicher Gartenprojekte sowie eines Urban-Gardening-Projekts und mit Vertreter_innen der Mietervereine der Städte. Ziel der Expert_inneninterviews mit den Stadtverbänden war, Wissen zu den Sichtweisen der institutionellen Seite des Kleingartenwesens zu gewinnen. Es ging darin um die rechtlichen und organisatorischen Rahmenbedingungen des Kleingartenwesens, die Veränderungen der vergangenen Jahrzehnte, um stadtentwicklungspolitische Fragen sowie mögliche Probleme und Konflikte in den Vereinen. Außerdem sollte herausgearbeitet werden, welche weiteren Fragen und Themen die Verbandsvertreter gerade beschäftigten, welche Agenda sie damit verbanden, welche aktuellen Dynamiken im Kleingartenwesen sie möglicherweise beeinflussen wollten und welche Strategien sie dafür in Betracht zogen. Die insgesamt drei Interviews mit einer Vertreterin einer kleinen Institution im Bereich Kleingartenwesen dienten dazu, Wissen zu den Veränderungen der vergangenen zehn bis zwanzig Jahre in den Kleingartenvereinen ihrer Stadt und der verschiedenen Stadtteile, aber auch bundesweit zu erlangen und ihre Perspektive auf mögliche aktuelle Probleme und Konflikte in den Vereinen sowie auf aktuelle Dynamiken im Kleingartenwesen zu erhalten. Die Expert_inneninterviews mit den Vertreter_innen der zwei gemeinschaftlich ausgerichteten Gartenprojekte und des Urban-Gardening-Projekts sollten auch die Beweg- und Hintergründe der nicht kleingärtnerischen Gartennutzung erfassen, um diese nachvollziehen und sie gegenüber dem Kleingartenwesen abgrenzen zu können.

Da ein Großteil der Kleingärtner_innen zur Miete wohnt, ist die Situation des Wohnungsmarktes ein relevanter Kontext der Forschung zum Kleingartenwesen. Ziel der Expert_inneninterviews mit Angestellten der Mietervereine war, Deutungs- und Erfahrungswissen hinsichtlich der Veränderungen, Probleme und aktuellen Fragen zu erlangen, die sich zu dieser Zeit in der jeweiligen Stadt am Wohnungsmarkt abzeichneten. Denn Mietervereine haben einen guten Überblick über die Wohnsituationen der Mieter_innen einer Stadt oder Region, auch hinsichtlich der Entwicklungen verschiedener Stadtteile und unterschiedlicher Nachfragegruppen. Sie kennen sich gut mit aktuellen und zurückliegenden Veränderungen am Wohnungsmarkt aus, großräumiger und stadtteilspezifisch – sowohl im Hinblick auf Mietpreisentwicklungen als auch auf die Dynamiken von Immobilienverkäufen, Sanierungen und Neubau im Wohnungsbereich. Aufgrund ihres beruflichen Fokus können sie zukünftige Entwicklungen und Besonderheiten des jeweiligen Wohnungsmarkts und deren Konsequenzen für die Mieter_innen gut einschätzen und bewerten.

In insgesamt 20 teilstrukturierten ein- bis anderthalbstündigen teilstrukturierte Interviews wurden Interviews mit Kleingärtner_innen aus insgesamt zehn Kleingartenvereinen in den beiden Städten geführt. Ziel dieser Interviews war es, möglichst unterschiedliche Perspektiven und Erfahrungen von Kleingärtner_innen im Zusammenhang mit ihrem Alltag im Kleingartenverein zu erheben. Es ging darum, zu verstehen, welche Veränderungen sie wahrnehmen, wie sie Konflikte im Verein erleben und damit umgehen, welche Rolle Differenz für sie spielt und wie sie insgesamt das soziale Miteinander in ihrem Kleingartenverein erleben.

Zu stadtentwicklungspolitischen Themen in beiden Städten wurden darüber hinaus diverse informelle Gespräche mit Kolleg_innen aus der Wissenschaft geführt; zum sozialen Miteinander und zu aktuellen Themen im Kleingartenverein kam im Rahmen der ethnographischen Erkundungen in beiden Städten ein informeller Austausch mit vielen weiteren Gärtner_innen hinzu. Auch dieses Wissen ist in das Forschungsprojekt eingeflossen, wenn auch nicht in strukturierter und nachvollziehbarer Form.

Die COVID-19-Pandemie begann etwa nach der Hälfte der Projektlaufzeit, also vor Beginn der dritten Erhebungsphase. Daher musste das methodische Vorgehen der Feldforschung an die neue Situation angepasst und die gesamte letzte Projektphase neu konzipiert werden. Das traf das Forschungsprojekt recht empfindlich, denn die dritte Projektphase war dafür vorgesehen, vermehrt mit bisher noch nicht erreichten Gruppen von Gärtner_innen in Kontakt zu treten. Es ging darum, die Perspektiven älterer Gärtner_innen und von Gärtner_innen mit Migrationsgeschichte stärker in das Projekt einzubeziehen. Aufgrund der Kontaktbeschränkungen und der allgemein recht großen Unsicherheit zu den Übertragungswegen des Coronavirus galten alle Formen der Kontaktaufnahme (im Feld, aber auch Face-to-Face-Kommunikation zum Austausch mit Kolleg_innen) lange nicht als opportun.[2] Das war für ein Projekt, das das soziale Miteinander und insbesondere Kontakt und Begegnungen mit Unbekannten erforscht, mehr als ungünstig – auch wenn die Gartenvereine in dieser Zeit als Möglichkeit, distanziert in Kontakt zueinander zu kommen, an Bedeutung gewannen. Die Forschung befand sich also zusammen mit ihrem Forschungsfeld unerwartet in einer Ausnahmesituation.

In der westdeutschen Stadt konnte eine distanziertere Form beobachtender Teilnahme fortgesetzt werden – trotz der Kontaktbeschränkungen, die das Vereinsleben 2020 und 2021 stark einschränkten. Viele Interviewvorhaben mussten hingegen auf unbestimmte Zeit verschoben werden. Die geplanten Feldforschungsaufenthalte in der ostdeutschen Stadt waren aufgrund von Dienstreiseverboten gar nicht mehr möglich. Um zumindest den Kontakt zu den Gärtner_innen dort nicht ganz abreißen zu lassen, entwickelte ich die Methode der Follow-up-Telefoninterviews, angelehnt an Niederberger und

2 Zwischen März 2020 und März 2022 galten auch in der BRD im Zusammenhang mit der Coronapandemie über viele Monate hinweg strenge Kontaktbeschränkungen, die auch als »*social distancing*« bezeichnet wurden. Dies bezog sich insbesondere auf die Anzahl an Personen, mit denen sich die Mitglieder eines Haushalts treffen durften. Mehrmals wurden außerdem wochenlange Lockdowns verhängt, die das gesellschaftliche Leben fast komplett in die Einzelhaushalte und den digitalen Raum verlagerten. Die Frage der Infektionszahlen prägte die Maßnahmen, die in dieser Zeit durch die politischen Akteure getroffen wurden, meist begründet mit der Sorge um eine Überlastung des Gesundheitssystems. Kindertageseinrichtungen, Schulen und Hochschulen, aber auch Kultureinrichtungen und die meisten Geschäfte, Restaurants und Cafés mussten geschlossen bleiben. Sogar Obdachloseneinrichtungen und Spielplätze wurden zeitweilig gesperrt und der Zugang zu Altenheimen und medizinischen Einrichtungen stark reglementiert. Wo dies möglich war, wurde Erwerbstätigen verordnet, im Homeoffice zu arbeiten. Eltern mussten ihre Kinder im sogenannten Homeschooling begleiten, Studieren war mehrere Semester lang fast ausschließlich im digitalen Raum möglich. Abstands- und Maskenregelungen galten überall, wo sich mehrere Menschen aus verschiedenen Haushalten gemeinsam aufhielten, auch im ÖPNV. In dieser Zeit zeigte sich die soziale Bedeutung von alltäglicher Bewegung und Außerhauskontakten. Viele Menschen unternahmen täglich Spaziergänge, um Nachbar_innen oder Freund_innen zu treffen. Städtischen Frei- und Grünräumen kam dadurch eine neue Bedeutung zu, weil sie Bewegung und Begegnungen ermöglichten. Auch nachdem Impfungen gegen das Coronavirus zugänglich waren, blieb es vielerorts noch lange bei Kontakt- und Zugangsbeschränkungen. Die Nutzung von Treffpunkten außerhalb geschlossener Räume blieb eine verbreitete Option.

Ruddat (2012). Mit dieser besonderen Form des Interviews nahm ich den Gesprächsfaden mit drei Gärtner_innen, die ich bereits in der vorhergehenden Erhebungsphase vor Ort interviewt hatte, wieder auf und konnte Entwicklungen erfragen, die seit dem letzten Interview stattgefunden hatten. Zudem ging es um die Veränderungen im Alltag und im sozialen Miteinander im Verein aufgrund der Pandemie. So versuchte das Forschungsprojekt, flexibel auf die neue Situation zu reagieren und sich an die neuen Rahmenbedingungen anzupassen. Allerdings muss reflektiert werden, dass aufgrund der Schwierigkeiten durch die Coronakrise die Perspektiven von Rentner_innen, Arbeitslosen und von Gärtner_innen mit Migrationsgeschichte in der Forschung zu wenig vertreten und dadurch andere Gruppen überproportional stark repräsentiert sind.

Einen Teil der Interviews mit Gärtner_innen führte ich in deren Gärten, einen Teil an anderen Orten in der Stadt – in Cafés, in meinem oder ihrem Büro, bei mir zu Hause oder in meinem Garten. Meine Interviewpartner_innen waren zu diesem Zeitpunkt zwischen 30 und 68 Jahre alt, ein größerer Anteil zwischen 30 und 45 Jahren. Sozial eingeordnet nach Klasse/Bildungsabschluss/Beruf lagen alle eher im mittleren Bereich, zudem waren sie ausschließlich mindestens in Teilzeit erwerbstätig. Ein Großteil meiner Interviewpartner_innen lebte in einer heterosexuellen Paarbeziehung, ein kleinerer Teil war zu dieser Zeit Single. Einige hatten kleine Kinder im Alter von bis zu zehn Jahren, andere Kinder zwischen 11 und 18 Jahre, eine Gärtnerin hatte bereits erwachsene Kinder und eine Minderheit hatte keine Kinder. Ein Großteil der Interviewpartner_innen nutzte den Garten mit der eigenen Kleinfamilie oder gemeinsam mit Freund_innen/als Gemeinschaft, nur wenige allein. Ein Drittel der Interviewpartner_innen war seit mehr als zehn Jahren Mitglied im Gartenverein, zwei Drittel seit unter zehn Jahren. Dies zeigt nochmals differenzierter, dass das Interviewsample nicht die gesamte soziale Bandbreite der Kleingärtner_innen abdeckt. Es repräsentiert nicht ausreichend die Perspektiven von Menschen unterer sozialer Klassen, von Menschen mit Migrationsgeschichte, Rentner_innen und Arbeitslosen. Daher werden die Aussagen, die auf der Grundlage der Interviews gemacht werden können, jeweils sozial situiert. Da es im Rahmen der Feldforschung durchaus diverse und vielfältige Kontakte zu Kleingärtner_innen aus unteren sozialen Klassen, zu Menschen mit Migrationsgeschichte und Rentner_innen gab, können die Ergebnisse der beobachtenden Teilnahme genutzt werden, um die Perspektiven aus den Interviews zu komplementieren.

Forschungsphasen

Das Forschungsprojekt war in drei Forschungsphasen aufgeteilt. Dabei orientierte sich die Feldforschung an der Rhythmik der Vegetationsperioden, da die Analyse des sozialen Miteinanders im Kleingartenverein nur »in der Saison« möglich ist. Im Winter ruht das Vereinsleben weitgehend. Darüber hinausgehende Forschungsmethoden und insbesondere die Auswertungen konnten in der kalten Jahreszeit durchgeführt werden.

Die explorative Phase umfasste erste Ortserkundungen mit beobachtender Teilnahme in den Gartenvereinen und die Auswertung dieser Beobachtungen; beide Elemente sind in ethnographischen Forschungsprozessen eng verknüpft (Breidenstein et al. 2013: 109f.). Die ersten explorierenden Erhebungen dienten der inhaltlichen Öffnung und einer thematischen Orientierung in Bezug auf die Auswahl der Aspekte, die im weiteren Forschungsverlauf intensiver untersucht werden sollten. Entsprechend »offen« ist auch die Datenanalyse in diesem Schritt angelegt. Außerdem fand ein Großteil der Expert_innen-interviews (insbesondere mit Stadtverbänden und Mietervereinen) in dieser ersten Phase statt. Sie dienten ebenfalls der Orientierung im Feld, denn dadurch konnten die lokalen Rahmenbedingungen des Kleingartenwesens der jeweiligen Stadt erkundet, die Einschätzungen der Expert_innen zur Bedeutung der Kleingärten in der jeweiligen Stadt erhoben und der städtische Kontext eingeschätzt werden, zum Beispiel mögliche Nutzungskonkurrenz zu Kleingartenvereinen, Bauvorhaben, Bodenpreise, die Wohnungsmarktsituation und Grünflächenplanung sowie die städtische Gesamtausrichtung im Hinblick auf das Kleingartenwesen.

Die zweite Forschungsphase hatte zum Ziel, mithilfe beobachtender Teilnahme in den Gartenvereinen und teilstrukturierter Interviews mit Gärtner_innen Differenzaushandlungen, Konflikte, Machtverhältnisse und -dynamiken sowie Differenzkategorien, auf die Bezug genommen wird, zu erfassen. Es ging darum, Situationen und Kontexte zu entdecken, in denen Konflikte entstehen, aber auch zu erheben, wie in Konfliktsituationen Rahmenbedingungen und Normen des Miteinanders sowie Wertvorstellungen verhandelt werden. In einem mehrstufigen Verfahren codierte ich Interviews und Protokolle und unterzog sie einer Sequenzanalyse. Aus den Beobachtungen, Interviews und weiteren Materialarten zog ich Rückschlüsse auf das Miteinander im Verein hinsichtlich des Umgangs mit Differenz. Dabei achtete ich auch auf mögliche Wechselwirkungen von Prozessen in den Vereinen mit städtischen Transformationsprozessen.

Nach den ersten beiden Forschungsphasen erfolgte ein vergleichendes Zwischenfazit. Darin wurden die Zwischenergebnisse des ethnographischen Forschungsprozesses zusammengefasst und der weitere Forschungsbedarf für Vertiefung und Spezifizierung identifiziert.

Die dritte Forschungsphase, die Sättigungs- und Schließungsphase, diente der vertiefenden Forschung zu Fragen, Situationen und Kontexten, die in den vorhergehenden zwei Phasen als relevant eingestuft worden waren. Dies geschah wiederum durch teilnehmende Beobachtung, allerdings pandemiebedingt nur in der westdeutschen Stadt. In der Auswertung dieser dritten und letzten Phase stand besonders eine Ausdifferenzierung der erfassten Prozesse im Fokus, und es wurden Analysen zu spezifischen Aspekten verfasst. Abschließend führte ich die Ergebnisse der gesamten Forschungsarbeit zusammen im Hinblick auf die soziologische Frage nach dem Umgang mit Differenz in der Stadt, und interpretierte die Rolle von Kleingartenvereinen für banale Transgression und Konfliktaushandlung.

Auswertung und Analyse des empirischen Materials

Im Anschluss an die beobachtende Teilnahme in Gartenvereinen wurden insgesamt 40 Beobachtungsprotokolle erstellt und ausgewertet (Emerson/Fretz/Shaw 2010) sowie ergänzend dazu methoden- und auch theoriebezogene Memos angefertigt (Strauss/Corbin 2010). Die Protokolle wertete ich in einem mehrstufigen Verfahren thematisch aus, unter anderem zu folgenden Schwerpunkten:

- Privatsphäre auf der Kleingartenparzelle;
- Kommunikationsverhalten in verschiedenen Bereichen des Gartenvereins;
- Dauer, Art und Intensität von Alltagsbegegnungen;
- räumliche Besonderheiten, die Begegnungen ermöglichen;
- Gesten der Einladung und Ausgrenzung;
- Arten von Konflikten;
- Konfliktkonstellationen;
- Differenzierungskategorien, die im Verein für ein Dazugehören eine Rolle spielen;
- Zuschreibungen zum Garten (»Oase«, »Grüne Insel«, »Paradies«);
- Bedeutung von Ordnung und Unordnung für die Gestaltung des Gartens;
- Materialität des Sozialen;

- Nutzung des Gartens;
- Praktiken im Miteinander des Gartenvereins.

Die Expert_inneninterviews wurden aufgezeichnet und transkribiert; auch ein Großteil der leitfadengestützten Interviews mit Gärtner_innen konnte aufgezeichnet werden, zu den anderen fertigte ich ein ausführliches Protokoll an. Die Expert_inneninterviews mit den Stadtverbänden wurden getrennt von den Gärtner_inneninterviews ausgewertet. Dabei ging es sowohl darum, institutionen- und interessensspezifische Situationsdefinitionen und Perspektiven/Konzepte herauszufiltern, als auch »Gemeinsames, geteilte Wissensbestände, Relevanzstrukturen, Wirklichkeitskonstruktionen, Interpretationen und Deutungsmuster« zu entdecken (Meuser/Nagel 2009: 80). Beides ist für die Einschätzung der jeweiligen städtischen und regionalen, aber auch fallspezifischen Dynamiken relevant. Die Interviews codierte ich offen codiert und wertete sie hinsichtlich der folgenden, induktiv entwickelten Kategorien aus: Veränderungen in den Vereinen, Probleme in den Vereinen, Verhältnis zwischen Verband und Vereinen sowie Rahmenbedingungen des Kleingartenwesens. Die Inhalte der weiteren Expert_inneninterviews dienten lediglich als Hintergrundinformationen und wurden nicht strukturiert ausgewertet.

Die Interviews mit den Gärtner_innen, die in verschiedenen Phasen des Projekts geführt worden sind, wurden nun in einem mehrstufigen Verfahren ausgewertet. Für den ersten Teil der Interviews erfolgte zunächst eine offene Kodierung, wobei die meisten Kategorien eng am Material induktiv entwickelt wurden. Nur wenige Kategorien waren durch den Interviewleitfaden vorstrukturiert, der den Fokus auf Probleme, Konflikte und Veränderungen im Verein lenkte. Die Interviewpartner_innen selbst setzten den Fokus auf die Aushandlung und Thematisierung von Differenz sowie auf den Umgang mit dieser, erörterten die Frage der Kontakte im Verein, führten Konflikte und deren Dimensionen aus, schilderten ihren Umgang mit Konflikten und gingen näher auf die Funktionen ein, die ihr Garten für sie hat.

In einem Zwischenschritt teilte ich die Interviews in zwei Gruppen (Neugärtner_innen und Alteingesessene) auf. Anschließend wurde sowohl eine quantifizierende Auswertung zu den Häufigkeiten der Nennung verschiedener Kategorien in den Gärtner_inneninterviews als auch eine inhaltsanalytische Zusammenfassung der verschiedenen Kategorien und Codes vorgenommen. Das Ziel war, einen Überblick zu erhalten über die Nennung und inhaltliche Ausdifferenzierung von (1) Konflikttypen, (2) Formen des Umgangs mit Konflikten im Verein, (3) Thematisierung von Differenz beziehungsweise deren Aushandlung, (4) Arten von Kontakt sowie (5) der Funktion, die den Gärten zugeschrieben wird. Erwartungsgemäß ergab sich kein einheitliches Bild für jede Teilgruppe; erkennbar war jedoch die Tendenz zu einer Spannung in der Konstellation zwischen Neugärtner_innen und Alteingesessenen in den Vereinen, die sich auf ganz unterschiedliche Gegenstände im Vereinsalltag bezog und auf verschiedenen Kommunikationsebenen stattfand.

Sequenzanalyse I: Konfliktanlässe

An diese erste Auswertung schloss sich eine Analyse der Konfliktanlässe in den Vereinen aus Sicht der Gärtner_innen an. Dabei konnten sechs typische Konfliktanlässe herausgearbeitet werden: (1) Lärm und gesellige Nutzung: Lautstärke, abendliches Im-Garten-sein, Feiern; (2) Emissionen: Feuer und Rauch; (3) Parzellengrenze; (4) Unkraut; (5) Gartengestaltung und (6) Fehlverhalten. Nicht alle sechs Konfliktanlässe wurden in jedem der Gespräche erwähnt, aber immer ließen sich mehrere herausfiltern. In methodischer Hinsicht ist dazu zu sagen, dass im Laufe des Gesprächs nach zwischenmenschlichen Problemen oder Konflikten gefragt wurde, also ich das Gespräch darauf lenkte, wenn meine Gesprächspartner_innen nicht selbst darauf zu sprechen gekommen waren.

Diesen Konfliktanlässen wurden Interviewsequenzen zugeordnet, um sie danach hinsichtlich des Zusammenspiels der zugrunde liegenden Ordnungsvorstellungen oder Konventionen, Praktiken und räumlichen Aspekte zu analysieren. Hierbei sollte herausgearbeitet werden, welche der genannten Kategorien die Interviewten in ihren Erzählungen/Darstellungen der Konflikte als relevant ansahen und wie sie zusammenhingen. Hierbei gilt, dass Praktiken mit den Konventionen eng verbunden sind; Konventionen rahmen die Praktiken. Robert Schmidt bezeichnet soziale Praktiken als »kollektive Bewegungs- und Verhaltensmuster« (Schmidt 2012: 9). Diese macht aus, dass Konventionen im menschlichen Verhalten und Sichbewegen wirksam werden; dabei richten die Teilnehmenden »durch fortlaufende körperliche Darstellungen ihr Verhalten aneinander aus« (ebd.); gegenständliche Artefakte und technische Vorrichtungen wirken daran mit. Kleingärten bilden dabei einen spezifischen räumlichen Kontext und strukturieren und rahmen die Praktiken ihrerseits. In räumlicher Hinsicht sind die Konflikte in den Kleingartenvereinen vor allem durch die Nähe der Parzellen zueinander geprägt.

Sequenzanalyse II: Differenzierungsprozesse und Modi der Differenzaushandlung

In einem zweiten großen Auswertungsschritt lag der Fokus auf der Analyse der Differenzierungsprozesse, von denen die Gärtner_innen berichteten. Dabei ging es in der Betrachtung von Differenzierung als Unterscheidungsprozess zunächst sowohl um Selbstbeschreibungen als auch um Fremdbeschreibungen der Anderen und die Frage, wie die Gärtner_innen sich zu anderen Vereinsmitgliedern in Bezug setzen. Daraus entwickelte sich eine Beschäftigung mit der Frage der Differenzaushandlungsmodi, für die nur ein Teil der Interviews intensiv analysiert wurde. Hier konnte ich sechs Modi in einem Spektrum von »schwieriger« zu »bereichernder« Differenz identifizieren: (1) Konflikt, Konfrontation, Aushandlung; (2) Ausweichen; (3) Ignorieren, Aushalten, Aussitzen; (4) Akzeptanz; (5) Allianzbildung über Differenzen hinweg und (6) Geben und Nehmen.

Aus der Zusammenführung des gesamten empirischen Materials ging auf der Grundlage einer erneuten Strukturierung der Argumentation schließlich dieses Buch hervor.

Zur Gliederung des Buchs

In Kapitel 1 werden die verschiedenen theoretischen Stränge diskutiert, die das Grundgerüst der Studie darstellen. Kapitel 2 stellt das Forschungsfeld städtischer Kleingärten vor und ordnet das Gärtnern im Verein historisch ein, besonders im Hinblick auf den Wandel der Funktionen von Kleingartenvereinen und die Rahmenbedingungen des Kleingartenwesens über die etwa 200 Jahre seines Bestehens. Anschließend wird auf der Basis der empirischen Forschung der Umgang mit Differenz und das soziale Miteinander im Kleingartenverein erörtert. Die Differenzaushandlung in spezifischen Praktiken des Kleingartenalltags ist Gegenstand des 3. Kapitels; das 4. Kapitel beschäftigt sich mit der Differenzaushandlung in den unterschiedlichen räumlichen Konstellationen der Gartenvereine. In Kapitel 5 wird schließlich diskutiert, was sich daraus hinsichtlich der sozialen Funktionen von Kleingärten für die Großstadt schlussfolgern lässt.

1. Differenzaushandlungen in der Stadt

Gerade große Städte ermöglichen Begegnungen unterschiedlichster Menschen und einen Umgang mit Unterschiedlichkeit. Aber nicht jeder städtische Bereich und jeder Kontext eignen sich dafür, dass tatsächlich eine Gelegenheit zum Kontakt entsteht. Große Städte sind ja eher dafür bekannt, dass Menschen mehr aneinander vorbeileben als miteinander, dass sie Distanz und Anonymität zu Unbekannten wahren wollen und auch können. Dagegen ist generell nichts einzuwenden. Für viele ist gerade dies der große Vorteil städtischer Umgebungen: sich dort unbeobachtet fühlen und in die Anonymität eintauchen zu können. Allerdings gibt es dabei wenig Veränderung im Verhältnis von einander fremden Menschen, die sich vielleicht durch Unterschiedlichkeiten auszeichnen. Hier zeigt die Forschung immer wieder, dass Menschen sich lieber mit Menschen umgeben, die ihnen ähnlich sind. Differenz fordert sie heraus, strengt sie an und bildet daher oft genug Barrieren im sozialen Miteinander des Alltags. Mit Differenz, die oftmals auch durch soziale Ungleichheit geprägt ist, gehen diverse Vorurteile und Berührungsängste, aber auch bewusste oder unbewusste Distanzierungen einher. Gerade in großen Städten – und wenn Nähe nicht erzwungen ist – kann Unterschiedlichkeit leichter ignoriert und ausgeblendet werden. Das Leben und leben lassen führt allerdings seltener zu Begegnungen, die dafür genutzt werden könnten, gegenseitige Vorurteile abzubauen.

Genau dies ist der Anlass für vorliegende Forschungsarbeit zu Orten und städtischen Kontexten, in denen es tatsächlich Berührungen und Kontakte zwischen unterschiedlichen Menschen in Großstädten gibt. Von Interesse ist hier deren Beitrag zum sozialen Miteinander in Städten und die Frage, ob sie dabei möglicherweise, wenn auch punktuell, transformative Kraft entfalten können.

In der Stadtsoziologie wird schon lange diskutiert, inwiefern die Großstadt bedeutsame Begegnungen mit Differenz ermöglicht und welche Bereiche und Kontexte sich besonders dafür eignen; aktuell erlebt die Debatte eine Renaissance. Das Forschungsprojekt, auf dem dieses Buch basiert, hat sich mit Kleingartenvereinen als Mikroöffentlichkeiten in Großstädten befasst. Wie in den Städten und der Gesellschaft insgesamt wächst auch in den Gartenvereinen die Diversität ihrer Mitglieder. Die unterschiedlichen Gärtner_innen verbindet vor allem ihr Interesse am Gärtnern und am Garten – oft eine echte Leidenschaft, die in den verschiedenen gesellschaftlichen Kreisen verbreitet ist, ganz unabhängig von Herkunft und Klasse, Geschlecht, sexueller Orientierung und Alter. Im Gartenalltag lernen die Gärtner_innen andere Mitglieder kennen, die oft auch anderen sozialen Kreisen angehören, eine andere Herkunft oder Klassenzugehörigkeit haben. Das bedeutet, dass auch soziale Ungleichheit im Hintergrund eine Rolle spielt. Für die Forschungsarbeit stellte sich die Frage, ob und inwiefern die Ungleichheit das Miteinander prägt, welche Bedeutung ihr die an alltäglichen Interaktionen Beteiligten zuschreiben und wie sie vor diesem Hintergrund Unterschiedlichkeit/Differenz aushandeln. Geschieht dabei etwas Transformatives? Wenn ja, wie und was genau?

In diesem Kapitel werden die theoretischen Vorüberlegungen und Perspektiven auf soziale Ungleichheit, städtische Differenzaushandlung und die Rolle von sozialen Konflikten dargelegt. Zunächst erörtere ich zentrale theoretische Bezugspunkte zu sozialer Ungleichheit, Differenz und Differenzaushandlung und erläutere meine intersektionale und praxistheoretische Perspektive auf soziale Ungleichheit. Anschließend diskutiere ich Fragen von Differenzaushandlung und Begegnung in der Stadt, auch im Hinblick darauf, welche Räume sich dafür eignen: Welche Bedeutung hat der öffentliche Raum für den Kontakt unterschiedlicher Menschen in der Stadt? Inwiefern eignen sich dafür mikroöffentliche Räume? Zuletzt lege ich meine konflikttheoretischen Überlegungen dar und beziehe sie auf Differenzaushandlung in städtischen Kontexten.

1.1 Soziale Ungleichheit und Differenzaushandlung

Soziale Ungleichheit und Differenz sind Grundelemente kapitalistischer Gesellschaften. Daher debattiert die Soziologie lebhaft und aus unterschiedlichen theoretischen Perspektiven darüber, wie soziale Ungleichheit reproduziert wird. Auch die Frage, inwiefern sie nicht nur eine strukturelle Dimension besitzt, aus der patriarchal, heteronormativ und rassistisch geprägte machtvolle Ungleichheiten entstehen, sondern sich in alltäglichen Interaktionen widerspiegelt und dort auch bearbeitet und ausgehandelt wird, stellt eine Perspektive auf den Gegenstand dar. Einen etablierten Zugang bietet Pierre Bourdieus Blick auf soziale Ungleichheit (Bourdieu 1987 [1979]). Sein Zugang ermöglicht, gerade durch das Habituskonzept, eine Doppelperspektive auf die (objektiven) gesellschaftlichen Ungleichheitsstrukturen und die (subjektiven) Wahrnehmungen.

Um gesellschaftliche Differenzierungsprozesse zu erforschen, nähere ich mich ihnen aus einer Perspektive der Alltagsprozesse und der alltäglichen Differenzaushandlung. Ich gehe davon aus, dass sie durch soziale Ungleichheit und damit verknüpfte gesellschaftliche Hierarchien charakterisiert sind, die nach Bourdieu mit der Ungleichverteilung materiellen, kulturellen, sozialen und symbolischen Kapitals verbunden sind. Differenzierungsprozesse können auch soziale Ausgrenzung aufgrund von Vorurteilen und Diskriminierung mit sich bringen. Die gesellschaftlichen Verteilungsprozesse finden laut Bourdieu (1992c: 139) im sozialen Raum statt, der ein relationaler »Raum der Machtpositionen« ist. Das bedeutet, dass die Individuen und Gruppen »im und durch den *Unterschied*« (über-)leben und »*relative Positionen* in einem Raum von Relationen einnehmen« (Bourdieu 1999: 48, Herv. i. Orig.). Im sozialen Raum befinden sich die Akteure in ständigen Kämpfen um Positionen, wobei sie über ungleich verteilte Mittel/Kapitalien verfügen und strukturellen Zwängen unterliegen.

Um meine Forschungsperspektive nachvollziehbar zu machen, erläutere ich im Folgenden mein Differenzverständnis, das ich mit sozialer Ungleichheit verknüpfe, erörtere die Perspektive der Intersektionalität in Differenzierungsprozessen und wage eine praxistheoretische Sicht auf soziale Ungleichheit.

Differenz

Differenz ist ein vielschichtiges Konzept, das einen wichtigen theoretischen Bezugspunkt für diese Studie bildet. Daher soll dessen Verwendung und begrifflicher Zugang zunächst genauer bestimmt werden. Stuart Hall weist auf die schwierige begriffliche Definition von Differenz hin:

> »Differenz ist ebenso schwer zu fassen wie Repräsentation und daher ein umkämpfter Begriff. Es gibt eine ›Differenz‹, die eine radikale und unüberbrückbare Trennung verursacht. Und es gibt eine ›Differenz‹, die positional, konditional und konjunkturell ist und eher Derridas Begriff der différance entspricht, obwohl wir, wenn wir daran interessiert sind, Politik zu machen,

> den Begriff nicht ausschließlich durch ein endloses Gleiten des Signifikanten bestimmen können.« (Hall 2008 [1994]: 22)

Jener Unterscheidung folgend, verwendet diese Studie die zweitgenannte, *relational* gedachte Differenz, die sowohl das Positionale als auch das Konditionale und damit den jeweiligen gesellschaftlichen Kontext mitbetrachtet – wobei darin zugleich die erstgenannte Dimension des *Trennenden* mitschwingt, wenn auch nicht im Sinne einer unüberbrückbaren Trennung, sondern von Sortierung oder Ordnung. Auch Iris Marion Young nutzt in ihren Überlegungen zu Politiken der Differenz ein relationales Differenzverständnis, das soziale Aushandlungen erleichtern und eine Essenzialisierung von Differenz vermeiden soll:

> »A relational understanding of difference relativizes the previously universal position of privileged groups, which allows only the oppressed to be marked as different. [...] Difference thus emerges not as a description of the attributes of a group, but as a function of the relations between groups and the interaction of groups with institutions.« (Young 1990a: 171)

Young bezieht sich auf die Politiken der Differenz von emanzipatorischen queeren, feministischen und schwarzen Befreiungsbewegungen, denen es nicht um eine Aufhebung von Differenzen geht, sondern um gegenseitige Anerkennung von Differenz und den Anspruch auf Gleichheit:

> »Implicit in emancipatory movements asserting a positive sense of group difference is a different ideal of liberation, which might be called democratic cultural pluralism [...]. In this vision the good society does not eliminate or transcend group difference. Rather, there is equality among socially and culturally differentiated groups, who mutually respect one another and affirm one another in their differences.« (Young 1990a: 163)

Sie beklagt dabei die Tatsache, dass Gesetze Differenz oftmals ausblendeten, obwohl nach wie vor viele gesellschaftliche Gruppen wie Schwarze, Hispanics, Schwule und Lesben, ältere Menschen und Menschen mit Behinderungen ausgegrenzt und als »die Anderen« markiert würden. In alltäglichen Interaktionen, Bildern und Entscheidungen würden sie zu wenig berücksichtigt beziehungsweise paternalistisch oder autoritär bevormundet, was sowohl auf institutionalisierten als auch situationsbezogenen Unterdrückungsmechanismen beruhe (ebd.: 164). Dies bewirke, dass sie sich nicht frei entfalten könnten. Differenz zu ignorieren, privilegiere die bereits Privilegierten.

Soziale Ungleichheiten und Differenz

In der soziologischen Theorie sozialer Ungleichheit wie auch in feministischen Ansätzen werden dementsprechend Differenzierungs*prozesse* fokussiert. Anhand der doppelten Betrachtung von Handlungen und Strukturen geht Bourdieu (1987 [1979]) davon aus, dass die sozial ungleichen Positionen der Gesellschaftsmitglieder mittels Differenzierungskategorien (er betrachtet vornehmlich Klasse, später auch Geschlecht, vgl. Bourdieu 1997) bestimmt werden, die in hierarchischen Strukturen verfestigt und im Habitus verankert sind. Das Phänomen sozialer Ungleichheit als grundlegendes Problem kapitalistischer Gesellschaften beschreibt dabei nicht nur die multidimensionalen und komplexen sozialen Ungleichheiten innerhalb einer Gesellschaft, sondern auch zwischen verschiedenen Gesellschaften, Nationen oder Regionen in der Welt. Forschende weisen seit Jahrzehnten auf eine fortschreitende globale Verschärfung sozialer Ungleichheiten hin (Weiß 2002; Berger/Weiß 2008; Bauman 2011). Sie verwenden unter anderem auch die Figur der Polarisierung, die das Auseinanderdriften sozial privilegierter und deprivilegierter Menschen bezeichnet, was bedeutet, dass einige wenige über einen noch weiter steigenden Anteil des gesamten Reichtums verfügen, während ein wachsender Teil der (globalen) Bevölkerung immer weniger besitzt und von Exklusionsprozessen betroffen ist (Berger/Vester 1998). Es ist davon auszugehen, dass die »großen« Kontexte auch in die lokalsten Zusammenhänge hineinspielen und sich in (trans-)lokalen Hierarchien niederschlagen. So haben zum Beispiel Menschen, die einen Aufenthaltsstatus als Geflüchtete haben, im Zufluchtsland nicht die gleichen Rechte wie Menschen mit einem Pass des Landes – sei es in Bezug auf das kommunale Wahlrecht und politische Partizipation oder auch am Arbeitsmarkt, im Bildungssystem und auf dem Wohnungsmarkt. Und sogar Menschen, die über einen gesicherten Aufenthaltsstatus verfügen, machen immer wieder Erfahrungen mit Diskriminierung und erleben, dass ihre Interessen gesellschaftlich marginalisiert werden, was ihre Entfaltungsspielräume erheblich schmälern kann.

Das Thema der sozialen Ungleichheit ist für die Soziologie »von Anfang an konstitutiv« (Gottschall 2004: 188), denn sie sei als »Einzelwissenschaft« im Zuge der Herausbildung der bürgerlichen Gesellschaft und der kapitalistischen Ökonomie entstanden. Für moderne, demokratisch verfasste

Gesellschaften sei das Spannungsverhältnis zwischen einem normativ verbürgten Gleichheitsanspruch für alle Gesellschaftsmitglieder einerseits und fortbestehender sozialer Ungleichheit und Problemen sozialer Integration andererseits prägend. Im Kontext der Frauenbewegungen gab es eine bedeutsame Kontroverse darum, ob eher Gleichheitsforderungen oder Forderungen nach Differenz im Zentrum frauenpolitischer Kämpfe stehen sollten. Für Cornelia Klinger (2003) ist die Frage nach »Differenz oder Gleichheit« allerdings grundsätzlich falsch gestellt. Sie leitet den Verlauf der innerfeministischen Diskurse historisch her. Zunächst kämpften Feministinnen um Gleichheit und Gleichstellung – doch bevor überhaupt Gleichheit (zwischen Frauen* und Männern*) erreicht worden sei, rückten die Differenzen *zwischen* Frauen* ins Zentrum feministischer Debatten, insbesondere durch die Interventionen von Women of Color (Smith 1978; Lorde/Rich/Schultz 1991; Oguntoye/Lorde 1991). Das grundsätzliche Problem, das sowohl der Gleichheits- als auch der Differenzansatz lösen wollten, sei die gesellschaftliche Ungleichheit, also die ungleiche Verteilung von Rechten, Gütern, Chancen und Anerkennung. Der Hinweis auf die »Differenz zwischen Frauen« (und das Ausblenden des Verhältnisses zwischen Frauen* und Männern*) öffne den Blick für Unterschiede zwischen Frauen* hinsichtlich weiterer Dimensionen sozialer Ungleichheit. Klinger kritisiert, dass die Reichweite und die Grenzen der verschiedenen Differenzlinien unklar blieben; offen bleibe zudem die Frage, ob es überhaupt noch »Gemeinsamkeiten in den Benachteiligungserfahrungen zwischen Frauen« gebe (Klinger 2003: 17). Sie geht davon aus, dass die damit verbundenen identitätspolitischen Debatten gesellschaftlich in eine Sackgasse führen. Der Gegenstand der Diskussion, nämlich der Kampf gegen Ungleichheit (aufgrund von Geschlecht, Klasse und *Race*), gehe verloren.

Damit spielt sie auf die Kontroverse zwischen Feminismus und Gender Studies seit Anfang der 1990er-Jahre an, in der es um das Subjekt feministischer Kämpfe ging und die für die zeitgenössischen feministischen Debatten zwischenzeitlich zu einer Zerreißprobe wurde. Judith Butler formuliert in ihrem poststrukturalistisch positionierten *Das Unbehagen der Geschlechter* (1991, amerikan. Orig. *Gender Trouble*) eine weitreichende Kritik an bisherigen Ansätzen feministischer Forschung. Sie richtet darin die Analyse auf die heterosexuellen Normen der Zweigeschlechtlichkeit und die diskursiven wie sprachlichen Herstellungsbedingungen von Geschlecht und Sexualität. Auch die Materialität der Körper und das anatomische Geschlecht betrachtet sie als Effekte machtvoller kultureller Formierungen. Geschlecht müsse dabei keineswegs notwendig exklusiv binär gedacht werden. Vielmehr liege eine »heterosexuelle Matrix« der rigiden zweigeschlechtlichen Unterscheidung der Körper zugrunde und legitimiere auch deren Naturalisierung (Butler 1991: 21). Viele Feminist_innen wiesen Butlers Betrachtung als inakzeptabel zurück, weil damit auch das Subjekt feministischer Kämpfe zur Disposition stehe (Benhabib et al. 1993; Duden 1993). Dies verhinderte jedoch nicht die breite Rezeption und Weiterentwicklung ihrer Ansätze in Gender und Queer Studies und ihren Einfluss auf gesellschaftspolitische Debatten.

Demgegenüber rückt Klinger im Rekurs auf die Debatte um Gleichheit oder Differenz existierende und neu entstehende Ungleichheiten in den Fokus, und zwar »weniger unter dem Aspekt der Prinzipien von Egalität und Identität der Subjekte und der Polarisierung der diesbezüglichen Strategien im Sinne eines Entweder/Oder« (Klinger 2003: 21). Als Grundprinzip moderner Gesellschaften betreffe Ungleichheit die Strukturen und Funktionszusammenhänge, also die »Mechanik und Mechanismen der Gesellschaft« (ebd.) und damit die Systemebene. Zu erörtern sei, inwieweit die moderne Gesellschaft zu ihrem Funktionieren Ungleichheit brauche und wie sie auf alter Ungleichheit aufbaue und neue Ungleichheit produziere. Für Klingers Argumentation sind die drei Differenzierungskategorien Klasse, Rasse und Geschlecht in der kapitalistisch verfassten Arbeitsgesellschaft zentral. Gegen die Tendenz, sie zu ontologisieren und zu naturalisieren sowie diese Kategorien als Seinsweisen oder individuelle »Erlebnisqualitäten« zu verstehen, wehrt sie sich und definiert sie stattdessen als strukturell verankerte Kategorien sozialer Ungleichheit, die durch den Bezug auf Arbeit im kapitalistischen System ausdifferenziert ist.

> »Klasse, Rasse und Geschlecht sind nicht bloß Linien von Differenzen zwischen individuellen oder kollektiven Subjekten, sondern bilden *das* Grundmuster von gesellschaftlich-politisch relevanter Ungleichheit, weil Arbeit und zwar namentlich körperliche Arbeit ihren Existenzgrund und Angelpunkt ausmacht.« (Klinger 2003: 26, Herv. i. Orig.)

Daher solle erklärt und verstanden werden, inwiefern Differenzierungsprozesse machtvoll aufgeladen seien und damit verbundene soziale Ungleichheiten in hierarchischen Gesellschaften erzeugt, immer wieder neu bestätigt und dadurch verfestigt würden, ähnlich wie es Loïc Wacquant zur Erforschung von *»racial domination«* beschreibt. Es gehe darum, soziale Tatsachen »in ihre konstitutiven Bestandteile zu zerlegen sowie den sozialen und symbolischen Mechanismus aufzudecken, der sie über Zeit und Raum hinweg produziert, reproduziert oder transformiert« (Wacquant 2001: 70).

Intersektionalität in Differenzierungsprozessen

Diese strukturalistische Perspektive weiterspinnend, nimmt eine kritische Gesellschaftsanalyse, die den vielgestaltigen Erscheinungsformen sozialer Ungleichheit und der Verschränkung verschiedener Differenzkategorien gerecht werden will, die Reproduktion von verfestigten Dominanzverhältnissen in den Blick, die sich zum Beispiel in Rassismus und Antisemitismus, Sexismus, Homo- und Transphobie, aber auch Klassismus und Ableismus äußern. Die feministische Intersektionalitäts- beziehungsweise Interdependenzforschung geht von einer intersektionalen Überkreuzung oder Interdependenz der verschiedenen Kategorien sozialer Ungleichheit aus. Intersektionale Analysen betrachten die gesellschaftliche Position, die ein Subjekt einnimmt, als durch verschiedene Faktoren geprägt, und untersuchen deren Zusammenwirken (Crenshaw 1991; Walgenbach et al. 2007; Klinger/Knapp 2008; Winker/Degele 2009).

In ihrem Aufsatz *Doing difference* (1995) entwerfen Candace West und Sarah Fenstermaker Differenz darüber hinausgehend als fortlaufende Interaktionsleistung und erweitern den ethnomethodologischen Zugang (Zimmerman 1978). Dieser liegt sowohl dem »*Doing gender*«-Ansatz von Candace West und Don H. Zimmerman (1987) zugrunde als auch Erving Goffmans (1994) interaktionstheoretischer Analyse der Herstellung von Geschlecht in alltäglichen Interaktionsprozessen und sozialen Situationen. West und Fenstermaker fokussieren verschiedene Mechanismen der Produktion sozialer Ungleichheit – neben Gender auch Klasse und *Race*.

Patricia Hill Collins (1995) kritisiert, dass West und Fenstermaker ihrem intersektionalen Anspruch nicht gerecht würden. Ihr Ansatz verliere gesellschaftliche Machtsysteme wie Rassismus, Patriarchat und Kapitalismus aus dem Blick und rücke vor allem Gender in den Vordergrund. Gender, *Race* und Klasse würden dabei zu bloßen Kategorien sozialer Konstruktion, und das Differenzkonzept werde zu einem Oberbegriff für die Verflechtungen der drei Kategorien. Collins begründet ihre Kritik mit dem Hinweis, dass *Race Studies*, *Gender Studies* und *Class Studies* nicht im akademischen Feld entstanden sind, sondern auf den Kämpfen sozialer Bewegungen basieren. Deren Akteuren gehe es aufgrund ihrer Erfahrungen mit Diskriminierungen und Ausgrenzung um radikale Veränderungen der Gesellschaft und die Abschaffung von Unterdrückungs- und Diskriminierungsmechanismen aufgrund von Geschlecht, *Race* und Klasse. Aus Collins' Sicht werden West und Fenstermaker diesem politischen Anspruch nicht gerecht, ihre Frage nach dem Wie der Herstellung von Differenz sei unpolitisch. Eine intersektionale Herangehensweise mache nur dann Sinn, wenn ihr ein herrschafts- und unterdrückungskritischer Impuls zugrunde liege, wobei intersektionale Verschränkungen sowohl hinsichtlich der strukturellen Ebene als auch der mikrosozialen Prozesse analysiert werden müssten.

> »The very notion of the intersections of race, class, gender as an area worthy of study emerged from the recognition of practitioners of each distinctive theoretical tradition that inequality could not be explained, let alone challenged, via a raceonly, class-only, or gender-only framework. [...] First, the notion of interlocking oppressions refers to the macro level connections linking systems of oppression such as race, class, and gender. This is the model describing the social structures that create social positions. Second, the notion of intersectionality describes micro level processes-namely, how each individual and group occupies a social position within interlocking structures of oppression described by the metaphor of intersectionality. Together they shape oppression.« (Collins 1995: 492)

Ein Nachdenken über Differenz nach dem Modell von West und Fenstermaker führt aus Collins' Sicht weg von der Kritik an gesellschaftlichen Machtverhältnissen wie Rassismus, klassenspezifischer Ausbeutung und geschlechtsspezifischer Unterdrückung und verschleiere die realen Probleme. Für eine kritische Gesellschaftsanalyse sei es daher unbrauchbar.

Wie ich in den folgenden Absätzen zeigen werde, kann ein Nachdenken über Differenzaushandlung herrschafts- und machtkritisch möglich sein. Das versucht diese Studie – sowohl in ihrer Gesamtanlage als auch in der Analyse des empirischen Materials. Ich möchte dafür noch einmal auf Cornelia Klinger (2003) zurückgreifen, die ebenfalls die Verschränkungen der Kategorien Klasse, Geschlecht und *Race* analysiert, allerdings ohne auf das Intersektionalitätskonzept zu rekurrieren. In ihrem machtkritischen Vorgehen legt sie, wie erläutert, den Fokus auf Erwerbsarbeit, was sie mit deren Einbettung in die dazugehörigen Herrschaftsmechanismen (Kapitalismus, Patriarchat, Imperialismus) begründet. Wie Collins und viele andere kritisiert sie Versuche, eine Hierarchisierung, Rangfolge oder eine einfache Addition der Benachteiligungen zu erstellen, nach der Idee: Je mehr Negativfaktoren jemand auf sich vereint (Negativfaktoren sind die jeweils abgewerteten Varianten jeder Kategorie), desto schlechter steht sie_er da. Zugleich geht sie davon aus, dass sich »die Benachteiligungssituation mit der Anzahl an Überschneidungen von Negativfaktoren« (Klinger 2003: 34) verschärft. Sie analysiert zunächst die drei Kategorien isoliert und denkt anschließend über Konvergenzen, Überschneidungen und Verflechtungen nach, und damit über gegenseitige Verstärkungen hinsichtlich der Ungleichheitseffekte.

Ihr Beitrag ist ein machtkritisches Plädoyer gegen die »Anerkennung von Differenzen aller Art«, die sie als entpolitisierend und herrschaftslegitimierend kritisiert, weil sie der gesellschaftstheoretischen Analyse und Kritik den Boden entziehe und bestehende Verhältnisse zementiere (ebd.).

> »Since not all social groups appear to find difference to be such a meaningful concept, I'm left wondering who is worried about it? Thinking through the meaning of difference hasn't much concerned people of color, poor people, and all the other people deemed ›different‹ […]. Attention by oppressed groups to the meaning of difference remains firmly rooted in the question of the use to which differences are put in defending unequal power arrangements.« (Collins 1995: 494)

Diese Kritik wird auch von Nancy Fraser (1998) geteilt. In ihren Überlegungen zu *justice* weist Fraser auf den perspektivischen Dualismus von ökonomischer und kultureller Ebene hin, also die Untrennbarkeit von kultureller Anerkennung und ökonomischer Teilhabe. Aus Frasers Sicht ist es unsinnig, über Vielfalt und Differenz zu sprechen, wenn dies ausschließlich auf kulturelle Anerkennung gerichtet ist, nicht auf ökonomische Umverteilung. Vielmehr müsse es um materielle Aneignungen und deren ökonomische Folgen gehen, um materielle Konsequenzen und konkrete Ausschlüsse durch Normen zur Nutzung von Raum, da diese jenseits ihrer kulturellen Dimension handfeste ökonomische Konsequenzen hätten.

Um diese stark strukturalistisch ausgerichteten Zugänge zu sozialer Ungleichheit einerseits beizubehalten und sie andererseits für eine mikrosoziologische Analyse sozialer Praktiken fruchtbar zu machen, nutze ich im Folgenden eine Verknüpfung mit praxistheoretischen Zugängen.

Praxistheoretische Perspektiven auf soziale Ungleichheit

Robert Schmidt beschreibt praxissoziologische Zugänge als Ansätze, die »das Soziale als eine hierarchisch strukturierte, dynamische und relationale Ordnung der sozialen Milieus von Eliten und Prekären, der Arbeits-, Wissenschafts- und Expertenkulturen, der Minderheiten, Szenen, Sportgemeinschaften und Subkulturen« verstehen (Schmidt 2012: 12). Sein durch Bourdieu inspirierter praxistheoretischer Zugang ist für die vorliegende Studie besonders hilfreich, da er eine ungleichheitssensible Perspektive auf soziale Praktiken ausformuliert. Soziale Praktiken sind dabei »kollektive Bewegungs- und Verhaltensmuster«, die darauf basieren, dass im menschlichen Verhalten und Sichbewegen Konventionen wirksam werden und Teilnehmende »durch fortlaufende körperliche Darstellungen ihr Verhalten aneinander aus[richten]« (ebd.: 9). Soziale Praktiken brächten »die Regelmäßigkeit von Verhaltensweisen, die Geordnetheit sozialen Geschehens und die Strukturiertheit sozialer Beziehungen« hervor (ebd.: 10). Schmidt bezieht auch gegenständliche Artefakte und technische Vorrichtungen in die Analyse ein und untersucht ihre Mitwirkung in sozialen Praktiken. Die Praktiken basierten also auf expliziten Regeln und Vorschriften, auf in die Artefakte eingelassenen Anweisungen, aber auch auf impliziten Regeln und normativen Verhaltensanforderungen. Schmidt betont darüber hinaus ihre Öffentlichkeit, die Bindung an »bestimmte Umstände, Orte, Kontexte und materielle Rahmungen« und ihren Vollzug »im Modus des Gewohnten und Selbstverständlichen« (ebd.) sowie ihren kollektiven Zuschnitt.

Für die Analyse sozialer Praktiken sind laut Schmidt die »körperliche[n] Performanzen und Routinen, ein gemeinsam geteiltes praktisches Wissen und die beteiligten Artefakte« (ebd.) bedeutsam, wobei der Fokus auf »dem Zusammenspiel von geübten Körpern, gegenständlichen Artefakten, natürlichen Dingen, Gegebenheiten, sozio-materiellen Infrastrukturen und Rahmungen« liege (ebd.: 13). Die Aufmerksamkeit richte sich auf den im sozialen Tun generierten und sich manifestierenden praktischen Sinn – nicht auf die Sichtweisen, Motive und Absichten von Individuen, sondern auf deren Aktivitäten.

Schmidts praxissoziologisches Verständnis basiert deutlich auf Bourdieus Zugang zu sozialer Ungleichheit, die immer mit der sozialen Praxis verwoben ist. Jegliche Wahrnehmungs- und Bewertungsschemata sind in die soziale Praxis eingebettet und nicht ohne zugrunde liegende soziale Ungleichheit denkbar. Bourdieus Habituskonzept ist praxistheoretisch basiert. Es zielt darauf ab, die Zusammenhänge zwischen subjektiven Wahrnehmungen und objektiven Strukturen zu erklären und das dualistische Denken von Struktur und Handeln zu überbrücken: Das Soziale ist dabei inkorporiert, also in den Körper eingeschrieben, und kann dort auch bearbeitet und in der sozialen Praxis verhandelt werden. Der Habitus ist wie ein Scharnier zwischen beiden. Als inkorporiertes »System von Schemata der Produktion von Praktiken« ist der Habitus für die Wahrnehmung, Bewertung und Einordnung der Praktiken zuständig (Bourdieu 1992c: 144). Er beruht auf einem System von Klassifikationsschemata, das durch die sozialen Bedingungen, deren Produkt er ist, wiederum objektiv auf eine soziale Lage bezogen ist. Die Wissensbestände, die im Habitus verankert sind, stehen den Individuen jedoch kaum als bewusstes Wissen zur Verfügung. »Nichts erscheint unaussprechlicher, unkommunizierbarer, unersetzlicher, unnachahmlicher und dadurch kostbarer als die einverleibten, zu Körpern gemachten Werte.« (Bourdieu 1976: 200) In ihrer sozialen Praxis nehmen die Akteure auf die symbolische Ordnung der sozialen Welt Bezug, was sich in Klassifikationen in der sozialen Welt, ihren Wahrnehmungs- und Bewertungsschemata zeigt, also dem, was sie in einer Gesellschaft als Prinzipien des Denkens, Fühlens und Handelns nutzen. Dabei gibt es zwar je individuelle Sichtweisen und Positionen, diese sind aber durch die Schemata geprägt, die nicht individuell bestehen, sondern gesellschaftlich vermittelt sind. Mit dem Habitus kann ein Zusammenhang zwischen »höchst disparaten Dingen« gezeigt werden: »[W]ie einer spricht, tanzt, lacht, liest, was er liest, was er mag, welche Bekannte und Freunde er hat usw. – all das ist eng miteinander verknüpft.« (Bourdieu 1992a: 32)

Mit dieser praxistheoretischen Grundlegung habe ich den methodologischen Zugang meiner Studie nun skizziert, der auf eine machtkritische Betrachtung von Differenz und ihrer Aushandlung abzielt. Allerdings lassen sich diese Überlegungen nicht in simpler Form in ein empirisches Forschungskonzept überführen. Meine Gedanken zu den forschungsmethodologischen Fallstricken meines Ansatzes werde ich daher im Folgenden darlegen.

Forschungsmethodologische Fallstricke

Vor dem Hintergrund der dargestellten ungleichheitstheoretischen und praxistheoretischen Grundannahmen ist es für den Kontext dieser Studie wichtig, den Zusammenhang von struktureller sozialer Ungleichheit und alltäglicher Differenzaushandlung auf der mikrosozialen Ebene zu spezifizieren. Wenn Prozesse der Herstellung sozialer Ungleichheit und Differenzierungsprozesse fokussiert werden, sollten demnach Vorannahmen zu Differenzierungskategorien und deren Wirkmächtigkeit vermieden werden: »So werden in einem praxeologischen Verständnis beispielsweise Phänomene wie ›Klasse‹ oder ›Geschlecht‹ nicht konzeptionell vorkonstruiert, sondern als Resultate und Voraussetzungen fortlaufender Praktiken des *doing class* oder *doing gender* aufgefasst.« (Schmidt 2012: 33, Herv. i. Orig.) Für die empirische Forschung bedeutet dies, die Akteure und sozialen Praktiken so unvoreingenommen wie möglich zu beobachten beziehungsweise bei der Interpretation verbaler Daten ihren eigenen Darstellungen zu folgen, um zu untersuchen, wie in Praktiken Differenzaushandlungsprozesse gestaltet werden.

Diese Studie berücksichtigt neben den Differenzierungskategorien Klasse, Geschlecht und *Race* auch Sexualität, Körper, Gesundheit und Alter. Auch sie sind durch machtvoll aufgeladene Ungleichheitsstrukturen geprägt und in kapitalistische Herrschaftsverhältnisse eingeschrieben. Die Analyse wird allerdings komplizierter dadurch, dass – wie dargelegt – soziale Ungleichheit und Differenzierungsprozesse nicht nur eindimensional auf eine Differenzierungskategorie beschränkt sind, sondern die verschiedenen Kategorien zusammenwirken. Auf die Subjektebene bezogen bedeutet dies, dass Menschen zum Beispiel aufgrund ihrer Klasse sozial positioniert sind, aber darüber hinaus auch aufgrund von Geschlecht, Herkunft, *Race* und weiteren kategorialen (Fremd- und Selbst-)Zuschreibungen. So kann jemand aufgrund der Zugehörigkeit zu einer Kategorie (z.B. zur Mittelschicht) gleichzeitig und in bestimmten Kontexten privilegiert sein und aufgrund der Zugehörigkeit oder Zuschreibung zu einer anderen Kategorie (z.B. Person of Colour oder trans*) in anderen Kontexten weniger privilegiert sein. Allerdings haben die Individuen nicht immer ein Bewusstsein für ihre soziale Position; viele Differenzierungskategorien sind in der Alltagspraxis unsichtbar oder werden nicht explizit benannt: »Privilegierte thematisieren keine Privilegien.« (Winker/Degele 2009: 82) Auch Didier Éribon (2017 [2013]) weist auf diese Schwierigkeit hin: Gerade aufseiten der Privilegierten existiere wenig Einsicht in und Bewusstsein für die eigene Position in Unterdrückungsstrukturen. Diese Erkenntnisse verkomplizieren das Forschen und Sprechen über soziale Ungleichheiten. Die empirische Forschung muss reflexiv damit umgehen.

Ich versuche, mit Stuart Halls Überlegungen zur relationalen Beschaffenheit von Identität im Hinblick auf Differenz einen Ausweg aus dem skizzierten forschungsmethodologischen Dilemma zu finden. Demnach lässt sich Identität »nur über die Beziehung zum Anderen, in Beziehung zu dem, was sie nicht ist, zu gerade dem, was von ihr ausgelassen ist«, konstruieren, also zum »konstitutiven Außen« (Hall 2004: 171). Die Selbstkonstituierung findet über die Abgrenzung vom Anderen statt. Ergänzend ist Gabriele Winkers und Nina Degeles (2009: 81) Vorschlag hilfreich, für die Analyse die kategorialen Zuordnungen der Akteure im Feld selbst zu nutzen, um die machtvollen Dynamiken zu identifizieren, die im Feld jeweils herrschen. Da nicht alle theoretischen Kategorien unbedingt Kategorien der Empirie sein müssen, plädieren auch sie dafür, in empirischen Analysen bei den sozialen Praktiken anzusetzen und gleichzeitig die theoretischen Überlegungen zu Ungleichheitsverhältnissen im Blick zu behalten. Wenn also jemand für sich selbst die Kategorie Alter nutzt, um sich in Beziehung zu einem Gegenüber zu setzen, findet die Identifikation situativ und relational über diese Differenzierungskategorie statt. Zu analysieren wäre in diesem Fall, ob und inwiefern Alter dabei machtvoll aufgeladen wird und mit anderen Kategorien wie Klasse, Geschlecht oder *Race* verknüpft wird und was dies für die Reproduktion sozialer Ungleichheit bedeutet. Diese Zugänge können sich eignen, um die spezifische Differenzaushandlung in sozialen Situationen zu erforschen. Damit ist auch eine Art Spurensuche skizziert, die darauf gerichtet ist, in den alltäglichen Praktiken zu entschlüsseln, wie – also mit welchen Mitteln und Ressourcen – Macht alltäglich relational ausgehandelt, etabliert und reproduziert wird. Eine intersektionale Machtanalyse wird genutzt, um relationale Machtverhältnisse zu erforschen und zu zeigen, wie sich diese in den Differenzaushandlungen niederschlagen.

1.2 Differenzaushandlung und Begegnung in der Stadt

Da ich Kleingärten im städtischen Kontext erforsche und mich für die Frage des Umgangs mit Differenz in der Stadt interessiere, erläutere ich nun verschiedene stadtsoziologische und humangeographische Herangehensweisen an soziale Ungleichheit und Differenzaushandlung in der Stadt. Soziale Heterogenität bezeichnen viele Autor_innen als elementaren Bestandteil städtischer Gesellschaften (Häußermann/Siebel 2001; Bukow et al. 2011: 8; Valentine 2013). Die Geographin Doreen Massey beschreibt die Stadt als einen Ort des Aufeinandertreffens, der »*throwntogetherness*« (Massey 2005: 181). Wie oben erläutert, war von Beginn an ein wichtiges Anliegen der Soziologie, zu verstehen, wie soziale Ungleichheit in modernen Gesellschaften konstituiert und aufrechterhalten wird. Schon früh spielte dabei die Frage nach der gesellschaftlichen Integration in den neu entstehenden Großstädten eine Rolle. Georg Simmel (1984) ging zu Beginn des 20. Jahrhunderts davon aus, dass die ›Zumutungen‹ der europäischen Großstadt nur durch Reserviertheit und Blasiertheit zu bewältigen seien. Mittels Distanzierung geschehe eine negative Integration, deren wichtigste Grundlage die ökonomische Integration durch Arbeitsteilung und Geldwirtschaft sei. Individualisierung und Anonymität stellten für Simmel die Ausgangspunkte spezifischer großstädtischer Freiheiten dar. Dies bedeutet, dass die großstädtischen Möglichkeiten zur Distanzierung und Abgrenzung voneinander Ungleicher gleichzeitig eine Zugehörigkeit zu einem gemeinsamen Ganzen (der Stadt) ermöglichen. Demgegenüber betrachtete Park (1967 [1925]) die Individualisierung in der modernen US-amerikanischen Großstadt der 1960er-Jahre eher als Gefahr, die er mit Kontrollverlust und Anomie in Verbindung brachte. Um soziale Integration in der Großstadt sicherzustellen, fokussierte er in der Debatte die sozialräumliche Zuordnung segregierter Gebiete *(natural areas)*, die als soziale Gebilde und räumlich abgrenzbare Einheiten durch eigene Normen, Traditionen und Verhaltensmuster geprägt seien. In beiden Ansätzen ist die »Fremdheit und Distanz der Individuen, die Unverträglichkeit, ja Feindschaft des Heterogenen und die dennoch gegebene Möglichkeit der Koexistenz« (Häußermann 1995: 94) das zentrale Merkmal des Städtischen. Beide gehen davon aus, dass Integration in der durch Differenz charakterisierten Großstadt am besten gelingt durch Indifferenz der Stadtbewohner_innen, residenzielle Segregation, Verzicht auf soziale Anpassung und durch Toleranz, die auf Gleichgültigkeit beruht. Integration ermöglicht die Stadt durch Geldwirtschaft, arbeitsteilige Erwerbsarbeit und Wettbewerb.

Spätestens mit dem Auslaufen des Fordismus Mitte der 1970er-Jahre und der wachsenden Massenarbeitslosigkeit im industriellen Sektor wird allerdings die auf Erwerbsarbeit aufbauende Integrationslogik, die den Städten zugeschrieben wurde, infrage gestellt.[1] Der Diagnose eines Auseinanderfallens beziehungsweise einer Spaltung der Gesellschaft liegt die Annahme zunehmender gesellschaftlicher Polarisierung angesichts zunehmender sozialer Ungleichheiten zugrunde (Heitmeyer 1997, 1998; Kronauer/Siebel 2013; Ottersbach 2003; Heitmeyer/Imbusch 2012; Bude 2008). Auch in der Stadtsoziologie ändern sich die Diskurse. Die Diskussion um den Beitrag der Stadt zu

1 Feministische Arbeiten hatten früh die einseitige Perspektive auf Erwerbsarbeit, nicht nur in der Stadtforschung, kritisiert, da dies die Reproduktionsarbeitssphäre ausblendet. Neuere Studien erweitern die stadtbezogene Debatte, indem sie Care-Arbeit und transnationale Blickwinkel berücksichtigen (Apitzsch/Schmidbaur 2010; Winker 2015; Schuster/Höhne 2017; Fraeser/Schuster/Vogelpohl 2021).

gesellschaftlicher Integration und sozialem Zusammenhalt bildet dafür weiterhin einen Dreh- und Angelpunkt. Beides wird in einen neuen Kontext mit bereits bekannten städtischen Phänomenen gestellt: Raumbezogene Dynamiken wie Segregation oder soziale Mischung, aber auch die damit verknüpften Quartierseffekte gelten als wirksam beziehungsweise hinderlich für gesellschaftliche Integration (Häußermann 2008; kritisch: Dangschat/Alisch 2012; Schuster 2018). Das Integrationsverständnis, auf das rekurriert wird, ist oftmals einseitig – insbesondere, weil der Segregationsdiskurs auf benachteiligte Stadtteile verkürzt wird (Lanz 2007; Hess/Moser 2009). Mediale und politische Diskurse greifen diese Perspektive dramatisierend auf: Es entstünden Ghettos und Parallelgesellschaften (kritisch dazu: Häußermann 2008; Ronneberger/Tsianos 2012; Wacquant 2018). Das Konzept der sozialen Mischung wird als positiv konnotiertes Gegenbild zur Segregation gleichzeitig genutzt, um die Aufwertungsambitionen stadtpolitischer Akteure zu verschleiern (Lees 2008; Davidson 2011; Huning/Schuster 2015). Angenommen wird, dass durch eine neue soziale Mischung der Bewohner_innen die gefürchteten benachteiligenden Effekte von Quartieren, in denen bis dahin vorwiegend arme Menschen und Zugewanderte lebten, in den Griff zu bekommen sein könnten (kritisch: Lanz 2007; Schuster/Volkmann 2019).

Im Zuge eines *Cosmopolitan Turn* rückt die internationale Stadtforschung bereits seit mehreren Jahrzehnten städtische Heterogenität und das Zusammenleben in multikulturell geprägten Großstädten in den Fokus (Sandercock 1997; Binnie et al. 2006; Valentine 2013). Fragen zu städtischer sozialer Ungleichheit, Umverteilung und politischer Teilhabe (Fraser 1998) und zu Gerechtigkeit (Fincher/Iveson 2008) erhalten dabei allerdings nur dann Relevanz, wenn in den Analysen des gesellschaftlichen Miteinanders die städtischen Dynamiken in ihren sozioökonomischen Kontext gestellt werden. So arbeiten beispielsweise Loretta Lees (2003, 2008) und Martin Manalansan (2005) heraus, wie intersektionale soziale Ungleichheiten mit machtvollen raumbezogenen Prozessen wie Gentrifizierung in Verbindung stehen.

Die verschiedenen Debatten zeigen, dass die Stadt einerseits als Austragungsort und Abbild gesellschaftlicher Prozesse analysiert wird, andererseits aber auch immer wieder als Spielfeld für gesellschaftspolitische Interventionen dient. Kritisch ist dabei die einseitig negative Perspektive auf städtische Bereiche zu beurteilen, in denen besonders viele Menschen mit geringerem Einkommen leben, und dies bedeutet oft auch: viele Menschen mit Zuwanderungsgeschichte. Sie unterschlägt die gesamtstädtischen Dynamiken, die in kapitalistischen Gesellschaften vor allem durch finanzstarke Akteure angetrieben werden, während diejenigen, die über wenig Kapital verfügen, nur über geringe Entscheidungs- und Entfaltungsspielräume verfügen können.

Diversität als städtisches Potenzial

Nachdem in Stadtforschung und -politik lange ein problematisierender Blick auf städtische Integration vorgeherrscht hatte, wird »Vielfalt« oder »Diversität« seit etwa 20 Jahren auch häufiger als Potenzial der Stadtentwicklung gerahmt (Pütz/Rodatz 2013). Ein Teildiskurs betrachtet städtische Diversität gar als Quelle ökonomischer Produktivität. Eine frühe Referenz für die Wertschätzung städtischer Vielfalt ist Jane Jacobs' *The death and life of great American cities* (1961). Jacobs weist darauf hin, dass die Stadt auf multiplen Nutzungen basiere; je mehr Nutzungen sie ermögliche, desto besser ergehe es ihr in ökonomischer Hinsicht. Eine »blühende städtische Diversität« (Jacobs 1961: 223) werde hervorgebracht durch gemischte Nutzungen, gut frequentierte Straßen, eine Mischung von Gebäuden unterschiedlichen Alters und eine große Dichte unterschiedlicher Nutzer_innen. Wie Jacobs betrachtet auch der Ökonom und Politikberater Richard Florida als besonders auffälliger Vertreter dieser Auffassung Diversität als eine Quelle ökonomischer Produktivität. In seinen Überlegungen zu städtischer Innovation und einer »kreativen Klasse« (Florida 2002) stellt er die These auf, dass eine Stadt im nachindustriellen Zeitalter im Wettbewerb der Städte nur erfolgreich sei, wenn sie viele Kreative dauerhaft an sich binde, da Kreative in der Wissensgesellschaft Innovationen produzierten. Nicht alle Stadtbewohner_innen sind dabei gleichermaßen interessante Zielgruppen des stadtpolitischen Umbaus. Mit den drei Aspekten *»technology, talent, tolerance«* verbindet Florida, dass die Städte besonders um gut ausgebildete Menschen konkurrierten. Für diese Kreativen seien vielfältige und von Toleranz geprägte Städte besonders anziehend. Angesichts dieser Annahmen versuchen viele Städte weltweit seit Jahren, ihre stadtpolitischen Maßnahmen mit einer Förderung von Innovation und Diversität in Einklang zu bringen, indem sie zum Beispiel »Kreativquartiere« ausrufen. Auch viele kommunale Verwaltungen versuchen inzwischen, gesellschaftliche Vielfalt in politischen und verwaltungsinternen Kontexten zu berücksichtigen, indem sie kommunale Diversitätskonzepte und -leitfäden verfassen oder Diversitätsbeauftragte ernennen. Dies verdeutlicht zumindest ein lokales Interesse an der Anerkennung städtischer Diversität, ist aber aufgrund der symbolischen Natur solcher Konzepte nicht mit einer tatsächlichen Verringerung der ökonomischen, sozialen und kulturellen Ungleichheiten in der Stadt verbunden.

Demgegenüber greifen Planungstheoretiker_innen wie Susan Fainstein die Diskussion um städtische Diversität aus einer Gerechtigkeitsperspektive auf. Diversität sei das »new guiding principle for city planners« (Fainstein 2005: 4), wobei das »*ideal of diversity*« (ebd.) in Planungsprozessen als Antithese gegenüber vorherigen Zugängen wirke, die nur die Gestaltung in den Vordergrund gerückt hätten. Fainstein bewertet positiv, dass die Bezugnahme auf Diversität es ermögliche, ausgrenzende und diskriminierende Effekte einer nur auf Designaspekte fokussierten Planung zu kritisieren. In ähnlicher Weise bezieht auch Leonie Sandercock (2004) Planung auf neue städtische Bedingungen, die von Differenz, *Otherness* und Pluralität geprägt seien. Ihr Anliegen beinhaltet insbesondere, Planungsprozesse so zu gestalten, dass die Stadt alle Menschen anerkennt und in ihrer Unterschiedlichkeit beherbergt. Dies bringe tiefgreifende Veränderungen dieser Prozesse mit sich. Neben einem kreativen und mutigen Zugang zur Planung und einem geweiteten politischen Horizont schlägt sie vor, städtische Konflikte »therapeutisch« anzugehen (Sandercock 2004). Dem liegt die Annahme zugrunde, dass es in vielen Planungskonflikten weniger um Ressourcen als um Beziehungen geht. Planung soll aus ihrer Sicht ernst nehmen, dass Dialog und Aushandlung über kulturelle Differenzen hinweg nötig sind. Damit verbindet sie, die emotionalen Aspekte der Planung anzuerkennen und sowohl kommunikativ als auch communitybezogen zu arbeiten.

Diese unterschiedlichen Konzepte und Rahmungen städtischer Diversität verdeutlichen, dass die Frage ihrer Bewertung seit einiger Zeit umkämpft ist. Aus ganz unterschiedlichen Positionen und mit unterschiedlicher politischer Agenda wird um einen neuen Umgang mit der Realität wachsender städtischer Heterogenität gerungen.

Ungleiche Zugänge zum öffentlichen Raum

Der öffentliche Raum von Städten gilt als besonders geeignet für die Aushandlung von Differenz und wird daher auch als wesentliches Element demokratischer Gesellschaften betrachtet. Damit ist die Idealvorstellung verbunden, dass öffentlicher Raum »für alle zugänglich« sei – tatsächlich erfüllt dies kein Raum (Belina 2004; Wehrheim 2006). Über öffentlichen Raum zu sprechen, hat insofern etwas Riskantes, weil es sich um ein schillerndes Konzept handelt. Die Besonderheit des öffentlichen Raums ist sein rechtlicher Status als »öffentlich«: Außer staatlichen Akteuren gibt es niemanden, der hier anderen ein Nutzungsrecht streitig machen könnte, im Unterschied zu privaten Räumen – jedenfalls idealerweise. Wir können uns auf dieses Ideal beziehen, wenn wir die faktisch doch ungleiche Nutzbarkeit und umkämpfte Zugänglichkeit von öffentlichem Raum betrachten. Denn wie Don Mitchell zeigt, hat der öffentliche Raum auch die wichtige gesellschaftliche Funktion der Aushandlung von Konflikten, wobei er selbst Gegenstand dieser Konflikte ist: »Urban public spaces remain sites of significant social struggle as well as sites over which struggle is engaged.« (Mitchell 2016: 503)

Grundsätzlich hat öffentlicher Raum diverse ökonomische, politische und alltagsbezogene Funktionen: Handel und Politik, Freizeit/Konsum und Mobilität. Erst bei genauerem Hinsehen offenbaren sich die ungleichen Zugänge zum öffentlichen Raum, aber auch ungleiche Ansprüche an ihn. Dies äußert sich hinsichtlich der folgenden drei Aspekte: erstens anhand der Zuschreibung von Öffentlichkeit und Privatheit; zweitens durch Normen und Ausschlüsse und drittens in Bezug auf Repräsentations- und Verteilungsfragen. Auf diese drei Aspekte gehe ich im Folgenden näher ein. Das zugrunde gelegte Raumkonzept ist prozesshaft und relational; physischer Raum ist nicht ohne Soziales verstehbar (Läpple 1991; Lefebvre 1991; Löw 2001).

(1) Hinsichtlich der Zuschreibung von Öffentlichkeit und Privatheit zu Räumen haben feministische Autor_innen, auch in der Stadtsoziologie (u.a. Terlinden 1990), den inhärenten Dualismus problematisiert. Allgemein wird die öffentliche Sphäre mit Männern*, Erwerbsarbeit und Politik assoziiert, die private Sphäre mit Frauen*, Reproduktionsarbeit und Intimität. Dem liegt eine hierarchisierte Betrachtung der Sphären zugrunde. Kritisiert wird, dass diese Polarisierung nicht den gelebten Praktiken vieler Menschen entspricht, denn das, was als Reproduktion im Privaten verortet wird, dehnt sich auch in öffentliche Räume aus, zum Beispiel Konsum, Mobilität zur Begleitung von Kindern und Menschen, die auf Unterstützung angewiesen sind, aber auch intime Praktiken. Entgegen der Annahme, dass der Privatraum der Erholung diene, wird auch dort gearbeitet – nicht erst seit der »Erfindung« des Homeoffice. Allerdings sind sowohl öffentliche als auch private Räume für Frauen*, die häufig für Care-Tätigkeiten zuständig sind, deutlich ungünstiger strukturiert und ausgestattet als für jene Menschen, die wie die meisten Männer* vorwiegend einer Erwerbsarbeit nachgehen: Die Städte sind autogerecht konzipiert und weitgehend durch Funktionstrennung geprägt. Ein feministischer Gegenentwurf ist daher die Stadt der kurzen Wege (Bauhardt 2007). Auch aus queerer/feministischer Sicht ist die Trennung in öffentlich und privat ein Problem. Gill Valentine (1996) betont, dass damit verschleiert werde, dass im Großteil aller Alltagsumgebungen Heterosexualität die dominante Sexualität

ist. Gleichzeitig sind viele queere Menschen auf den öffentlichen Raum angewiesen, um Intimität zu leben, da familiäre Räume ihnen oft keinen Rückzug bieten, wenn sie sich dort nicht outen können.

(2) Problematisiert werden im Zusammenhang mit dem öffentlichen Raum auch die Normen und Ausschlüsse, die ihn prägen. Michel Foucault hat viel zur engen Verknüpfung von Raum mit Diskurs, Wissen und Macht gearbeitet, die in normativen Vorgaben mündet (Foucault 2001b, 2001a). Normative Zuschreibungen können Gefährdungen und Ausgrenzung befördern – durch Diskriminierung, aber auch Gewalterfahrungen, die gesellschaftlich marginalisierte Menschen im öffentlichen Raum machen, zum Beispiel für queere Menschen, insbesondere trans Personen (Jesus Pereira Lopes 2017). Normen können auch rassistische und sexistische Ausgrenzung nahelegen. Überdies haben auch Annahmen zur materiellen Ausstattung, dass beispielsweise Sitzbänke nicht zum Übernachten für Wohnungslose dienen sollen, einen normativen Ursprung und produzieren in Städten Ausgrenzung. Der machtvolle Ausschluss bestimmter Praktiken und Aneignungsweisen, wenn beispielsweise in städtischen Grünräumen das Grillen und der Aufenthalt in Gruppen verboten wird, schließt gerade Menschen aus, die sonst wenig Raum zur Verfügung haben – wie Jugendliche oder Menschen, die in beengten Wohnverhältnissen leben, zum Beispiel Geflüchtete und andere Zugewanderte.

(3) In Bezug auf Repräsentations- und Verteilungsfragen hat sich die Funktionszuschreibung zu öffentlichen Räumen über die Jahrhunderte historisch gewandelt. Dienten sie im Feudalismus, Absolutismus und Faschismus vorrangig der Repräsentation der Herrschenden, erhielten sie mit Entstehung der bürgerlichen Gesellschaft zunehmend Bedeutung für bürgerliche politische Öffentlichkeit, verbunden mit der Angst des Bürgertums vor proletarischen Unruhen. Heute werden sie besonders in ihrer Funktion für Begegnungen Differenter im Stadtraum *(encounters)* fokussiert (Bernhardt et al. 2005). Hinsichtlich des Verhältnisses queerer Menschen zum öffentlichen Raum haben Lauren Berlant und Michael Warner (1998) gezeigt, dass Queers besonders auf den öffentlichen Raum in seiner Funktion als Ort der Repräsentation angewiesen sind – für politische Repräsentation, aber auch im Alltag. Ähnliches gilt für Menschen wie Wohnungslose, Prostituierte, Bettler_innen, Hausangestellte oder Geflüchtete, die ihre Rechte noch erkämpfen müssen (Belina 2004; Mitchell 1995). Beispiele für neue abendliche Treffpunkte in Großstädten zeigen außerdem, dass der öffentliche Raum für viele Menschen in seiner Funktion zur alltäglichen Repräsentation bedeutsam ist (»sehen und gesehen werden«). Diese Treffpunkte befinden sich nicht in einem versteckten

Winkel in einem Vorort, sondern an von vielfältigen Nutzungen geprägten Orten in innerstädtischen oder innenstadtnahen Quartieren.

Die skizzierten Aspekte verdeutlichen, dass Macht- und Ungleichheitsverhältnisse den öffentlichen Raum und ungleiche Zugänge dazu stark prägen. Dies führt dazu, dass gerade diejenigen, die besonders auf den öffentlichen Raum angewiesen sind, ob im Hinblick auf politische Repräsentation oder im Alltag, mit Ausschlüssen zu kämpfen haben. Soziale Ungleichheiten sind deutlich in die Verteilung des städtischen Raums eingeschrieben, die Nutzung des öffentlichen Raums machtvoll durch Normen reguliert.

Die Bedeutung von *encounters* und städtischen Mikroöffentlichkeiten für die Differenzaushandlung

In der Stadtforschung ist lange Zeit vor allem das Potenzial öffentlicher Räume und Interaktionen für differenzenüberschreitenden Kontakt erforscht worden (Sandercock 1997; Binken/Blokland 2013; Dirksmeier/Helbrecht/Mackrodt 2014; Petermann/Schönwälder 2014; Wiesemann 2015). Ein wichtiger Ausgangspunkt dafür war die Kontakthypothese, die Gordon Allport (1979) für die sozialpsychologische Analyse von Vorurteilen im Hinblick auf Intergruppenbeziehungen entwickelt hat (Katz 1991). Sie beinhaltet die Annahme, dass Kontakt zwischen unterschiedlichen Menschen das Potenzial hat, Menschen zusammenzubringen, wodurch sie gegenseitiges Interesse und Respekt füreinander entwickelten und Vorurteile abbauten (Valentine/Sadgrove 2014). Allport formuliert dafür ideale Bedingungen für die Beteiligten: Sie sollten das Gefühl haben, gleichberechtigt zu sein, ein gemeinsames Ziel oder eine geteilte Aktivität haben, wobei es sich um ein realistisches Engagement handeln sollte, und die Begegnungen sollten von der breiten Öffentlichkeit nachhaltig unterstützt werden (ebd.). Demgegenüber weist unter anderem Gill Valentine (2008: 324) darauf hin, dass die zahlreichen Lobpreisungen des städtischen Potenzials von Begegnungen bisher Fremder im öffentlichen Raum oftmals zu wenig ausbuchstabierten, *wie* genau diese vonstattengehen. Sie sieht die Gefahr einer romantisierenden Verklärung des Kosmopolitismus städtischer Begegnungen (Valentine 2013).

Wenn es um den Umgang mit städtischer Heterogenität geht, thematisiert die Stadtforschung inzwischen nicht mehr vorrangig den öffentlichen Raum. Für meine Forschung ist insbesondere die humangeographische und soziologische Perspektive auf *encounters* und städtische Mikroöffentlichkeiten interessant, was ich im Folgenden begründen werde. Die bereits eingeführte Differenzperspektive von Young eignet sich besonders gut, um die bisher angeschnittenen Aspekte der urbanen Vielfalt und deren gesellschaftlicher Einordnung mit der Frage der Nutzbarkeit öffentlicher Stadträume zu verknüpfen. Schon in den 1990er-Jahren hat Young in ihrem Buch *Justice and the politics of difference* (1990a) die Stadt als einen Ort begriffen, an dem Differenz aufblühen kann. Ihre viel zitierten Überlegungen zu Differenz in der idealen Stadt sind auf soziale Aspekte gerichtet: »In the ideal of city life freedom leads to group differentiation, to the formation of affinity groups, but this social and spatial differentiation of groups is without exclusion.« (Young 1990a: 238) Die Besonderheit funktionierender städtischer Räume sei deren Vielseitigkeit, die eine Nutzung durch unterschiedliche soziale Gruppen und deren Begegnungen ermöglichen könne: »The interfusion of groups occurs partly because of the multiuse differentiation of social space. What makes urban spaces interesting, draws people out in public to them, gives people pleasure and excitement, is the diversity of activities they support.« (Ebd.: 239) Bedeutsam ist für Young die Abgrenzung der von ihr favorisierten *politics of difference* vom *ideal of community*. Gemeinschaftsideale unterdrückten Differenzen tendenziell oder schlössen Menschen implizit – beispielsweise aus politischen Gruppen – aus, die von einer bestimmten Identität abwichen (Young 1990b: 300). Sie zeichnet nach, welche Mechanismen des Ausschlusses wirken innerhalb eines Gemeinschaftsideals, das Nähe, aber auch gegenseitige Identifikation und Bestätigung ins Zentrum stellt und Konflikte oder respektvolle Distanz als suspekt betrachtet. Eine dekonstruierende Perspektive zeige, dass der Wunsch nach Einheit und Ganzheit Grenzen, Dichotomien und Ausschlüsse hervorbringe. Differenz anzuerkennen, bedeute demgegenüber, eine nicht unterdrückende Stadt zu favorisieren, in der es herrschaftsfreie soziale Beziehungen zwischen Menschen gebe, die mit Fremden in vermittelnden Beziehungen zusammenlebten, ohne mit ihnen eine Gemeinschaft zu bilden.

Der relativ neue Forschungszweig zu *encounters* liefert einen inspirierenden Vorschlag dafür, auch, aber nicht nur, das transformative Potenzial von Differenzaushandlung auf der mikrosozialen städtischen Ebene zu betrachten (Darling/Wilson 2016). *Encounters* lassen sich als grundlegend differenzbezogen charakterisieren, also als eine Form von Kontakt oder Beziehung, die ein antagonistisches Element oder Opposition in sich trägt (Wilson/Darling 2016: 10f.). Gelegentlich liegt der Fokus darauf, inwiefern *encounters* das Potenzial haben, Differenzen zu transformieren. Hervorgehoben wird außerdem ihre Bedeutung für die Produktion von Räumen und Subjektivitäten (ebd.). Anders als Annahmen zur Indifferenz in großen Städten angesichts von Differenz (Goffman 1963; Simmel 1984; Sennett 1997 [1994]) fokussieren Autor_innen, die aus der Perspektive der *encounters* forschen, wie auf der mikrosozialen Ebene Begegnungen mit Differenz in multikulturellen oder »super-diversen« (Vertovec 2007) Städten aussehen. Dabei werden (halb-)öffentliche oder mikroöffentliche Räume in der Stadt als Orte der Begegnung mit Differenz betrachtet (Lofland 1989; Amin 2002a; Valentine 2008, 2013; Valentine/Waite 2012). Ash Amin (2002a, 2002b, 2012) widerspricht den mit der Kontakthypothese beziehungsweise der *ethnic mixing strategy* verbundenen Annahmen zum Umgang mit Differenz, die in der Stadtforschung aufgegriffen werden und besagen, dass die soziale Mischung der Bewohner_innenschaft eines Stadtteils, die Sichtbarkeit vielfältiger Bevölkerung oder die unverbindliche Begegnung Fremder in öffentlichen städtischen Räumen das städtische Miteinander konfliktfreier machen könnte. Er geht davon aus, dass Kontakt und Austausch sozial differenter Gesellschaftsmitglieder weder über wohnungspolitische Strategien noch im öffentlichen Raum erreicht werden. Vielmehr brauche es dafür Orte der gegenseitigen Abhängigkeit und des regelmäßigen Engagements (Amin 2002a: 972). Solche Orte sind für Amin Mikroöffentlichkeiten wie der Arbeitsort, Schulen und Hochschulen, Jugend- und Musikclubs, Sportvereine, Gemeinde- und Nachbarschaftshäuser und ähnliche Orte. Sie ermöglichten Interaktionen und einen Kontext für alltägliche Begegnungen unterschiedlicher Menschen. Dabei werde ein soziales Miteinander entfaltet und unweigerlich Differenz ausgehandelt, wodurch Angst und Intoleranz begegnet werde.

Diese Annahmen sind anschlussfähig zu Lyn H. Loflands (1989) frühen Überlegungen zum *parochial realm*. Sie weist in ihrer Definition der öffentlichen Sphäre auf deren Verhältnis zum öffentlichen Raum hin:

> »[T]he public realm is made up of the public places or spaces in a city, which spaces tend to be inhabited by persons who are strangers to one another or who ›know‹ one another only in terms of occupational or other nonpersonal identity categories such as bus driver/customer.« (Lofland 1989: 454)

Zwischen den üblicherweise einander gegenübergestellten Sphären des Privaten und des Öffentlichen bestehe in der räumlichen Realität ein Kontinuum. Lofland entwirft das Konzept einer Zwischenebene, des *parochial realm*, die sowohl private als auch öffentliche Charakteristiken hat. Für Amin sind entsprechende Bereiche, die er als »mikroöffentlich« charakterisiert, besonders bedeutsam als Orte einer »*banal transgression*« (Amin 2002b: 14) oder »*prosaic negotiation and transgression*« (Amin 2002a: 976). Damit sind kleine Verschiebungen und Veränderungen gemeint, die die Individuen aufgrund ihres Kontakts im Dialog und in einfachen, banalen Aushandlungen mit Differenten herbeiführten, da sie sich in diesen Mikroöffentlichkeiten in eine gewisse gegenseitige Abhängigkeit zueinander begeben. Die Orte dieser Mikroöffentlichkeiten seien nicht mit einer bestimmten festen Identität oder Gemeinschaft verbunden, sondern als offene Treffpunkte immer im Prozess begriffen.

> »What goes on in them are not achievements of community or consensus, but openings for contact and dialogue with others as equals, so that mutual fear and misunderstanding may be overcome and so that new attitudes and identities can arise from engagement. If common values, trust, or a shared sense of place emerge, they do so as accidents of engagement, not from an ethos of community.« (Amin 2002a: 972)

Wie Young widerspricht auch Amin hier dem Community-Ideal. Mikroöffentlichkeiten bieten einen neuen, nicht familiären oder freundschaftsbezogenen Rahmen, in dem unterschiedliche Menschen aufeinander bezogen seien, was Möglichkeiten zu neuen Verbindungen eröffne. Der wichtigste Aspekt sei, dass in diesen alltäglichen Begegnungen Gefühle von Fremdheit überwunden werden könnten – im einfachen Prozess des gemeinsamen Tuns und des Vergleichens der unterschiedlichen Arten, etwas zu tun. Dies geschehe nicht automatisch, sondern es würden organisatorische und diskursive Strategien benötigt, die dazu dienten, die Stimme zu erheben und einen Gemeinschaftssinn zu festigen, Vertrauen zu entwickeln und im Fall von Konflikten zu vermitteln. Der erlebten Erfahrung komme ein wichtiger Stellenwert für die Herausbildung von Haltung und Verhalten im Miteinander zu, beispielsweise auch bei der Verringerung gegenseitiger Vorurteile.

> »My emphasis, in contrast, falls on everyday lived experiences and local negotiations of difference, on microcultures of place through which abstract rights and obligations, together with local structures and resources, meaningfully interact with distinctive individual and interpersonal experiences. This focus on the microcultures of place is not meant to privilege bottom-up or local influences over top-down or general influences, because both sets make up the grain of places. It is intended to privilege everyday enactment as the central site of identity and attitude formation.« (Amin 2002a: 967)

Dass und inwiefern auch Nachbarschaft Kontakt und Begegnungen Differenter ermöglichen kann, diskutiert die Geographin Evelyn Perry in ihrer Studie zu einer US-amerikanischen Nachbarschaft. Sie untersucht die Differenzaushandlungen, die Nachbarschaft ermöglichen kann:

> »[N]eighborhoods play a significant role in shaping how residents make sense of and manage difference. Local culture provides a shared rubric for neighborhood navigation that influences residents' everyday practices: their social control strategies, interactions with neighbors, and interpretations of their proximate environment.« (Perry 2017: 10)

In ihrer Studie zu gemischten sunnitisch-alevitischen Nachbarschaften in der Türkei betrachten Banu Gökarıksel und Anna Secor (2023: 383) Nachbarschaft aus feministischer Perspektive. Sie kritisieren den idealisierten Blick auf »gute Nachbarschaft« als kohäsive und durch enge soziale Bindungen geprägte Gemeinschaft. Demgegenüber konzipieren sie Nachbarschaft als paradoxen Raum, der neben seinen Funktionen von gegenseitiger Fürsorge und Austausch auch das Potenzial für Unterdrückung, Prekarität und Gewalt mit sich bringe.

Für die Analyse gesellschaftlicher Differenz und des alltäglichen Umgangs mit Differenz in der Stadt bedeuten diese Überlegungen, dass städtische Mikroöffentlichkeiten für die Differenzaushandlung besonders bedeutsam sein könnten. Dabei ist immer die Frage, wie entsprechende Räume aufgrund welcher Formen und Situationen für die Begegnung mit Differenz funktionieren (und wann nicht) und inwiefern sie dabei zu banaler Transgression beitragen. Dass die sozialen Prozesse in entsprechenden Räumen nicht immer reibungslos ablaufen, ist anzunehmen. Welche Bedeutung sozialen Konflikten in der theoretischen Diskussion um Differenz und sogar für gesellschaftliche Transformation beigemessen wird, erörtere ich daher im folgenden Kapitel.

1.3 Soziale Konflikte, Differenz und gesellschaftliche Transformation

Die Frage, wie soziale Konflikte gesellschaftlich einzuordnen sind, wird je nach theoretischer Position unterschiedlich beantwortet. Da dabei auch das Aufeinanderprallen von Unterschiedlichkeit sowie soziale Ungleichheiten und Macht im Fokus stehen, habe ich in meiner Studie zusätzlich eine konfliktsoziologische Perspektive genutzt. Allerdings wird das Auftreten von Konflikten jeweils unterschiedlich bewertet, je nachdem, ob Konflikte generell als gesellschaftlich destruktiv betrachtet werden oder ob sie als normale Vorkommnisse, vielleicht sogar im Hinblick auf ihr transformative Potenzial, bewertet werden. Im Folgenden stelle ich einige Ansätze zur Diskussion und erörtere mein konfliktsoziologisches Verständnis für diese Studie.

Destruktives Konfliktverständnis

Ein Zweig der sozialwissenschaftlichen Stadtforschung (Heitmeyer 1998; Heitmeyer/Anhut 2000) geht von einem destruktiven Konfliktverständnis aus. Mit Konflikten verbinden dessen Vertreter_innen wachsende gesellschaftliche Heterogenität und soziale Spaltung. Sie konstruieren einen Gegensatz von heutigem, konfliktgeladenem städtischen Miteinander und einer in der Vergangenheit gut gelungenen städtischen Integration. Wilhelm Heitmeyer etwa stellt für die Zukunft europäischer Stadtentwicklung einen »Krisenzusammenhang« fest, der sich aus einer Desintegration der Stadtgesellschaft, einer Zweckentfremdung des öffentlichen Raums und einer »Entzivilisierung des Verhaltens einzelner Menschen und Gruppen« speise (Heitmeyer 1998: 443). Diesen bringt er mit zunehmender residenzieller Segregation und struktureller sozialer Ungleichheit in Verbindung, aber auch mit einem identitätspolitisch sich verschärfenden Konfliktpotenzial aufgrund wachsender Heterogenität der Stadtbewohner_innen, die er mit zugespitzten Prognosen zum steigenden Ausländer_innenanteil in nordrhein-westfälischen Städten stark dramatisiert. In diesen grundsätzlich pessimistischen Annahmen fehlt eine differenzierte Auseinandersetzung mit der Genese, mit den stadtpolitischen, aber auch mit gesellschaftlichen Dynamiken und konkreten Prozessen sowie ihrer Fundierung in gesellschaftlichen Machtstrukturen. Auch wenn Heitmeyer sozioökonomische Ungleichheit als Faktor benennt, vermittelt seine Betrachtung doch den Eindruck, dass eher die städtischen Armen und rassifizierten Anderen für die gesellschaftlichen Probleme verantwortlich sind als diejenigen, die zum Beispiel mit ihrem höheren ökonomischen Kapital maßgeblich zur Segregation beitragen. Auch für die Behauptung, dass sowohl alltagsbezogen als auch strukturell Formen und Situationen fehlten, um die (idealisierte) Integrationsfähigkeit der »Stadtgesellschaft« wiederzubeleben und weiterzuentwickeln, fehlen Belege. Wie weiter unten gezeigt wird, wären doch gerade die stattfindenden Konfliktaushandlungen interpretierbar als Ausdruck eines nie abgeschlossenen Aushandlungsprozesses um die Aneignung der Stadt und ihrer Ressourcen (Rinn/Wiese 2020). Zudem werden unterschiedliche Positionen von Stadtbewohner_innen und ihre Sicht auf den

Alltag ausgeblendet, zum Beispiel bezüglich der behaupteten negativen Quartierseffekte (Schuster/Volkmann 2019; Kronauer/Vogel 2001), um das Bild einer insgesamt dramatischen Lage zukünftiger städtischer Desintegration heraufzubeschwören.

Welchen Sinn sollte es aber machen, einem soziologischen Denken die Idee zugrunde zu legen, dass die Differenzen zwischen Menschen in Städten *zu* groß sein könnten, und daraus abzuleiten, dass dies zu unüberbrückbaren Problemen führte? In dieser Herangehensweise an städtische Konflikte besteht letztlich keine Hoffnung für ein gelingendes Miteinander in einer pluralen Gesellschaft. Angesichts anhaltender globaler Migrationsbewegungen und wachsender Heterogenität in vielen Städten stößt diese Art der Suche nach der Integrations- und Kohäsionsleistung von Städten an deutliche Grenzen. Möglicherweise ist die Erzählung einer integrierenden, konfliktarmen europäischen Stadt der Moderne, wie die Stadtsoziologie sie pflegte, auserzählt – falls sie jemals mehr als eine idealisierende Geschichte war. Diese Studie nutzt daher eine anders ausgerichtete konfliktsoziologische Perspektive, die im Folgenden erläutert wird.

Konflikte als Katalysator für gesellschaftlichen Wandel

Eine eigene theoretische Perspektive stellen konfliktsoziologische Zugänge dar. Diese legen nahe, soziale Konflikte differenziert zu betrachten, und zeichnen sich durch eine entdramatisierende Perspektive auf Konflikte aus. Dies bedeutet nicht, gewaltsame und zerstörerische Konflikte zu relativieren. Vielmehr wird betont, dass nur *ein Teil* der sozialen Konflikte destruktiv und gewaltsam verläuft. Bereits Georg Simmel hat in seinen Überlegungen zum Streit eine konfliktsoziologische Betrachtung angeregt: »Der Kampf selbst ist schon die Auslösung der Spannung zwischen den Gegensätzen.« (Simmel 2018: 284) Auch der US-amerikanische Soziologe Lewis Coser (1964) hat jahrzehntelang konflikttheoretische Debatten angestoßen. Er weist auf die enge Verbindung von gesellschaftlichem Wandel und Konflikten hin, auch mit Bezug auf die marxistische Gesellschaftstheorie. Laut Thorsten Bonacker (2009) haben schon Marx und Engels dazu beigetragen, die sozialstrukturelle Verankerung sozialer Konflikte zum zentralen Bestandteil der Konflikttheorie zu machen.

Die konflikttheoretische Grundannahme ist, dass moderne Gesellschaften durch Pluralismus gekennzeichnet sind, was »Konflikte zwischen unterschiedlichen und zumindest punktuell unvereinbaren Interessen, Zielen,

Identitäten, Werten oder Normen« wahrscheinlich macht (Bonacker 2009: 179). Dem liegt die Idee zugrunde, dass Gesellschaft nicht nur durch Konsens, sondern auch durch Zwang zusammengehalten werde (Hillmann 2007: 444). Dabei sind Macht und Herrschaft – ebenso wie Prestige, Einkommen, Eigentum und Bildung – ungleich verteilt und können zur Ursache und zum Gegenstand von Konflikten werden (ebd.), die allgegenwärtig sind. Max Webers (1988 [1922]) konflikttheoretisches Verständnis hat diesen Blick um eine herrschaftssoziologische Perspektive erweitert. Er geht davon aus, dass Kampf genauso wie Kooperation zentrale Bestandteile von Vergesellschaftung und Vergemeinschaftung sind. Während Konflikte einerseits Verbindungen zwischen Menschen herstellten, könnten sie andererseits auch negative Bezüge bewirken, wenn dabei mittels Machtausübung die eigenen Bedürfnisse gegen den Willen anderer durchgesetzt würden.

Konflikte zu vermeiden, ist also aus konflikttheoretischer Perspektive kein sinnvolles Ziel gesellschaftlicher Anstrengungen. Albert Hirschman (1994) weist auf die lange Tradition einer Perspektive auf Konflikte hin, die diese als konstitutiv für soziale Beziehungen verstehe und bis in die Antike zurückreiche. Ralf Dahrendorf (1965a: 124) hält Konflikte für »zutiefst notwendig« für den Wandel und die Dynamik von Gesellschaften: »Gerade weil sie über je bestehende Zustände hinausweisen, sind Konflikte ein Lebenselement der Gesellschaft – wie möglicherweise Konflikt überhaupt ein Element allen Lebens ist.« (Ebd.: 125) Er geht davon aus, dass Gesellschaften von Antagonismen geprägt sind, wobei Konflikte die strukturell erzeugten Gegensätze zwischen Normen und Erwartungen, Institutionen und Gruppen abbildeten und Impulse für gesellschaftliche Veränderungen gäben. Dahrendorf bezeichnet sie deswegen als »große Kraft«. Dies setze Berührungspunkte, also soziale Beziehungen, zwischen den Konfliktparteien voraus; zugleich schafften Konflikte diese. Konflikte müssten dabei keinesfalls gewaltsam sein, sondern könnten latent oder manifest, friedlich oder heftig, milde oder intensiv sein. Sie erfüllten eine Funktion für die gewaltfreie Demokratisierung, insbesondere da sie Widerspruch ermöglichen und damit soziale Autorität begrenzen (vgl. dazu auch Dubiel 1999). Als Gegenstand konflikttheoretischer Analysen unterscheidet Dahrendorf verschiedene Konflikttypen, ausgehend vom »Umfang der sozialen Einheit«, innerhalb derer ein Konflikt auftritt (Dahrendorf 1965b: 203), also Rollen, Gruppen, Sektoren, Gesellschaften und übergesellschaftliche Einheiten; quer dazu siedelt er das »Rangverhältnis der an Konflikten beteiligten Gruppen« an (ebd.: 204), also Ranggleichheit oder -ungleichheit und Konflikte zwischen dem Ganzen und einem seiner Teile.

Dabei interessiert er sich vor allem für Klassenkonflikte, also asymmetrische Konflikte zwischen Gruppen einer Gesellschaft. Die Erklärungsreichweite seiner Theorie ist auf diejenigen Konflikte beschränkt, die über die Verteilung von Herrschaft erklärbar sind (zwischen Gruppen, Sektoren, Gesellschaften).

Antke Engel (2017: 256) betont in ihren Überlegungen zu einem intersektionalen queerpolitischen Umgang mit Konflikten den Beitrag dieser zur Anerkennung sozialer Heterogenität. Die Analyse der Austragung von Konflikten müsse berücksichtigen, dass die Beteiligung daran »häufig unter ungleichen Bedingungen stattfindet«. Zweck der Konfliktaustragung könne sowohl die »Sicherung von Machtkonstellationen und Dominanzverhältnissen als auch deren Veränderung« sein (ebd.). Auch Thorsten Bonacker (2009: 184) unterscheidet zwischen dem Konflikt selbst und seiner Austragung, Bearbeitung und Verursachung. Er nutzt einen weiten Konfliktbegriff: So liege ein Konflikt vor, »wenn mindestens zwei unvereinbare Erwartungen manifest aufeinandertreffen« (ebd.), wobei die Akteure der jeweiligen Situation entscheiden, ob ein entsprechender Widerspruch vorliegt. Bedeutsam für eine gewaltfreie Konfliktaustragung sei eine wechselseitige Anerkennung der Konfliktparteien. Es kann sich nach Hirschman (1994) um teilbare oder unteilbare Konflikte handeln (grob gesagt: um Verteilungs- oder Anerkennungskonflikte). Die Form der Konfrontation könne sowohl eine Face-to-Face-Interaktion als auch eine zwischen nicht gleichzeitig Anwesenden wie Gruppen und Organisationen sein (Bonacker 2009: 185).

Im Anschluss an Engels Perspektive lässt sich hier die von Aladin El-Mafaalani (2020) angestoßene Betrachtung von Konflikten im Hinblick auf die Integration Zugewanderter und ihrer Nachkommen in Einwanderungsgesellschaften anschließen. El-Mafaalani geht davon aus, dass gelungene Integration ein erhöhtes Konfliktpotenzial zur Folge hat. Dies wertet er nicht als problematisch, sondern deutet es als Zeichen zunehmenden Zusammenwachsens und eines wachsenden Selbstbewusstseins der Menschen mit Zuwanderungsgeschichte. Nicht die konfliktfreie Gesellschaft sei erstrebenswert, sondern eine Gesellschaft, in der die Menschen ihre unterschiedlichen Bedürfnisse und Interessen selbstbewusst artikulierten und sich für diese einsetzten.

> »Mehr Menschen können und wollen partizipieren, sich aktiv beteiligen und etwas abbekommen. Alle an einem Tisch. Immer mehr und immer unterschiedlichere Menschen sitzen mit am Tisch und wollen ein Stück vom Kuchen. Wie kommt man eigentlich auf die Idee, dass es ausgerechnet jetzt harmonisch werden soll?« (El-Mafaalani 2020: 77)

Konflikte entstünden, weil »Inklusion, Gleichberechtigung oder eine Verbesserung der Teilhabechancen nicht zu einer Homogenisierung der Lebensweisen, sondern zu einer Heterogenisierung, nicht zu mehr Harmonie und Konsens in der Gesellschaft, sondern zu mehr Dissonanz und Neuaushandlungen« führten (ebd.: 79). Hier lässt sich der Bogen schlagen zu Youngs (1990a) Politiken der Differenz, also emanzipatorischen Kämpfen um gegenseitige Anerkennung von Differenz und den Anspruch auf Gleichheit. Konflikte würden ausgelöst durch neu entstehende Beziehungen der Menschen zueinander. Anders als vielfach behauptet, seien sie nicht Ausdruck gesellschaftlicher Spaltung, »denn gespalten sein kann man nur, wenn man zuvor irgendeine Einheit darstellte« (El-Mafaalani 2020: 81). El-Mafaalani deutet den Konflikt eher als Ausdruck eines Zusammenwachsens: »Es entstehen Spannungen beim Sichnäherkommen. Zusammenwachsen tut weh.« (Ebd.) Konflikte seien daher ein zentrales Element liberaler Gesellschaften und hielten diese zusammen, weil Heterogenität ausgehandelt werde. So verschiedene soziale Errungenschaften wie der Sozialstaat, die Demokratie, die Geschlechtergerechtigkeit, die sexuelle Befreiung und die Menschenrechte seien das Ergebnis von Konflikten (bzw. von sozialen Kämpfen). Inwiefern sich diese konfliktsoziologischen Perspektiven auf städtische Konstellationen übertragen lassen und wo entsprechende Konfliktaushandlungen überhaupt zu verorten sind, diskutiere ich im Folgenden.

Konfliktperspektiven in der Stadtteil- und Quartiersforschung

In der Stadtforschung arbeiten bisher erst wenige Studien mit konfliktsoziologischen Ansätzen, die Konflikte als gesellschaftlich konstruktiv zu betrachten. Vor allem in der Stadtteil- und Quartiersforschung gibt es inzwischen einige Studien mit entsprechender Perspektive (Wiesemann 2015; Perry 2017; Rinn/Wiese 2020). Perry entdeckt in ihrer Studie in Riverwest, dem von ihr ethnographisch erforschten US-amerikanischen Stadtteil von Milwaukee, sogar den Konflikt als zentralen, wenn auch ambivalenten Aspekt lokaler sozialer Organisierung: »When seemingly different people find themselves on the same side of a local battle, their experience of ›we‹, even when only temporary, can bridge social divides. However, these responsive coalitions can also exclude.« (Perry 2017: 170) Damit passen ihre Interpretationen auch zu Helmut Dubiels (1999) oder Lewis Cosers (1964) Annahme, dass Konflikte moderne Gesellschaften zusammenhalten. Was sich in diesen Prozessen in sozialer Hinsicht bewegt, beschreibt sie wie folgt:

> »Through the processes of conflict and conflict resolution, broad social categories and associated cultural assumptions are sometimes reinforced, but they can also be disrupted and destabilized. At times, disputes refashion understandings of deviance into difference, creating a space for the emergence of new norms.« (Perry 2017: 171f.)

Das heißt, dass für die Konflikte sowohl soziale Gruppenzugehörigkeiten eine Rolle spielen und verhandelt werden als auch damit verknüpfte soziale Normen. Perrys Studie ermöglicht, städtische Konflikte differenzierter zu betrachten. Sie arbeitet empirisch heraus, inwiefern Spannungen und Konflikte den Stadtteil im Kontext der stattfindenden Auseinandersetzungen stabilisieren.

> »The tensions and conflicts in diverse neighborhoods that have so troubled urban researchers are, in fact, central to the production of social order and contribute to the durability of neighborhood diversity. In Riverwest [Perry's site of research], stability is produced through the constant negotiations of small instabilities. [...] When problems arise, local culture codes encourage residents to employ informal strategies (e.g., talking with nuisance neighbors) before calling city authorities or the police.« (Ebd.: 10)

Wie schon Young (1990a) regt auch Perry in diesem Zusammenhang an, die Vorstellungen, die Community-Idealen zugrunde liegen, gründlich zu hinterfragen:

> »Many of the concerns about diversity are linked to its discordant quality: It makes it difficult to achieve consensus. It breeds uncertainty. Yet we rarely question the assumptions about community ideals that underlie these concerns. Are unity and consensus reasonable or achievable goals for all neighborhoods?« (Perry 2017: 172)

Eine ähnliche Sicht auf Stadtteilkonflikte findet sich bei Michael Maly (2008). Er versteht Konflikte als funktionalen Beitrag zur Stabilisierung eines Stadtteils, da diese den verschiedenen Gruppen helfen, ihre Interessen zu artikulieren, und so zu Gruppenkohäsion und Allianzbildung beitragen könnten. Moritz Rinn und Lena Wiese nutzen zur Analyse stadtteilbezogener Konflikte und »alltägliche[r] Aneignungsweisen städtischer Ressourcen in Quartieren« eine interaktionistische Perspektive, bei der sie »Handlung als eine kommunikative und produktive Praxis« verstehen, die »relational, situativ und performativ ist«

(Rinn/Wiese 2020: 26). In ihrer Forschung in einem Essener Stadtteil untersuchen sie »potentiell konflikthafte[...] Interaktionssituationen, in denen Teilhabemöglichkeiten und Ausschlüsse praktisch verhandelt und realisiert werden« (ebd.). Ihre Analyse verdeutlicht, dass und inwiefern in den Konflikten, die die Bewohner_innen des Stadtteils schildern, Machtungleichgewichte artikuliert und aktualisiert werden und welche besondere Bedeutung dabei rassistischen Zuschreibungen zukommt. Situationen, also Interaktionszusammenhänge, lassen sich so als Austragungskontexte städtischer Konflikte analysieren.

Die verschiedenen konfliktsoziologischen Blicke auf gesellschaftliche und städtische Konflikte zeigen, dass die eingangs thematisierte Integrations- und Kohäsionsrhetorik den Blick auf Konflikte und gesellschaftliche Veränderungen vor allem dramatisierend zuspitzt und für das Verstehen aktueller gesellschaftlicher Prozesse wenig treffend ist. Demgegenüber kann eine Betrachtung der Produktivität städtischer Konflikte die sozialwissenschaftliche Stadtforschung um neue Perspektiven bereichern. Sie kann zu einem besseren Verständnis dieser Konflikte im Kontext einer gesellschaftlichen Weiterentwicklung beitragen, für die die Anerkennung sozialer Heterogenität bedeutsam ist.

Eine konflikttheoretische Perspektive ist für eine Analyse des alltäglichen Umgangs mit Differenz vielversprechend. Anhand von Alltagspraktiken und Face-to-Face-Interaktionen kann analysiert werden, inwiefern Differenzen in Konflikten zum Thema gemacht und welche Differenzlinien ausgehandelt werden (und welche nicht), was als Anlass und was als Gegenstand von Konflikten genutzt wird und welche möglichen Dynamiken sich um Konfliktfelder etablieren. Auch die Frage, wie die Konfliktparteien mit dem Konflikt selbst und miteinander umgehen, lässt sich analysieren, und damit gleichzeitig, welche Machtverhältnisse innerhalb des Konflikts inwiefern aktualisiert, reartikuliert oder infrage gestellt werden.

Für die Erforschung des alltäglichen Umgangs mit Differenz war die konflikttheoretische Perspektive für meine Studie wertvoll, um soziale Dynamiken zu entdecken und zu analysieren. Die Auswertung der empirischen Daten hat gezeigt, dass die Akteure ganz unterschiedliche Umgangsweisen mit auftretenden Konflikten hatten. In meiner Analyse habe ich ihre unterschiedlichen Bewertungen und Umgangsweisen mit der jeweiligen Selbst- und Fremdkonstruktion von Differenz verbunden, dazu die verschiedenen Konfliktanlässe rekonstruiert und Konflikte letztlich als einen von mehreren unterschiedlichen Modi der Differenzaushandlung interpretiert.

1.4 Machtvolle Konflikte und Differenzaushandlung in der Stadt verstehen

Die in diesem Kapitel diskutierten theoretischen Ansätze lenken den Blick auf Differenz und Ungleichheit in der Stadt, auf städtische Kontexte der Begegnung Differenter, auf Differenzaushandlung und Konflikte. Im empirischen Teil der Arbeit untersuche ich, wie soziale Ungleichheit und Differenz in den städtischen Mikroöffentlichkeiten von Kleingartenvereinen reproduziert beziehungsweise verhandelt werden, wer dabei über welche Kapitalien verfügt, ob und inwiefern sich die an Aushandlungen Beteiligten gegenseitig Ressourcen streitig machen, wer sich wie Orte aneignet, wer inwiefern zu wem in Konkurrenz tritt und welche Rolle Normen, Regeln oder Ordnungen für eine Reproduktion und Aushandlung von Machtverhältnissen spielen. Damit ist immer die Frage, wie in den entsprechenden sozialen Situationen das hierarchisch angeordnete Soziale in Erscheinung tritt, wie es sich in Praktiken und an konkreten Orten manifestiert und dort auch neu ausgehandelt wird. Die Quintessenz dieses Kapitels lässt sich in folgenden forschungsleitenden Erkenntnissen festhalten:

(1) Aus praxistheoretischer Perspektive wird eine intersektionale Machtanalyse genutzt, um relationale Machtverhältnisse zu erforschen und zu zeigen, wie sich diese in den Differenzaushandlungen niederschlagen.

(2) Die Perspektive sozialer Ungleichheit und ungleicher Zugänglichkeit des städtischen Raums wird genutzt, um zu erforschen, wie Ungleichheit in den städtischen Raum eingeschrieben ist und wie die Nutzung des mikro-/öffentlichen Raums machtvoll durch Normen reguliert wird.

(3) Städtische Mikroöffentlichkeiten werden als bedeutsam für die Differenzaushandlung betrachtet. Dabei ist immer die Frage, wie entsprechende Räume aufgrund welcher Formen und Situationen für die Begegnung mit Differenz funktionieren (und wann nicht) und inwiefern sie dabei zu banaler Transgression beitragen.

(4) Eine konflikttheoretische Perspektive kann für eine Analyse des alltäglichen Umgangs mit Differenz genutzt werden, um anhand von Alltagspraktiken und Face-to-Face-Interaktionen zu analysieren, inwiefern Differenzen in Konflikten zum Thema gemacht werden, welche Differenzlinien ausgehandelt werden (und welche nicht), was als Anlass und was als Gegenstand von Konflikten genutzt wird und welche möglichen Dynamiken sich um Konfliktfelder etablieren.

2. Städtische Kleingärten

In der sozialwissenschaftlichen Stadtforschung sind Kleingärten bisher kaum zum Gegenstand gemacht worden. Da diese Studie deren aktuelle soziale Funktionen erforscht, skizziere ich hier auch ihre historische Entwicklung. Für ein grundlegendes Verständnis der gegenwärtigen Situation der Kleingartenvereine erörtere ich ihre Rahmenbedingungen und stelle heraus, inwiefern sich das Feld der Kleingärten zurzeit besonders als Forschungsgegenstand eignet.

Kleingärten sind seit langem ein fester Bestandteil europäischer Städte. Über die etwa 200 Jahre ihres Bestehens hinweg haben sie sich weiterentwickelt, auch im Kontext äußerer Einflüsse. Verschiedene sozialpolitische und ideologische Anliegen führten zur Gründung von Kleingärten geführt, später spannten unterschiedliche politische Systeme die Kleingärten für ihre Zwecke und Ideologien ein. Heute stehen Kleingärten in ganz neuem Umfang vor der Herausforderung einer neuen Selbstdefinition, da sich ihre Nutzer_innengruppen und Funktionen wandeln. Im Folgenden erörtere ich, wie Kleingärten mit den jeweils aktuellen sozialpolitischen, wirtschaftlichen und ideologischen Strömungen der Zeit verwoben wurden. Dabei fällt auf, dass ihre grundlegende Funktion, eine Selbstversorgung der Ärmeren mit Lebensmitteln, ebenso weggefallen ist wie die starke politische Vereinnahmung der Gartenvereine. Die Frage ist daher: Quo vadis, Kleingartenwesen? Welche Wege schlägt das Kleingartenwesen ein, um sich neu auszurichten, und wie geht es dabei mit Impulsen aus Stadtentwicklung und Gesellschaft um, wie färben dabei auch andere Garteninitiativen auf die Vereine ab? Was verbinden Gärtner_innen, Vereine und Verbände heute mit Kleingärten und welche Funktionen erfüllen sie für die Gesellschaft und die Stadt?

2.1 Die Notwendigkeit von Kleingärten: Gründungsideen und Funktionen

Kleingärten wurden aus verschiedenen Gründen notwendig und mussten dabei ganz unterschiedliche Funktionen erfüllen, die oftmals auch miteinander verbunden wurden: von ernährungspolitischen und sozialpolitischen bis zu ideologischen Funktionen. In Europa wurden im 19. Jahrhundert die ersten Kleingärten gegründet, zunächst als Ausgleich für mangelhafte Lebensmittelversorgung (für Großbritannien: Crouch/Ward 1988; Acton 2011; für Polen: Szczepańska et al. 2021; für Tschechien: Gibas/Boumová 2020). Sie blieben bis ins 20. Jahrhundert gerade in Zeiten von Krieg und Wirtschaftskrisen bedeutsam (Stein 2010; Bock et al. 2013; Appel/Grebe/Spitthöver 2011; Rosol 2006; Verk 1994), denn geringe Löhne oder kriegsbedingt knappe Lebensmittel machten eine Selbstversorgung der Stadtbewohner_innen mit Obst und Gemüse, die oft auch mit Kleintierhaltung wie Kaninchen-, Hühner- und Taubenzucht verbunden war (Warnecke 2001: 25), überlebensnotwendig. Das bedeutet, dass viele Kleingärtner_innen zusätzlich zu ihrer oftmals harten und zeitaufwendigen Erwerbsarbeit ihren Garten bewirtschaften mussten. Neben Anbau, Pflege und Ernte beinhaltete dies auch das Haltbarmachen der Ernte für den Winter.

Kleingärten waren, grob betrachtet, immer kleine, zum Eigenbedarf bewirtschaftete Parzellen, die in einem mehr oder weniger gut organisierten Kontext zusammenhingen, später meist als Vereine organisiert. Die Gründung von verschiedenen Gartenvereinen geschah aus unterschiedlichen Motiven. Dementsprechend entstanden Armengärten, Arbeitergärten[1], Fabrikgärten und Bahnergärten, Schrebergärten, Gärten der Naturheilkundebewegung und Laubenpieperkolonien. Über die Jahrzehnte lassen sich drei Typen von Gartenvereinsgründungen unterscheiden:

(1) Armengärten, Arbeitergärten, Fabrikgärten, Bahnergärten: Sie wurden Ärmeren, Arbeiter_innen und Unternehmensmitarbeiter_innen als Bestandteil sozialpolitischer Aktivitäten von Kommunen oder Unternehmen zur Verfügung gestellt.

(2) Schrebergärten und Gärten der Lebensreformbewegung: Sie entstanden aus einer Kritik an ungesunden und von der Natur entfremdeten

1 Da es sich bei »Arbeitergärten«, »Bahnergärten« und »Laubenpieperkolonien« um etablierte Bezeichnungen handelt, werden sie hier sprachlich nicht gegendert. Selbstverständlich nutzten seit jeher Menschen verschiedener Geschlechter die Parzellen und gestalteten miteinander das Vereinsleben.

Lebensbedingungen; die Vereine waren meist im Eigentum von wohlhabenderen Schichten, die diese selbst nutzten.

(3) Laubenpieperkolonien: Für die Selbstversorgung wurden diese von ihren Nutzer_innen selbst erkämpft.

Die Entwicklung des Kleingartenwesens als städtisches Phänomen beruhte auf dem Zusammenspiel einer rasant zunehmenden Bevölkerung in den Städten aufgrund schneller Industrialisierung und schlechter Wohnbedingungen für ihre Arbeiter_innen, einer mangelhaften Lebensmittelversorgung und des Mangels an privat nutzbarem Grund und Boden zur Selbstversorgung. Die bürgerlichen Gründungen von Schrebergärten und Gärten der Lebensreformbewegung waren dabei eher als Ausgleich der als überfordernd und ungesund erlebten großstädtischen Lebensbedingungen motiviert. Auffällig ist, dass sich die gesellschaftlichen Klassen historisch kaum in denselben Vereinen wiederfanden, sondern die verschiedenen Vereine den Klassen oft explizit zugeordnet waren. Darin unterscheiden sich die früheren Kleingartenvereine deutlich von heutigen, was den Anlass für die vorliegende Forschung liefert.

Armengärten: Sozialpolitik mit Selbstversorgungs- und Erziehungsanspruch

Die ersten Kleingärten entstanden im frühen 19. Jahrhundert im ländlichen Raum des heutigen Schleswig-Holsteins, ab den 1830er-Jahren auch in Städten, die sich in der Frühphase von Industrialisierung und Urbanisierung befanden, unter anderem in Leipzig und Berlin, bald auch in vielen weiteren Städten. Gerade die Idee für die frühen Formen, die sogenannten Armengärten, war sozialpolitisch motiviert (Matthäi 1989). Sie orientierten sich an Experimenten in England, wo es schon Ende des 18. Jahrhunderts erste Kleingartenparzellen für Arbeiter_innen gab (Way 2017), aus denen später die *Allotment*-Bewegung entstand (Matthäi 1989: 136). Nachdem 1814 in Kappeln an der Schlei der erste Kleingartenverein gegründet wurde, entstanden im Rahmen früher Verstädterungsprozesse in den Herzogtümern Schleswig und Holstein 1820/21 weitere Armengärten. Für die Vergabe von Gartenparzellen der kommunalen Armengärten in den 1830er-Jahren wurden unterschiedliche Zielgruppen festgelegt: Manche Kommunen vergaben Land auch an arme Tagelöhner oder Handwerker, andere nur an Marginalisierte, damit diese durch den Anbau von Lebensmitteln zukünftig selbst für ihren Lebensunterhalt sorgen könnten und die Armenkasse entlastet würde. Außerdem wählten staatliche Stellen die Pächter_innen dieser frühen Form von Kleingärten »nach entsprechender charakterlicher und physischer Eignung« aus (Matthäi 1989: 137). Sie schrieben die Gestaltung und Bearbeitung der Gärten fest, reglementierten sie mit strengen Gartenordnungen und kontrollierten sie mithilfe staatlicher Aufseher_innen. Dies belegt, dass neben der Idee der Selbstversorgung und der Entlastung staatlicher Kassen »ein ausgesprochen sittliches und erzieherisches Moment« für die Gartenvergabe bedeutsam war (ebd.: 138).

Arbeiter- und Fabrikgärten: »patriarchalische Wohlfahrtseinrichtung« mit entpolitisierenden Effekten

Gegründet wurden die staatlich initiierten Arbeitergärten, ähnlich den Armengärten, gänzlich als »patriarchalische Wohlfahrtseinrichtung« (Matthäi 1989: 144); die Idee dafür stammte aus Frankreich, in Deutschland wurden die ersten Arbeitergärten in den 1880er-Jahren in Charlottenburg nördlich vom heutigen Volkspark Jungfernheide gegründet (Meyer-Renschhausen 2011: 5). Im Ruhrgebiet entstand die erste Kleingartenanlage 1895 in Essen (Steinborn 1991: 9). Ähnlich wie bei den Armengärten waren die zugrunde liegenden Ziele sowohl erzieherisch-moralische als auch hygienisch-gesundheitliche, volkswirtschaftliche und sozialpolitische. In der Literatur besteht darüber Uneinigkeit, ob die Vergabe von Gartenparzellen an gesellschaftlich Marginalisierte als erkämpfter Erfolg der Novemberrevolution 1919 zu bewerten ist oder vielmehr als entpolitisierende Strategie zur Befriedung der sozialpolitischen Konflikte (Rosol 2006: 36; Stein 2010: 127; Appel/Grebe/Spitthöver 2011: 9). Teile der bürgerlichen Klassen hätten aufgrund ihres schlechten Gewissens eine »moralische Verpflichtung zur Nächstenhilfe« gesehen (Matthäi 1989: 145) und aus diesem Grund Land zur Bewirtschaftung an Ärmere gegeben. Andererseits sei aber auch das Ansinnen konservativer Kreise zur Entpolitisierung, Spaltung und Schwächung der Arbeiterschaft erkennbar. Tatsächlich klagten die Arbeiterparteien über die entpolitisierende Wirkung der »Kleingärtnerei« (Stein 2000: 127). Gewerkschafts- und Parteiveranstaltungen würden zur Gartensaison, also besonders im Sommer, erkennbar weniger als zuvor besucht: »Bei vielen Kolonisten lief ihr ›Utöpchen‹ daher der sozialistischen Utopie den Rang ab, machte das Kleingartenparadies dem sozialdemokratischen ›Zukunftsstaat‹ ebenso erfolgreich Konkurrenz wie dem kommunistischen ›Arbeiter- und Bauernparadies‹.« (ebd.: 128) Dieses »kleingärtnerische[...] Unabhängigkeitsstreben« (ebd.: 129) wurde wiederum in anderen gesellschaftlichen Bereichen missbilligt, unter anderem von bürgerlichen Philanthrop_innen und christlichen Moralapostel_innen. Deren Kritik richtete sich allerdings vorrangig auf die fröhliche Feierkultur und den hohen Alkoholkonsum der Kleingärtner_innen. Mit den Fabrikgärten wie den Bahnergärten entstand zum Ende des 19. Jahrhunderts eine weitere Form von Kleingärten, die den Arbeitergärten ähnlich war. Fabrik- und Grubenbesitzer_innen und die Eisenbahn verbanden damit das Ziel, die Beschäftigten »an den Betrieb zu binden und deren Ernährung und Erholung zu verbessern« (Warnecke 2001: 41). Auch die Fabrikgärten sind damit als Ausdruck eines patriarchalischen Unternehmertums durch »betriebliche Fürsorge« zu bewerten, wobei sie zugleich »der sich zusammenballenden Proletariermasse ihre soziale Sprengkraft nehmen« sollten (ebd.).

Schrebergärten und Gärten der Lebensreformbewegung: bürgerliche Gärten für Bewegung, Gesundheit und Erziehung

Die Gründung von Schrebergärten und Gärten der Lebensreformbewegung seit Mitte des 19. Jahrhunderts ging demgegenüber auf die private Initiative bürgerlicher Klassen zurück.[2] Anders als Armengärten und später Arbeiter- und Fabrikgärten waren diese Vereine weniger mit dem Ziel der Selbstversorgung verbunden. So etablierten sich die Schrebergärten – zunächst in Leipzig, dann auch in anderen Städten – als bürgerliche Familiengärten mit vornehmlich erzieherischen und bewegungsorientierten Zielen. Im Unterschied zu den Armengärten entwickelten sie keine Zwangsmaßnahmen und zunächst keine Gartenordnungen (Matthäi 1989: 140).

Eine noch grundlegendere Kritik an den Lebensbedingungen in den Großstädten und dem dort verorteten »Alkohol- und Genußmittelmißbrauch«, mit denen eine »Entfremdung der Menschen von einer natürlichen Lebensweise« verbunden wurde (Matthäi 1989: 141), lag der Gründung der Gärten der Lebensreformbewegung zugrunde. Die Vertreter_innen der Bewegung argumentier-

2 Der Leipziger Arzt und Pädagoge Daniel Gottlob Moritz Schreber (1808–1861) beschäftigte sich mit den Folgen des Stadtlebens für die Gesundheit von Kindern. Aufgrund seiner autoritären pädagogischen Annahmen und seiner gewaltvollen Erziehungsmaßnahmen gilt er als Vertreter der »Schwarzen Pädagogik« (Kuhlmann 2013: 85ff.). Das historische Vereinshaus des Gartenvereins »KGV Dr. Schreber e.V.«, den der Pädagoge Ernst Innozenz Hauschild, Schrebers Freund, 1864 in der Leipziger Westvorstadt gegründet hatte (Matthäi 1989: 139f.), beherbergt heute das Deutsche Kleingärtnermuseum.

ten mit Gesundheitsfürsorge, aber auch mit moralischen Aspekten. Zudem ging es ihnen um eine »Rückkehr zum einfachen Leben« (ebd.), das auch einen Kontakt mit der natürlichen Umgebung beinhalten sollte. Durch ein Zusammentreffen der Ideen von Naturheilkundler_innen und Bodenreformer_innen entstand die Kleingartenbewegung der Lebensreformer: »Jeder sollte ein Stück Land haben, auf dem er sich kurieren und erholen konnte. Es war naheliegend, Gärten einzurichten, in denen man die Natur erleben, das einfache Leben genießen und mittels Sonnen- und Luftbädern die Strapazen großstädtischen Lebens überwinden konnte.« (Warnecke 2001: 34) Die Mitglieder der Gartenvereine der Lebensreformer_innen waren überwiegend Angehörige der Mittelschicht. Anders als im Falle der Armengärten waren die Vereine Eigentümer oder langfristige Pächter der genutzten Flächen. Dabei schlossen ihre Anliegen und Aktivitäten »die von den Folgen der Industrialisierung und Urbanisierung am schärfsten betroffenen unteren Schichten in der Regel aus« (ebd.: 35).

Laubenkolonien: Gartengründungen zur Selbsthilfe

Anfang des 20. Jahrhunderts existierten aber auch bereits selbst organisierte »Gartenkolonien« von Arbeiter_innen, insbesondere in Berlin, aber auch in anderen Agglomerationen, die sich als »wilde« Laubenkolonien entwickelten (Matthäi 1989: 147). In dieser Zeit siedelten in Berlin und am Berliner Stadtrand zwischen 40.000 und 50.000 Laubenkolonist_innen (Warnecke 2001: 16). Basierend auf der Selbsthilfe der Betroffenen organisierten sie sich zunächst nicht als Vereine. Dadurch war es für sie schwierig, gemeinsame Interessen gegenüber den Verpächter_innen und den Behörden zu artikulieren (Matthäi 1989: 143). Grundbesitzer_innen und besonders Generalpächter_innen »herrschten uneingeschränkt auf ›ihrem‹ Land« und schlugen Kapital aus der Armut der Kolonist_innen bis zur Abschaffung des Generalpachtsystems 1919 (Warnecke 2001: 17). Eine ihrer Methoden waren auf ein Jahr befristete Pachtverträge und eine jährliche Erhöhung des Pachtzinses, aber auch die Verpflichtung, den Ausschank der Laubenkolonie zu nutzen, da der Generalpächter zugleich der Kantinenwirt war.

> »Die meisten Laubenkolonien betrieb ein Generalpächter gewinnorientiert. Dessen Hauptverdienst lag dabei aber nicht in der Weiterverpachtung des Landes, sondern in der Bewirtschaftung der Kantine. Wer den Pachtvertrag für seine Laube verlängert bekommen wollte, mußte, einem ungeschriebenen Gesetz zufolge, dort möglichst viel verzehren.« (Rudolph 2003)

Das Generalpachtsystem wurde 1919 letztlich abgeschafft, weil sich verschiedene Kleingärtner_innen in Vereinen und einem gemeinsamen Verband organisierten und damit eine machtvolle Form fanden, ihre politischen Interessen zu artikulieren.

Organisierung der Kleingärtner_innen

Die gemeinsame Organisierung der Kleingärtner_innen wurde schon früh zu einem wichtigen Mittel zur rechtlichen Absicherung der Kleingartenvereine und zur politischen Vertretung ihrer Interessen. Einige Laubenkolonist_innenvereine schlossen sich bereits 1901 zur »Vereinigung sämtlicher Pflanzervereine Berlins und Umgebung« zusammen, um sich gegen das Generalpachtsystem aufzulehnen (Warnecke 2001: 28). Die Vereinigung beabsichtigte, »sich selbst als Landbeschaffer für Kleingärten zu betätigen« (ebd.: 29) – ein Affront gegen die Generalpächter_innen. Nach und nach erwuchs aus diesem Verband eine starke Interessenvertretung der Laubenkolonist_innen gegenüber Grundbesitzer_innen, Generalpächter_innen und der Berliner Stadtverwaltung, der 1915 bereits 159 Vereine und 13.000 Mitglieder angehörten. Schon 1908 hatten Berliner Kleingärtner_innen die Forderung nach Dauerkolonien erhoben, »auf denen die Pächter ohne Furcht vor jederzeitiger Kündigung leben, sich mit größerer Sicherheit im Garten und in den Kolonien engagieren, den Anbau auf längere Fristen einrichten und den provisorischen Charakter der Laube überwinden könnten« (Warnecke 2001: 29). 1906 schlossen sich die Arbeiter_innengartenvereine mit den Gartenvereinen der Lebensreformbewegung zum »Verband deutscher Arbeitergärten« zusammen, 1909 wurde der »Zentralverband deutscher Arbeiter- und Schrebergärten« gegründet (Matthäi 1989: 155).

Den entscheidenden Durchbruch stellte schließlich die Reform des Bodenrechts 1918 dar. Sie brachte den Pächter_innen mehr Rechte und die Abschaffung des profitorientierten Pachtwesens. 1919 wurde die »Kleingarten- und Pachtlandordnung« verabschiedet, die als Reichgesetz bis zur Verabschiedung eines neuen Bundeskleingartengesetzes 1983 Gültigkeit hatte (ebd.: 156). Damit wurden zwei Forderungen der Kleingärtner_innen erfüllt: eine Pachtpreisbindung durch die Verwaltungsbehörde und der Grundsatz, dass nur noch gemeinnützige Körperschaften oder Unternehmen als Zwischenpächter zugelassen werden. Diese rechtliche Veränderung ermöglichte es, das Kleingartenwesen weiter eigenständig zu organisieren. 1921 schafften es die verschieden ausgerichteten Kleingartenverbände, sich zum »Reichsverband der Kleingärtnervereine Deutschlands« zusammenzuschließen. In diesem Verband waren zunächst die Interessen von über 300.000 Kleingärtner_innen vertreten; 1928 verfügten sie bereits über mehr als 400.000 Mitglieder (Paetzelt 2022: 256). Dieser Dachverband wurde zu einem »ernstzunehmenden Verhandlungspartner gegenüber dem Staat und den Verpächtern« (Matthäi 1989: 158). Das Kleingartenwesen erlangte damit wachsende Anerkennung staatlicher Stellen und so auch ein höheres Gewicht in politischen Aushandlungen.

2.2 Indienstnahme von Kleingärten für politische Ideologien

Im 20. Jahrhundert ist zu beobachten, dass die verschiedenen politischen Systeme, die in Deutschland herrschten, sich durchaus mit dem Kleingartenwesen beschäftigen mussten. Dabei wurden Kleingärten aus dem Blickwinkel der jeweiligen politischen Ideologie beleuchtet und bewertet. Im Nationalsozialismus wurden die Kleingartenvereine politisch vereinnahmt für die rassistische und antisemitische Blut-und-Boden-Lehre. Damit verbunden war, dass Vereinsvorstände sowohl Jüdinnen_Juden als auch politisch Oppositionelle von ihren Parzellen verjagten. Zudem dienten die Kleingärten dazu, den späteren kriegsbedingten Lebensmittelmangel auszugleichen, wurden zur Notwohnung und in einzelnen Fällen auch zum Versteck für Jüdinnen_Juden und politisch Verfolgte. In den ersten Jahrzehnten der DDR waren Kleingärten politisch eher unerwünscht bei gleichzeitig großer Beliebtheit in der Bevölkerung, bis der Staat erkannte, dass er die Bürger_innen besser für sich gewinnen konnte, wenn er das Kleingartenwesen förderte. Schließlich wurden die Kleingärten sogar zur ergänzenden Lebensmittelproduktion herangezogen. Auffällig ist, dass Kleingärten in den verschiedenen politischen Systemen für die Bevölkerung attraktiv blieben und ihre Funktionen zur Erholung und zum Anbau von Obst und Gemüse beibehielten. Die politischen Akteure versuchten jeweils, durch die Einflussnahme auf zentraler Organisationsebene die Kleingärtner_innen politisch auf Linie zu bringen.

Gleichschaltung der Kleingärten im Nationalsozialismus

Schon zu Beginn der nationalsozialistischen Herrschaft wurde deutlich, wie stark der Staat sich aller gesellschaftlichen Bereiche bemächtigte. Bereits im Juli 1933 wurden die Kleingartenvereine »gleichgeschaltet«. Beim Reichskleingärtnertag in Nürnberg wurde der Verband in den »Reichsbund der Kleingärtner und Kleinsiedler« überführt (Paetzelt 2022: 257). Dieser durfte nicht mehr parteilos sein, sondern musste »im Dienst des nationalen Staates« agieren (ebd.). Kleingärten wurden eng mit der Blut-und-Boden-Ideologie verknüpft, sodass eine Vergabe der Parzellen nicht mehr an Gegner_innen des Regimes und an jüdische Menschen erfolgte. »›Nicht-arische‹ Kleingärtner wurden nach und nach aus den Kolonien vertrieben, politisch Missliebige, vor allem Sozialdemokraten und Kommunisten, aus den Vorständen und aus den Kleingartenanlagen entfernt.« (Warnecke 2001: 114) Kampftruppen der NSDAP führten in Kleingartenanlagen Razzien durch, die sich gegen »Kommunisten, Sozialdemokraten und andere Feinde […] des NS-Regimes richteten«, suchten aber auch nach Waffen, Flugblättern und Vervielfältigungsgeräten (ebd.: 116). Dies kam einer »totalen Ideologisierung der Kleingartenbewegung« gleich (Matthäi 1989: 162).

Das nationalsozialistische Regime betonte vor allem die ernährungspolitische Bedeutung der Kleingärten, um eine importunabhängige Versorgung der deutschen Bevölkerung mit Nahrungsmitteln zu sichern; damit rückte die Bedeutung als Freizeit- und Erholungsgarten in den Hintergrund. Daneben wurde den Gartenvereinen eine wehrpolitische Funktion zugewiesen, da der Gartenbesitz »zu einer verstärkten Heimatliebe und demzufolge zu einem erhöhten Verteidigungs- und Wehrwillen bei den Pächtern führen müsse« (Matthäi 1989: 162). Das Interesse am Gärtnern überstieg die Verfügbarkeit von Parzellen.

Trotz des großen Interesses an Kleingärten in der Bevölkerung und ihrer wichtigen Funktion, insbesondere für die Lebensmittelproduktion, wurden seit den späten 1930er-Jahren viele Kleingärten zugunsten des Wohnungs- und Straßenbaus und der Errichtung militärischer Komplexe vernichtet, einige Quellen sprechen von bis zu 100.000 Parzellen jährlich (Matthäi 1989; Warnecke 2001). Die Wehrmacht beschlagnahmte ab 1939 auch Vereinshäuser und zweckentfremdete sie zur Unterbringung von Zwangsarbeiter_innen (Paetzelt 2022). Während des Krieges wurde die Ernährungsfunktion der Kleingärten für die Pächter_innen bedeutsamer. Für einige Jüdinnen_Juden und politisch Verfolgte entwickelten sie sich hingegen zum lebensrettenden Versteck, wenn sie von mutigen Kleingärtner_innen in den Lauben versorgt wurden. Hinzu kam, dass viele ausgebombte Städter_innen die Lauben zu Notunterkünften umbauten (Matthäi 1989: 163).

Nach Kriegsende wurde in allen Besatzungszonen mit mehr oder weniger Erfolg versucht, auch die Kleingartenanlagen zu entnazifizieren (Warnecke

2001: 179ff.). Bis zur Neuordnung des Vereins- und Verbandswesens in DDR und BRD existierten Kleingartenvereine aufgrund der nationalsozialistischen »Gleichschaltung« nicht mehr als juristisch eigenständige Organisationen, was zu Verunsicherung unter den Kleingärtner_innen führte, die ja einen wesentlichen Beitrag zur Lebensmittelversorgung leisteten (ebd.: 181).

Rückzug in den Kleingarten und Bedeutungswandel der Kleingärten in der DDR

Auch die politischen Eliten der DDR sahen die Notwendigkeit, sich mit den Kleingärtner_innen im Staat auseinanderzusetzen. Auch wenn der Sozialismus »ursprünglich ohne Kleingärten gedacht worden« sei und diese »nur für die Übergangszeit, zur Überwindung der größten Nachkriegsnot« eine Daseinsberechtigung haben sollten (Dietrich 2004), war ihre Existenz nicht zu ignorieren. Wie in der BRD und anderen westeuropäischen Ländern waren Kleingärten auch in der DDR seit Mitte der 1950er-Jahre nicht mehr zur Sicherung der Ernährung notwendig. Prinzipiell gab es genug Lebensmittel zu kaufen. In den 1950er- und 1960er-Jahren galten Kleingärten vielen als ein »Relikt einer vergangenen Welt« (Warnecke 2001: 202) und wurden eher geduldet als gefördert. Walter Ulbricht waren Kleingärten immer suspekt, er hielt sie für »kleinbürgerlich und individualistisch«. Nachdem das Regime die Kleingärten lange eher mit Misstrauen beobachtet hatte, beschloss das Zentralkomitee der SED nach einigem Hin und Her 1959 die Gründung des »Verbands der Kleingärtner, Siedler und Kleintierzüchter« (VKSK), um das Vereinswesen auf Parteilinie zu bringen. Dahinter standen aber wohl auch wirtschaftliche Erwägungen (Warnecke 2001: 228). Weil es immer an frischem Obst und Gemüse mangelte, war der Obst- und Gemüseanbau im Kleingarten für viele selbstverständlich. Die Mitglieder des VKSK wurden aufgerufen, »die Erträge zu steigern, um die ›Erfüllung der ökonomischen Hauptaufgabe und des Siebenjahresplanes‹ zu unterstützen und die ›Überlegenheit der sozialistischen Gesellschaftsordnung‹ zu beweisen« (ebd.: 227f.).

Eine andere Funktion des Kleingartens ist deutlich stärker für die anhaltende Beliebtheit der Kleingärten verantwortlich gewesen. Denn auch in der DDR waren Kleingärten und Datschen[3] neben ihrer Produktionsfunktion für

---

3 Als Datsche (von russ. *Datscha*, Land- oder Ferienhaus) werden in den ostdeutschen Bundesländern größere Gartengrundstücke bezeichnet, die an Wochenenden und in Urlaubszeiten der Freizeit und Erholung, aber auch dem Anbau von Obst und Gemü-

den privaten Rückzug in der Freizeit bedeutsam. Isolde Dietrich (2009) beschreibt den Exodus der Familien mit Kindern aus den Städten in ihre Lauben und Datschen am Freitagnachmittag beziehungsweise sonnabends nach Unterrichtsschluss eindrücklich:

> »Im Grunde ruhten von diesem Zeitpunkt an viele Seiten des organisierten öffentlichen Lebens. Ab Donnerstag war der DDR-Mensch dafür ›nicht mehr ansprechbar, da war er »privat«. Die Leute waren nur noch mit dem bevorstehenden Wochenende beschäftigt, und über die Hälfte verschwand dann buchstäblich im Niemandsland. Kleingarten- und Datschenbesitzer saßen für zwei bis drei Tage auf ihrer Scholle – unerreichbar für die Nichteingeweihten, ganz gleich, ob die Parzelle nur wenige Straßenecken oder 100 km von der Wohnung entfernt lag.‹« (Dietrich 2009: 361f., zit.n. G. Dietrich 2018: 1653)

Das bedeutet, dass sich die »Lebenswelt Kleingarten gegenüber allen Eingriffen des Machtapparates« behauptet hat (Dietrich 2004). Auch als Orte der Erholung spielten die kleinen Gärten eine wichtige Rolle: »Der Kleingarten war auch Urlaubsplatz, denn auch an Urlaubsreisen herrschte Mangel.« (Warnecke 2001: 237) Kleingarten und Datsche hatten als privat genutzte zweite Wohnsitze eine große Bedeutung: »Für jede fünfte Familie bildete der Kleingarten neben der Wohnung einen dritten festen Bezugspunkt in der Topographie des Alltags. In der Geschichte der DDR hatte – mit Ausnahme des Fernsehens – keine andere Freizeitbeschäftigung derart hohe Zuwachsraten wie die Gartenarbeit.« (Dietrich 2003: 11) Es spricht einiges gegen die verbreitete Annahme,

---

se dienen. Als Teil einer Datschensiedlung sind sie mit einem kleinen Gebäude bebaut, das – ähnlich den Lauben in Kleingärten – in viel Eigenarbeit errichtet und oft eher spartanisch ausgestattet ist. Im Unterschied zu Kleingartenvereinen, in denen Vereine die Parzellen verpachten, sind Datschensiedlungen nicht als Vereine organisiert; es existieren also keinerlei Nutzungsvorschriften. In der DDR wurden die Datschengrundstücke von der kommunalen Wohnverwaltung zur Nutzung gepachtet, das Gebäude war im Besitz der Pächter_innen (MDR 2011). Es existierten in der DDR geschätzt etwa 3,4 Mio. Datschen, was der weltweit größten Dichte an Gartengrundstücken entspricht (https://de.wikipedia.org/wiki/Datsche#DDR vom 02.05.2024). Im Zuge der Neuordnung des Eigentums an Grund und Boden und unklarer Rechtsverhältnisse kam es ab 1989 zum »großen Datschenstreik« (MDR 2011). Datschenbesitzer_innen mussten bis in die 2010er-Jahre um ihre Grundstücke fürchten – viele verloren sie, andere mussten sich mit neuen Kosten arrangieren oder konnten ihr Grundstück erwerben.

dass sich die Leute »so um einen Kleingarten [rissen], weil sie samt und sonders passionierte Obst- und Gemüsebauern, Blumenfreunde und Kaninchenzüchter waren« (ebd.) oder »notgedrungen zur Selbstversorgung schritten«. Dies scheinen eher untergeordnete Motive gewesen zu sein.

Allerdings mussten seit den 1950er- und besonders in den 1960er-Jahren auch in der DDR diverse Kleingartenanlagen weichen, sowohl für den Wohnungsbau als auch nach 1961 in Berlin für den Bau der Mauer: »In nahezu allen Ost-Berliner Stadtbezirken stehen die Wohnhäuser aus den fünfziger und sechziger Jahren überwiegend auf ehemaligem Kleingartengelände.« (Warnecke 2001: 205) In den 1970er-Jahren wurde Kleingartengelände dann auch für Industriebauten und den Ausbau von Eisenbahntrassen geopfert.

Eine Veränderung trat erst im Zusammenhang mit den Protesten von Kleingärtner_innen 1976 ein, die sich gegen die Zerstörung ihrer Gartenanlagen im Zuge des neuen Wohnungsbauprogramms unter Erich Honecker wehrten. Das DDR-Kleingartenwesen erhielt daraufhin mehr Schutz. Honecker gestand ihnen zu, dass ihre Gärten erhalten bleiben, »Ihre [...] kleine Oase unangetastet bleibt« (Warnecke 2001: 231; MDR 2020). Diese Aussage wird als Wendepunkt der ostdeutschen Kleingartenpolitik gewertet. 1977 erließ der Ministerrat zum ersten Mal in der Geschichte der DDR eine Verordnung zum Schutz der Kleingärten, in der festgelegt wurde, »dass Kleingärten grundsätzlich nicht für Investitionsvorhaben oder andere gesellschaftliche Zwecke in Anspruch genommen werden dürfen« (Warnecke 2001: 231). Der Staat konnte zwar Ausnahmen genehmigen, musste den Kleingärtner_innen dann aber Ersatz stellen. Partei und Staat ebneten nun sogar den Weg für die Schaffung neuer »Sparten«, wie die Vereinsanlagen in Ostdeutschland bis heute heißen. »In einem Zeitraum von zehn Jahren zwischen 1977 und 1987 stieg die Zahl der Parzellen von etwa 620.000 auf fast 814.000, die der Verbandsmitglieder von 1,027 Millionen auf 1,441 Millionen.« (Warnecke 2001: 233) 1989 waren mehr als 1,2 Millionen von 13,5 Millionen erwachsenen DDR-Bürger_innen organisierte Kleingärtner_innen, das sind über elf Prozent, wobei Angehörige und Freund_innen oder Datschenbesitzer_innen nicht eingerechnet sind: »Am Ende war die DDR ein Kleingärtnerparadies.« (Dietrich 2004)

Eine weitere interessante Wendung stellt die Entwicklung in den 1980er-Jahren dar, als die kleingärtnerische Produktion Bestandteil der DDR-Planwirtschaft wurde. Im Bezirk Potsdam wuchsen zwischen 1980 und 1984 beispielsweise 15 Prozent des erzeugten Obstes in Kleingärten. Eine Besonderheit war dabei, dass Kleingärtner_innen mit der Abgabe ihrer Ernteerzeugnisse ihre Haushaltskasse aufbessern konnten. Die Aufkaufpreise für Obst, Gemüse und tierische Produkte wurden nach einer Agrarpreisreform 1984 derart erhöht, dass sich Verkauf und erneuter Ankauf lohnten.

> »Diese neugestalteten Preise hatten den kuriosen Effekt, dass bei etwas Phantasie der Kleingarten unter der Hand zum ›Erwerbsgarten‹ werden konnte. Wer – zumeist entsprechend der Verpflichtung und Selbstverpflichtung – sein Obst und Gemüse, seine Kaninchen und Eier zur Ankaufstelle brachte, erhielt ›gutes Geld‹, deutlich mehr als er selbst ausgeben musste, um seine Produkte zurückzukaufen.« (Warnecke 2001: 235)

So wurden viele Kleingärtner_innen zu staatlich subventionierten Produzent_innen von Obst und Gemüse im Nebenerwerb. Es lässt sich schlussfolgern, dass sich die Deutung von Kleingärten in der DDR im Laufe der Jahrzehnte gewandelt hat – von einer eher unliebsamen Erscheinung zu einer für die staatlichen Anliegen nützlichen Organisation. Dies lässt sich einerseits auf die alltagskulturelle Durchsetzung und die Ausgleichsfunktion der Kleingärten und Datschen für vielfältigen Mangel (an Urlaubsorten und Wochenenddomizilen, aber auch an frischem Obst und Gemüse) zurückführen. Andererseits legten sowohl staatliche Akteure als auch die Kleingärtner_innen eine gewisse Flexibilität an den Tag, mit der sie sich und ihre Deutungen des Kleingartenwesens an die gegebenen politischen Rahmenbedingungen anpassen konnten.

Bedeutungsverlust westdeutscher Kleingartenvereine bis 1989

Zur politischen Vereinnahmung von Kleingartenvereinen in der BRD bis 1989 existiert in der historischen Literatur kein vergleichbarer Diskurs. Daher ist anzunehmen, dass Kleingärten für westliche, kapitalistisch ausgerichtete Staaten nur eine geringe Bedeutung als Orte der politischen Einflussnahme hatten. Nach der Auflösung des nationalsozialistischen »Reichsbunds der Kleingärtner und Kleinsiedler« wurde 1949 in Bochum der westdeutsche »Verband Deutscher Kleingärtner« (VDK) gegründet (Paetzelt 2022), 1973 umbenannt in »Bundesverband Deutscher Gartenfreunde« (BDG). 1949 waren dem VDK inklusive der Grabelandparzellen etwa eine Million Pächter_innen angeschlossen.

Nachdem die Kleingärten bis in die 1950er-Jahre noch eine subsistenzsichernde Bedeutung gehabt hatten, verloren sie diese Funktion im Zuge einer stärkeren wohlfahrtsstaatlichen Absicherung der Bevölkerung und einer guten Beschäftigungslage, zumindest für den männlichen Teil der Erwerbstätigen. Dies lässt sich mit den sinkenden Preisen für Lebensmittel durch Massenproduktion in der Landwirtschaft, neue und massenkompatible Möglichkeiten der Haltbarmachung und Kühlung von Lebensmitteln und dem Import von günstiger produzierten Lebensmitteln in Verbindung bringen. Infolgedessen wurden Kleingärten in der BRD bald vorwiegend zu Erholungs- und Freizeitzwecken genutzt und als Ziergärten mit wenig Obst- und Gemüseanbau angelegt. Auch die Neuausrichtung der Freizeit, zum Beispiel für Reisen ins Ausland, und die zunehmende Popularität des Campings (Stein 2000: 693ff.) trugen zu einem Bedeutungsverlust der Kleingärten in Westdeutschland bei.

Die kapitalistische Verfasstheit von Staat und Gesellschaft ließ es schon in den 1960er-Jahren plausibel erscheinen, die Flächen kommunaler Kleingärten für eine kapitalistische Verwertung ins Gespräch zu bringen (ebd.), auch verbunden mit einer Kritik an der Förderung des Kleingartenwesens. Bauland in Großstädten war auch damals schon knapp und teuer, womit sich diese kapitalistischen Begehrlichkeiten erklären lassen. Angesichts von Deindustrialisierungstendenzen und der allmählichen Abkehr vom Wohlfahrtsstaat begannen Städte überdies, sich zu unternehmerischen Städten zu entwickeln und Grund und Boden einer Vermarktung zu unterwerfen (Heeg/Rosol 2007; Harvey 2013; Boeing 2015). Damit wuchs auch der Verwertungsdruck für innerstädtische Flächen von Kleingartenanlagen (Drilling/Giedych/Ponizy 2016).

2.3 Rahmenbedingungen und Entwicklung des Kleingartenwesens seit 1989

Nach der deutschen Wiedervereinigung wurden im Kleingartenwesen die Organisationsstrukturen der zwei Kleingartenverbände zusammengeführt. In den neuen Bundesländern bildeten sich schon 1990 erste Verbände, die bis 1995 dem »Bundesverband Deutscher Gartenfreunde« (BDG) beitraten (Paetzelt 2022). Allerdings büßten die Kleingärten in den folgenden 30 Jahren ihre bisherigen Funktionen zur Subsistenzsicherung weitgehend ein; auch die politische Vereinnahmung rückte in den Hintergrund. Daher kann heute von einer Identitätskrise des Kleingartenwesens ausgegangen werden; zumindest hat sich eine Definitionslücke aufgetan, die neuen Spielraum für Veränderungen bietet. Anders als zu Gründungszeiten sind die Vereine längst nicht mehr klassenspezifisch segregiert. Ihre Mitglieder und deren Lebensentwürfe werden zunehmend diverser. Dieser Wandel macht das Feld der Kleingärten zu einem interessanten soziologischen Forschungsgegenstand. Denn durch diese Definitionsoffenheit der Kleingärten ist neuer Spielraum für Ausbuchstabierungen dessen entstanden, was das Kleingartenwesen ausmacht. Aber auch die Frage, was Kleingärten aufgrund des Zusammentreffens ganz unterschiedlicher Menschen für die Gesellschaft leisten, muss neu analysiert werden. Zugleich wird das Kleingartenwesen derzeit nicht komplett neu erfunden: Das Bundeskleingartengesetz besteht fort und regelt die rechtlichen Rahmenbedingungen; auch die Vereins- und Verbandsstruktur ist solide und seit Jahrzehnten unverändert. Was sich verändert, sind die Ideen davon, was alltäglich wie in Vereinen und Verbänden innerhalb des vorgegebenen Rahmens geschehen soll – zum Beispiel hinsichtlich des Selbstverständnisses der Gärtner_innen, ihrer Vorstellungen von Garten und Gärtnern, aber auch hinsichtlich der Vereinsaufgaben und der Ausgestaltung des Vereinslebens, die zusammen mit der Gesellschaft im Wandel befindlich sind. Im Folgenden wird es daher zunächst um die Rahmenbedingungen des heutigen Kleingartenwesens gehen, um anschließend (s. Kapitel 2.4) verschiedene wichtige Einflüsse auf das Kleingartenwesen zu erörtern, insbesondere die Impulse, die von Gemeinschaftsgärten ausgehen, sowie einige Zusammenhänge mit stadtentwicklungsbezogenen Veränderungen.

Die Bedeutung der Kleingärten ist in Deutschland an ihrer großen Zahl ablesbar. Es existieren knapp 900.000 Parzellen und Einzelpächter_innen auf bundesweit etwa 4.200 Hektar Fläche. Sie gehören zu den knapp 16.000 Kleingartenvereinen, die im Bundesverband Deutscher Gartenfreunde organisiert sind. Es kann davon ausgegangen werden, dass die Parzellen von rund fünf Millionen Menschen (Pächter_innen mit Familie und Freund_innen) genutzt werden (Paetzelt 2022). Also nutzen heute hochgerechnet knapp sechs Prozent der Bewohner_innen der BRD einen Kleingarten. Bundesweit betrachtet liegt die Kleingartendichte bei rund einem Garten pro 100 Einwohner_innen (BBSR 2018: 19), allerdings mit großen regionalen Unterschieden (vgl. Tabelle 1). In Ostdeutschland ist bis heute der Anteil an Kleingärten pro Einwohner_in deutlich höher als im Westen, was auf die DDR-Kleingartenförderpolitik seit der zweiten Hälfte der 1970er-Jahre zurückzuführen ist.[4] Auch in Norddeutsch-

4 In ostdeutschen Flächenländern liegt die Quote bei vier Gärten pro 100 Einwohner_innen gegenüber unter 0,5 pro 100 Einwohner_innen in west- und süddeutschen Städten. In Sachsen gibt es insgesamt mehr als 215.000 Kleingärten – dies entspricht nahezu der Gesamtzahl der Kleingärten aller westdeutschen Flächenländer, Nordrhein-

land gibt es deutlich mehr Kleingärten als in Süddeutschland. Die folgende Tabelle verdeutlicht die ungleiche Verteilung von Kleingärten in deutschen Städten. Berlin hat als größte deutsche Stadt zwar zahlenmäßig die meisten Kleingartenparzellen, allerdings gibt es in Leipzig und Dresden mit Abstand die meisten Kleingärten pro Einwohner_in, und auch Hannover und Bremen zählen zu den kleingartenreichsten Großstädten im Verhältnis zur Zahl ihrer Einwohner_innen; in München und Stuttgart gibt es deutlich weniger als einen Kleingarten pro 100 Einwohner_innen (vgl. Tabelle 1).

Zu den Rahmenbedingungen des Kleingartenwesens gehört in der Bundesrepublik Deutschland seine rechtliche Definition. Ein Kleingarten ist demnach eine auf Dauer gepachtete Parzelle zur »nichterwerbsmäßigen gärtnerischen Nutzung, insbesondere zur Gewinnung von Gartenbauerzeugnissen für den Eigenbedarf, und zur Erholung« (BKleingG). Die Parzellen sind bis zu 400 Quadratmeter groß und Teil einer Kleingartenanlage in möglichst wohnortnaher Lage. Das Bundeskleingartengesetz (BKleingG) legt außerdem fest, dass Parzellen Teil einer Gesamtanlage sind, die nur an einen gemeinnützigen Verein verpachtet werden kann. Es regelt darüber hinaus die Gestaltung und Bewirtschaftung von Parzellen und der Gesamtanlage zur gemeinschaftlichen Nutzung (Spielplätze, Wege, Vereinshaus, Rahmengrün), wobei die Vereine diese selbst pflegen. Regional unterschiedlich ausformulierte Verbandssatzungen und Kleingartenordnungen regeln diverse Details zur Gartennutzung und zum Miteinander im Verein. Die Parzellen in Gartenvereinen sind üblicherweise mit einer Gartenlaube bebaut. Diese darf laut BKleingG zusammen mit einem eventuell vorhandenen »überdachten Freisitz« nicht größer als 24 Quadratmeter sein und ist meist eingeschossig. Üblich sind außerdem gepflasterte Flächen für Terrassen und Wege.

Westfalen ausgenommen (BBSR 2018: 19). In Sachsen-Anhalt gibt es den mit Abstand größten Kleingartenleerstand von 17 Prozent, in Thüringen liegt der Leerstand bei sieben Prozent (BKD 2024).

Tabelle 1: Rangfolge der 15 größten deutschen Städte nach Anzahl der Parzellen pro 100 Einwohner_innen

	Stadt	Einwohner_innen	Kleingartenparzellen	Parzellen pro 100 Einwohner_innen
1.	Leipzig	616.000	39.000	6,33
2.	Dresden	563.000	25.000	4,44
3.	Hannover	545.000	20.000	3,67
4.	Bremen	569.000	16.900	2,97
5.	Frankfurt/M.	773.000	16.000	2,07
6.	Berlin	3.755.000	66.000	1,81
7.	Hamburg	1.892.000	32.000	1,69
8.	Nürnberg	523.000	8.200	1,57
9.	Essen	585.000	8.500	1,45
10.	Dortmund	593.000	8.200	1,38
11.	Duisburg	502.000	6.300	1,25
12.	Köln	1.084.000	12.000	1,11
13.	Düsseldorf	629.000	6.600	1,05
14.	München	1.512.000	10.000	0,66
15.	Stuttgart	633.000	3.000	0,47

Quelle: Eigene Darstellung und Berechnung auf Basis von Daten des Statistischen Bundesamtes (2023) und des Bundesverbands der Kleingartenvereine Deutschlands (BKD 2024)

Die historisch gewachsene und immer wieder erkämpfte Privilegierung von Kleingartenvereinen im Vergleich zu anderen Gartenformen wie Freizeit- und Erholungsgärten oder Grabeland, aber auch zu den verschiedenen Formen des Urban Gardenings, ist mit einer rechtlichen Bindung an die »kleingärtnerische Nutzung« laut BKleingG verknüpft. Ein wichtiges Merkmal dieser spezifischen Nutzungsvorgabe ist die sogenannte Drittelregelung[5]: Mindestens ein Drittel der Parzelle soll für den Anbau von Gartenbauerzeugnissen (Obst

5 Eine kleingärtnerische Nutzung liegt nach einem Urteil des Bundesgerichtshofs (BGH III ZR 281/03) vom 17. Juni 2004 vor, wenn die »Drittelregelung« eingehalten wird, die bis heute für alle Kleingärten gilt. Mindestens ein Drittel der Flächen in einer Kleingar-

und Gemüse) genutzt werden, höchstens ein Drittel für Wege, Laube und Terrasse sowie höchstens ein Drittel für Ziergehölze, Stauden, Sommerblumen, Rabatten und Rasen zur Erholung. Zudem darf die gärtnerische Nutzung der Parzelle nicht erwerbsmäßig sein. Wenn ein Verein zu wenig kleingärtnerische Nutzung aufweist, kann sein Status als Dauerkleingartenanlage gefährdet sein. Heute sind in der BRD 46 Prozent der Vereine im Flächennutzungsplan als »Grünfläche Dauerkleingarten« und 18 Prozent der Kleingartenvereine im Bebauungsplan als »Grünfläche Dauerkleingarten« festgesetzt (BBSR 2018: 24). Fast die Hälfte der Vereine ist also dauerhaft geschützt, wobei die Eigentümer_in des Bodens bei einer Überplanung für eine andere Nutzung mit einem Bebauungsplan oder im Rahmen eines Planfeststellungsverfahrens für die Flächen Ersatz schaffen muss. Laut der Studie des BBSR (ebd.: 23) liegen Kleingärten vorrangig auf öffentlichem Grund: 75 Prozent in kommunalem Eigentum und drei Prozent auf Flächen von Bund und Ländern; 14 Prozent sind in privatem Eigentum (ebd.).

Auch die geringe Pacht für die Nutzung von Kleingartenparzellen ist ein wichtiger Bestandteil der Rahmenbedingungen von Kleingärten. Damit eine Parzelle für möglichst alle Menschen erschwinglich ist, war sie schon immer ausgesprochen günstig. Der Pachtzins in Kleingartenvereinen liegt durchschnittlich bei jährlich 0,18 Euro pro Quadratmeter (0,23 Euro in Westdeutschland, 0,09 Euro in Ostdeutschland) (BBSR 2018: 24). Allerdings gibt es nicht nur zwischen Ost und West, sondern auch zwischen Städten unterschiedlicher Größe erhebliche Unterschiede (ebd.) – auch im Hinblick darauf, wofür die Pacht verwendet wird. Zur Pacht kommen für die Pächter_innen jährliche Vereins- und Verbandsbeiträge hinzu, die sich auf etwa 45 bis 50 Euro im Jahr belaufen, sowie sonstige Abgaben für Strom- und Wasserverbrauch sowie Versicherungen. Meist ist bei der Übernahme einer Parzelle eine Ablösesumme für Garten und Laube an die vorherigen Pächter_innen zu zahlen, durchschnittlich etwa 2.000 bis 3.000 Euro (BBSR 2018). Diese bemisst sich am Wert von Laube, Pflasterung und Bepflanzung, der durch ein Wertgutachten geschätzt wird. Der günstige Pachtzins ist auf die gute Organisation des Kleingartenwesens zurückzuführen. Denn im Unterschied zum Pachtzins für Kleingärten ist die Pacht für Freizeit- und Erholungsgärten

---

tenanlage und damit von Parzellen sollen zum Anbau von gärtnerischen Erzeugnissen zum Eigenbedarf genutzt werden.

deutlich höher[6]. Damit sind diese deutlich schlechter als Kleingärten gegenüber anderen Nutzungsansprüchen gesichert; aufgrund ihres vergleichsweise geringen Organisationsgrads können Freizeit- und Erholungsgärten ihre Interessen politisch deutlich schlechter vertreten.

2.4 Definitionslücke im Kleingartenwesen: Wandel in den vergangenen zehn Jahren

Noch vor wenigen Jahren wurde langfristig der Niedergang der Kleingärten prognostiziert, da die Nachfrage fehle (Appel/Grebe/Spitthöver 2011). Dies hat sich als Fehleinschätzung herausgestellt. In deutschen Großstädten ist die Nachfrage nach Parzellen seit Jahren größer als das Angebot, die Wartelisten vieler Vereine sind lang. In der Coronazeit erlebten die Kleingärten einen regelrechten Boom, aber auch nach dem Ende der Pandemie hält das Interesse an Kleingärten an. Daher geht es darum, die existierenden Dynamiken zu verstehen: Wie konnte sich das Kleingartenwesen so verändern, dass aus einer Ziergartenvereinsgemeinschaft älterer Menschen, deren Gärten keine subsistenzsichernde Funktion, aber auch kaum einen ökologischen Anspruch hatten, etwas Neues entstehen kann? Was genau hat sich verändert? Wie verlaufen Veränderungs- und Aushandlungsprozesse aktuell und was sind ihre Gegenstände? Wie wurde vielerorts fast in letzter Sekunde der Niedergang der Kleingärten durch transformative Kräfte abgewendet?

Ohne den Anspruch zu verfolgen, ein vollständiges Bild dieser komplexen Entwicklungen und aller ihrer Bestandteile zu zeichnen, stelle ich zunächst einige Überlegungen zu wichtigen gesellschaftlichen Einflüssen an, die zu einer veränderten Wahrnehmung des Gärtnerns im Verein beitragen und den Vereinen Impulse zu einem Wandel geben. Da ich mich in der Studie eingehend mit spezifischen Aspekten dieses Wandels und der Aushandlung des Miteinanders in den Vereinen auseinandergesetzt habe, vertiefe ich in den folgenden Kapiteln 3, 4 und 5 des Buches diese Überlegungen. Dabei versuche ich, anhand

6 Die Pacht für Freizeit- und Erholungsgärten oder Grabeland in kommunalem Besitz kann unterschiedlich hoch sein, allerdings fehlen zum genauen Vergleich die Quellen. Es fand sich z.B. in Kleinanzeigen für die westdeutsche Stadt der Studie eine Pacht von 4 Euro/Monat pro Quadratmeter und zwischen 0,25 und 3 Euro/Monat pro Quadratmeter in der ostdeutschen Stadt. Da die Datschengrundstücke meist in Privatbesitz sind, variieren die Pachtkosten stark.

meiner empirisch erhobenen Daten zu beurteilen, welcher Art der Wandel ist, und ziehe Schlussfolgerungen zu den heutigen sozialen Funktionen von Kleingärten innerhalb gesellschaftlicher Prozesse in der Stadt.

Inspiration aus dem Gemeinschaftsgarten

Um den Wandel in der Wahrnehmung und Wertschätzung von Kleingartenvereinen zu entziffern, muss die gesamtgesellschaftlich positive Wahrnehmung und Bewertung von Gärten und Gärtnern in der Stadt als wichtiger Einfluss berücksichtigt werden. Urban-Gardening-Projekte grenzen sich oftmals kritisch vom traditionellen Gartenvereinen ab; dies hat aber nicht zu deren Verschwinden geführt, sondern es gehen ganz im Gegenteil wichtige Impulse für Veränderungen im Kleingartenwesen von den Gemeinschaftsgärten der neuen gärtnerischen sozialen Bewegungen aus. Urban-Gardening-Projekte beleben ungenutzte städtische Flächen inzwischen seit mehr als einem Jahrzehnt auch in Deutschland und transformieren lange ungenutzte Bereiche mithilfe von Internationalen Gärten, Nachbarschafts-, Stadtteil- und Community-Gärten in grüne und blühende Gemeinschaftsprojekte. Sie verdeutlichen ein neues gärtnerisches Selbstverständnis in den Städten (Rosol 2006; Appel/Grebe/Spitthöver 2011; Müller 2012; Exner/Schützenberger 2015; Haarmann/Lemke 2022; Baier/Müller/Werner 2024).

Die Popularität und Verbreitung der gemeinschaftlichen Garteninitiativen bildet einen Teil des Kontextes für das neue Interesse an Kleingärten in der Stadt und deren Wandel. Trotz ihrer Abgrenzung von Kleingärten sind Urban-Gardening-Projekte den Gartenvereinen gerade in der Verbindung ihres Engagements im Gartenbau mit sozialen Aspekten ähnlich. Auch die Unterschiede liegen auf der Hand: Die Fluktuation der Beteiligten, die im Schnitt deutlich jünger sind als im Kleingarten, ist in Gemeinschaftsgärten höher als in Kleingartenvereinen. Zudem ist die Verbindlichkeit geringer, denn es gibt keine Verantwortung für eine ganze Parzelle und keine Pacht- und Mitgliedschaftsverpflichtungen. Im Vergleich dazu ist die Pachtzeit im Kleingarten lang andauernd, der Altersdurchschnitt der Pächter_innen sehr hoch. Damit ist auch ein deutlicher Nachteil der Urban-Gardening-Projekte anzusprechen: ihre temporäre Nutzung städtischer Flächen. Diese macht die Projekte zwar stadtentwicklungspolitisch interessant, weil so eine Zwischennutzung städtischer Brachflächen mit gleichzeitiger Aufwertung erfolgt, sodass die Flächen nach einigen Jahren möglicherweise gewinnbringend veräußert werden können. Sie stellt für die Projekte selbst aber eine dauernde

Unsicherheit dar, die unter anderem darin mündet, dass in Gemeinschaftsgärten Engagierte – wie zum Beispiel im Berliner Prinzessinnengarten und vielen anderen – Gemüse und Kräuter in mobilen Pflanzkisten anbauen, um notfalls zusammen mit dem Pflanzenbestand umziehen zu können. Die Kisten sind außerdem geeignet, um Gemüse und Obst, Blumen und Kräuter ohne Kontakt zu schadstoffbelasteten Böden anzubauen.

Ein weiterer Impuls, der sich auf eine neue Wahrnehmung und Ausgestaltung des Kleingartenwesens auswirkt, ist eher ökologischer Natur beziehungsweise auf städtische Lebensmittelproduktion gerichtet. Er geht unter anderem von Initiativen wie *Edible Cities*, die in Großbritannien entstanden sind, von *Urban-Farming*-Projekten, der Bienenhaltung auf Dachflächen oder *Aquaponik*-Projekten aus. Diese verstärken international die Neuverknüpfung städtischer Räume mit der Produktion von Lebensmitteln, verbunden mit einem Neudenken des städtischen Raums auch als Lebensraum für freilebende Tiere und Wildpflanzen.

Der tiefgreifende Wandel, in dem sich viele Kleingartenvereine aktuell befinden (BBSR 2018), äußert sich darin, dass viele Vereine neue Gestaltungskonzepte ausprobieren. Sie entlehnen dabei einige ihrer Ideen aus anderen Garten- und Naturraumkonzepten, zum Beispiel bei der Einrichtung von Naturlernorten für Kinder, von Barfußparcours, Wildblumen- und Streuobstwiesen, die gemeinschaftlich nutzbare Bereiche auf dem Vereinsgelände darstellen. Um neue Nutzer_innen in Kleingärten zu locken, lehnen sich Vereine an Konzepte und Gestaltungsideen von Gemeinschaftsgärten an. So sind beispielsweise Integrationsgärten für Zugewanderte, Kindergartenparzellen, Hochbeetgärten für Menschen mit körperlichen Einschränkungen und Begegnungsgärten für Senior_innen neue Entwicklungen in Kleingärten. Anstelle der bisher ausschließlich privat genutzten Parzellen stellen die Vereine dafür einzelne Gärten zur gemeinschaftlichen Nutzung bereit. Mit diesen neuen Konzepten verbinden die Vereine das Ziel, bisher weniger im Verein repräsentierte gesellschaftliche Gruppen anzusprechen.

Einflüsse von Transformationsprozessen auf gesamtstädtischer Ebene

Jenseits der Umsetzung neuer Ideen, die Kleingärten attraktiver machen sollen, ist das gewachsene Interesse vieler unterschiedlicher Großstadtbewohner_innen an einer eigenen Parzelle in einem Verein erklärungsbedürftig. Hier lässt sich ein Zusammenhang zu gesamtstädtischen Entwicklungen ziehen. In den Großstädten weisen die Entwicklungen im Kleingartenwesen Parallelen zu den sozialen Dynamiken der Transformationsprozesse auf gesamtstädtischer Ebene auf. Die Wohnbedürfnisse und -standorte der Mittelschicht verändern sich; innerstädtisches Wohnen ist attraktiver geworden, die Mieten und Immobilienpreise steigen zum Teil rasant. Gleichzeitig zur stärker verbreiteten Präferenz für innerstädtische Wohnlagen werden auch Kleingärten für die Mittelschicht attraktiv, unter anderem, weil die innerstädtischen Wohnungen selten über eigene Gärten verfügen. Rümpften Angehörige der Mittelschicht noch vor wenigen Jahren die Nase, wenn es um Kleingärten ging, die sie als Horte der Spießigkeit und Vereinsmeierei kleinbürgerlicher älterer Leute betrachteten, treten sie nun auch in diesem Bereich in Konkurrenz zu einkommensschwächeren Gruppen.

Ein Generationenwechsel und eine zunehmende Diversität der Vereinsmitglieder schlagen sich bereits statistisch nieder. Das Durchschnittsalter der Kleingartenpächter_innen sinkt, wobei 39 Prozent der Neupächter_innen heterosexuelle Paare mit Kind(-ern) sind (BMVBS/BBR 2008: 67) und insgesamt in jedem zweiten Verein bereits 20 Prozent der Parzellen an Familien verpachtet werden (BBSR 2018: 31). Auch wenn die heterosexuelle Kleinfamilie nach wie vor hegemonial ist, diversifizieren sich in den Gartenvereinen die Lebensentwürfe. Inzwischen pachten immer mehr queer lebende Menschen, WGs, Freund_innen, Alleinlebende, Alleinerziehende und Patchworkfamilien eine Parzelle. Gleichzeitig wächst vor allem in Westdeutschland der Anteil an Gärtner_innen mit Zuwanderungsgeschichte. Dort sind in zwei Dritteln der Vereine 20 Prozent (im Osten nur vier Prozent) der Parzellen an Menschen mit Zuwanderungsgeschichte verpachtet (ebd.); in manchen westdeutschen Vereinen liegt der Anteil bei über 25 Prozent, vereinzelt sogar bei 40 bis 90 Prozent (Zahlen für NRW: MUNLV 2009). Außerdem wird die Sozialstruktur heterogener: Zu den Arbeiter_innen, lange die größte Gruppe unter den Erwerbstätigen im Verein, kommen immer mehr Akademiker_innen. Ein Großteil der Erwachsenen verfügt über eine abgeschlossene Berufsausbildung, 17 Prozent haben eine Meister- oder Fachschulausbildung und zehn Prozent einen Universitäts- oder Hochschulabschluss. Das Ausbildungsniveau der Kleingärtner_innen in Ostdeutschland ist dabei insgesamt höher als in Westdeutschland (BMVBS/BBR 2008: 69). Nicht gewandelt hat sich bisher, dass der Großteil der Kleingärtner_innen nicht (mehr) erwerbstätig ist: Es überwiegen Rentner_innen (55 Prozent) sowie Hausfrauen* und -männer* und Arbeitslose. Die Kleingärtner_innen stammen außerdem zu 49 Prozent

(West) beziehungsweise 46 Prozent (Ost) aus Haushalten mit geringeren Einkommen (BBSR 2018: 30).[7]

Besonders fällt auf, dass ein Großteil der Vereinsmitglieder (82 Prozent) zur Miete wohnt. Die Wohnungen der Kleingärtner_innen sind außerdem kleiner, und pro Person steht ihnen weniger Fläche zur Verfügung als im Durchschnitt der Gesellschaft (Stein 2010: 134). In Ostdeutschland verfügen die Kleingärtner_innen dabei über durchschnittlich noch einmal kleinere Wohnungen als jene in Westdeutschland (BMVBS/BBR 2008: 69f.). Das bedeutet, dass die Gärten den knapper verfügbaren Wohnraum der Gärtner_innen zumindest in der Gartensaison deutlich erweitern – nicht umsonst werden Gärten als »grüne Wohnzimmer« bezeichnet. Damit sind sie raumbezogen ein bedeutsamer Bestandteil des Lebens ihrer Nutzer_innen.

Die gesellschaftlichen Veränderungen im Hinblick auf eine höhere Diversität der Lebensentwürfe führen auch zu einer wachsenden Heterogenität in den Vereinen. Nach langer Zeit der engen Bindung an untere soziale Schichten kann die sich wandelnde Sozialstruktur so auch Konfliktpotenzial mit sich bringen. Dies wird unter anderem an den vereinsinternen Aushandlungsprozessen zu Lebensentwürfen, Geschlechterverhältnissen, Regeln und Normen sichtbar. Letztlich kommen diese Entwicklungen für die Kleingartenvereine aber zur rechten Zeit. Hatten viele vor 15 Jahren noch mit wachsendem Leerstand und Nachwuchssorgen zu kämpfen, führen zumindest die Großstadtvereine heute lange Wartelisten; in ländlichen Regionen, vor allem in Ostdeutschland, ist Leerstand allerdings weiterhin ein Problem (BBSR 2018: 29). In NRW wird anlässlich des 100-jährigen Bestehens der NRW-Kleingartenverbände derzeit sogar diskutiert, 5.000 neue Kleingärten anzulegen. Diese Idee ist allerdings politisch noch umstritten, zudem ist unklar, welche Flächen dafür genutzt werden könnten.

Es bleibt abzuwarten, ob die Kleingärten den »kleinen Leuten« mit geringen Einkommen erhalten bleiben oder ob die städtischen Mittelschichten auch in diesem Bereich immer mehr Einfluss gewinnen. Angesichts des hohen Drucks, der derzeit auf dem Wohnungsmarkt lastet, müssen Kleingartenverbände und -vereine auch heute vielerorts um ihre Flächen bangen. Dabei

---

7 Für NRW hat die MUNLV-Studie (2009: 78) herausgefunden, dass in den 2000er-Jahren sogar 15 Prozent der Kleingärtner_innen mit einem Haushaltseinkommen unter 1.000 Euro (netto) auskommen mussten; insgesamt 49 Prozent verfügten über bis zu 2.000 Euro und nur zwei Prozent über mehr als 3.000 Euro.

kommt ihnen in manchen, aber längst nicht allen Städten ihre gute Organisation in Verbänden und ihre Vernetzung in Stadtpolitik und -verwaltung zugute. Allerdings zeigt sich, dass Kleingärten in vielen Städten bis heute als städtische Verhandlungsmasse angesehen werden. Dies gilt in einer kapitalistischen Gesellschaft, in der der Wert des Bodens vom Markt bestimmt wird, besonders im Hinblick auf die Sicherung innerstädtischer Flächen für Gärten. Bis heute werden Kleingartenanlagen vielerorts als nachrangig gegenüber größeren Bau- und Infrastrukturprojekten bewertet. Gerade in wachsenden Städten sind Vereinsflächen, die in innenstadtnahen Bereichen liegen, von Verdrängung bedroht, da beim Verkauf für Bauvorhaben hohe Bodenpreise zu erlangen sind. Flächen, die von Kleingartenvereinen genutzt werden, kommen dort immer wieder als Potenzialflächen in die Diskussion, vor allem für den (oft hochpreisigen) Neubau von Wohnungen. Daher sind Vereine, die nicht als »Dauerkleingärten« in einem Bebauungsplan der Kommune gesichert sind, kaum gegen anderweitige Verwertungsinteressen geschützt. Die Nutzung städtischer Flächen für die Gärten der weniger wohlhabenden »kleinen Leute« war schon immer umkämpft. Angesichts der Tatsache, dass die Gärtner_innen meist Mieter_innen eher kleiner Wohnungen sind und damit über weniger Eigentum und Raum als andere verfügen, wird deutlich, welche sozialen Dynamiken damit für die Gärtner_innen verbunden sind und welche gesellschaftliche Brisanz die Erwägung der Zerstörung von Kleingärten in Städten für anderweitige Nutzen haben kann.

3. Differenzaushandlung in spezifischen Praktiken im Kleingartenalltag

> »Hauptsache, es wird gegärtnert.« (I. 13, 23')
> »Die Leute sind ja eigentlich nur aufgrund... Die sind ja zusammengewürfelt. Ich sage auch immer gerne mal: ›Das Einzige, was die Kleingärtner eint, ist, dass sie Bock auf einen Garten haben.‹ Wie auch immer der jetzt geartet ist und wie auch immer die das ausführen und annehmen und wie auch immer umsetzen und nutzen, und der Rest kann natürlich zu Konflikten führen.« (I. 3, 37')

Um die inkorporierten Machtverhältnisse in kleingärtnerischen Kontexten zu analysieren, nähere ich mich dem sozialen Miteinander in Kleingärten in diesem Kapitel mit einem praxissoziologischen Zugang. Ich arbeite heraus, wie – also im Rahmen und aufgrund welcher Praktiken – die Mitglieder auch die Rolle von Differenz thematisieren, zum Beispiel hinsichtlich Alter und Geschlecht, aber auch Klasse, und welche Bedeutung Materialität und Körper(-zuschreibungen) dafür haben. Dabei suche ich auch nach Markern des Sozialen (Lindenhayn/Sties 2014), die sich innerhalb verschiedener Praktiken im Kleingartenalltag identifizieren lassen. Aus der Zusammenschau von Praktiken zeichne ich nach, wie die Mitglieder von Gartenvereinen mit Differenz umgehen, und schließe daraus auf die Qualität(-en) des sozialen Miteinanders im Verein. Ich analysiere, was es bedeutet, dass einige Differenzkategorien wie Geschlecht und Alter in Situationen explizit benannt werden, während andere, vor allem Klasse und *Race*, eher implizit eine Rolle spielen. Die Frage ist dabei auch, inwiefern die Nennung von Differenzierungskategorien weitere machtvolle Aushandlungen verdecken könnte.

In Kleingartenvereinen werden spezifische Praktiken geprägt, die nicht nur auf die individuellen Parzellen bezogen sind, sondern mit denen die Gartenvereinsmitglieder auch das soziale Miteinander im Verein ausgestalten. So konfrontiert das Gärtnern im Verein die Mitglieder mit Praktiken des Gärtnerns und Vorstellungen von Garten und Gärtnern, die nicht unbedingt den eigenen Praktiken und Vorstellungen entsprechen. Darin kann ein Potenzial für Konflikte und Reibungen zwischen den Mitgliedern liegen (s. Kapitel 3.1). Die in den Vereinen verbreiteten kooperativen Praktiken zeigen, dass die Mitglieder in ihrer Nachbarschaft im Verein gleichzeitig diverse Möglichkeiten – allerdings in unterschiedlicher Ausprägung – entwickeln, Differenz zu überbrücken (s. Kapitel 3.2). Welche Rolle die durch die Vereinsinstitution organisierten Gemeinschaftsstunden für das Vereinsmiteinander haben (s. Kapitel 3.3), aber auch, welche Rolle die Aushandlung von Regelungen und Vorschriften für das soziale Miteinander in den Gartenvereinen einnimmt (s. Kapitel 3.4), zeigt zudem, wie organisiertes Vereinswesen und alltägliche gärtnerische Praktiken sich aneinander reiben, dadurch aber auch schrittweise weiterentwickeln.

3.1 Aushandlung unterschiedlicher Vorstellungen von Gartengestaltung, -nutzung und -funktion

Wie sehen in den Vereinen die Aushandlungen unterschiedlicher Vorstellungen von Gartengestaltung, -nutzung und -funktion aus, und wie lassen sich die unterschiedlichen Praktiken der Gärtner_innen ausdifferenzieren, mit denen sie ihre eigenen Vorstellungen von ihrem Garten umsetzen? Welche gärtnerischen Praktiken sind also Gegenstand der Aushandlungen von Differenz? Wie bekommen die Einen dabei etwas vom Tun und Lassen der Anderen mit? Welche Praktiken der gegenseitigen Beobachtung, Kontrolle und Aufsicht haben sich im Kleingarten etabliert, und inwiefern und warum sind sie umkämpft? Wo verläuft der schmale Grat zwischen hilfreicher Unterstützung und Neugier und den mit Unbehagen erlebten Ratschlägen durch Nachbar_innen und weitere Vereinsmitglieder? Weil es dazu viele Konflikte zwischen Vereinsmitgliedern, aber auch zwischen Mitgliedern und Vorstand gibt, ist die Frage, wie sich die Beteiligten in den Aushandlungen relational zu anderen Gärtner_innen beziehungsweise zum Vorstand positionieren, inwiefern sie sich dabei auf Differenz beziehen und wie sie ihre Praktiken und die damit verbundenen Vorstellungen vom Gärtnern begründen.

Goffman (2009 [1971]) gebraucht für die »Territorien des Selbst« das Bild der »Box«, um einen Bereich (wie zum Beispiel die Wohnung, aber auch das Handtuch am Strand) zu beschreiben, der einer Person auch dann zugeordnet wird, wenn sie ihn zeitweilig verlässt. Eine Box beinhaltet »die externe, deutlich sichtbare, verteidigungsfähige Begrenzung des räumlichen Anspruchs« (ebd.: 61). Eine entsprechende Territorialisierung des Selbst lässt sich ebenso für einen zum Wohnhaus gehörenden Garten und für die Kleingartenparzelle feststellen. Denn Gärten dienen der Selbstpräsentation und werden je nach Geschmack und ökonomischen Möglichkeiten gestaltet, ausgestattet und geschmückt, wobei der Geschmack nach Bourdieu (1987 [1979]) bekanntlich als Ausdruck sozialer Unterschiede gelesen werden kann und zugleich durch diese geprägt wird. Für die Gestaltung der Parzelle sind darüber hinaus die dem Garten zugeschriebenen Funktionen, Nutzungswünsche und tatsächlichen Nutzungen bedeutsam. In Ansätzen können die Aushandlungen dazu sogar Hinweise auf die soziale Lage der jeweiligen Gärtner_innen, auf Differenzen zwischen ihnen, aber auch auf Machtkonstellationen im Verein geben.

Sowohl die Pächter_innen selbst als auch ihr Umfeld – Nachbar_innen, Vereinsvorstand und der jeweilige Stadtverband – haben bestimmte Vorstellungen davon, wie ein Garten gestaltet sein und genutzt werden sollte. Dies kann ein ökologisch orientiertes Gärtnern sein, das den Fokus auf eine große Vielfalt von Flora und Fauna legt, aber genauso gut auch ein an geraden Linien und strikter Ordnung orientiertes Gärtnern. Das Interesse kann primär der Schönheit des Gesamtgartens, seiner einzelnen Elemente oder Pflanzen gelten (wobei Schönheit immer im Auge der Betrachtenden liegt) oder auf Selbstversorgung ausgerichtet sein. Ebenfalls verbreitet ist die Orientierung an einer Freizeitnutzung des Gartens, wobei das Gärtnerische eher in den Hintergrund tritt und möglichst unkompliziert sein soll. Nicht zuletzt sind auch möglichst pflegeleichte Gärten verbreitet. Oftmals finden sich Kombinationen verschiedener Stile; nicht alle sind jedoch miteinander kompatibel. Die Vorstellungen und Aushandlungen zur Gestaltung und Nutzung der Gärten, aber auch zu deren Funktionen lassen sind dabei nicht nur als Hinweise auf soziale Differenzen lesen, sondern geben auch Anlass für Aushandlungen im Verein.

Dort in den Vereinen ist das Aufeinandertreffen unterschiedlicher Vorstellungen von Garten und Gärtnern und damit verknüpfter Praktiken vermutlich schon immer ein Thema gewesen. Seit Jahren sprechen Kleingartenvereine und -verbände von einem Generationenwechsel in den Vereinen und stärkeren Umbrüchen im Vereinswesen (s. Kapitel 2.4). Diesbezüglich ist das Forschungsprojekt der Frage nachgegangen, inwiefern in den Aushandlungen um gartenbezogene Fragen auch soziale Differenzen ausgehandelt werden. Mit der zunehmenden Heterogenität der Gärtner_innen sind soziale Veränderungen im Verein und das Auftreten teilweise neuer gärtnerischer Praktiken und neuer Vorstellungen vom Gärtnern verbunden. Einige Gärtner_innen bewerten die Veränderungen in den Vereinen als positiv, weil es zum Beispiel mehr Permakultur und naturnahe Gärten gebe und die Vereine weniger spießig würden (I. 13). Die Diskrepanzen zwischen verschiedenen Herangehensweisen werden allerdings zum Teil größer und führen immer wieder zu Konflikten. Manche Gärtner_innen sehen den zunehmend stärker vertretenen Wunsch, naturnah zu gärtnern, als Zeichen für einen Generationenwechsel im Kleingarten (I. 3) beziehungsweise für »neue Gärtner_innen« (I. 13, 32'). Andere weisen darauf hin, dass mit dem Hinzukommen jüngerer Leute neue Gepflogenheiten in den Vereinen entstünden (I. 13). Dies wird unterschiedlich bewertet – manchmal auch kritisch, als Abschottung der jüngeren Leute, die sich nicht für den Verein interessierten und sich so der Auseinandersetzung entzögen: »Und ich habe jetzt das Gefühl, dass es wirklich so ist, man bleibt da so unter sich in dem Garten. Das wird ja auch symbolisiert dadurch, dass man so die Tore abschließt.« (I. 21, 32') Im Folgenden wird es um die berichteten Aushandlungen zu gärtnerischen Praktiken gehen.

Naturnahe Gärten als Gegenstand der Aushandlungen neuer gärtnerischer Praktiken

Aushandlungen zu gärtnerischen Praktiken sind in Kleingartenvereinen ein zentrales Thema, das mit diversen Bedeutungen aufgeladen wird. Neben der Frage des »richtigen« gärtnerischen Tuns und Lassens fließen in diese Aushandlungen oft ein ganzes Weltbild und das dazugehörige Wissen mit ein. Diesbezüglich ist zu bedenken, dass Wissen und dessen ungleiche Verteilung aus wissenssoziologischer Sicht nicht nur durch institutionelle Strukturen, sondern auch durch gesellschaftliche Differenzierungskategorien geprägt werden (Knoblauch 2005: 153). Auch Vorstände nutzen ihre diesbezügliche Definitionsmacht, um Vereinsmitglieder zu disziplinieren. Häufig werden dafür die beiden Topoi »geordneter Garten« und »naturnaher Garten« als Kontraste einander gegenübergestellt, verbunden mit vielen Klischees und sozialen Zuschreibungen. Während naturnah Gärtnernde einen geordneten Garten abschätzig mit älteren Gärtner_innen aus kleinbürgerlichen Schichten assoziieren, stören sich manche Alteingesessene an naturnahen, ökologischen Gärten, die sie mit jüngeren Gärtner_innen aus bildungsbürgerlichen Schichten verbinden.

Es soll hier allerdings nicht um diese eindimensionale Unterscheidung gehen. Meine Interviews und ethnographischen Beobachtungen zeigen, dass es auch unter Neugärtner_innen und Alteingesessenen jeweils diverse Unterschiede gibt. So favorisieren bei Weitem nicht alle jüngeren oder neu hinzukommenden Gärtner_innen einen naturnahen Garten, und manche Ältere verteidigen seit Jahren und Jahrzehnten ihren ökologischen Garten. Auch die Erzählung, dass ihre neuen Nachbar_innen den übernommenen Garten verunstaltet, komplett ausgeräumt und schöne alte Obstbäume gefällt hätten, um den Garten »pflegeleichter« zu gestalten, habe ich häufiger gehört.

Interessanter als die Zuschreibung zu Alter und Dauer der Mitgliedschaft im Verein ist die Frage, wie Vorstellungen vom Gärtnern in Vereinen genutzt werden, um das soziale Miteinander auszuhandeln. Die Erfahrungen verschiedener Gärtner_innen bezeugen, dass naturnahes Gärtnern bis vor einigen Jahren keinerlei Anerkennung im Kleingartenwesen fand. Vielmehr wurde es als Anlass für machtvolle Disziplinierungspraktiken in Vereinen genutzt. Daher analysiere ich im Folgenden, welche Praktiken die Gärtner_innen im Umgang damit gefunden haben.

Eine Gärtnerin Ende 50, die seit 20 Jahren Mitglied eines Gartenvereins ist, berichtet zum Beispiel stolz und selbstbewusst von den widerständigen Praktiken, die sie und ihr Mann in ihrem Verein genutzt haben, um über viele Jahre ihren naturnahen Garten erfolgreich gegen die Disziplinierungsversuche des Vorstands zu »verteidigen«. Der Vorstand ging gegen die unerwünschte »Unordnung« im Verein mit Kontroll- und Aufsichtspraktiken vor, insbesondere durch öffentliche Aushänge der Liste aller Gärten, für die ein »mangelnder Pflegezustand« oder eine fehlende »kleingärtnerische Nutzung« behauptet wurde.

> »Man steht bei uns mit der Gartennummer im Schaukasten, nach der Begehung, [und dort steht,] welches Delikt man sich vorzuwerfen hat. [I: So ein Pranger?] Also beispielsweise bei uns war es mangelnder Pflegezustand oder keine kleingärtnerische Nutzung. [I: Kriegt man auch Briefe?] Nee, Briefe nicht, wir stehen am Pranger. Und dann kommen die rum, so zyklisch. Der ist ja Landschaftsarchitekt, der bei uns die Begehung macht.« (I. 14, 57')

Ihre Standhaftigkeit gegenüber dem Vereinsvorstand ist eine Reaktion auf die öffentlichen Ermahnungen, ihren Garten mehr zu pflegen. Sie beinhaltet schlicht, diese zu ignorieren und weiter an ihren Vorstellungen eines naturnahen Gartens festzuhalten. Ihr »dickes Fell« lässt sich auch mit ihrem Selbstbewusstsein aufgrund ihres Mittelschichtshabitus in Verbindung bringen. So kann sie mit amüsierter Gleichgültigkeit als lustige Anekdote berichten, dass eines Tages einige Vereinsmitglieder im Rahmen der Gemeinschaftsstunden zu ihrem Garten geschickt wurden, der recht zugewachsen war, »um den zu entunkrauten und den aufzuräumen« (I. 14, 61'):

> »Da stand wahrscheinlich wieder mangelnder Pflegezustand in dieser Kategorie und da hat derjenige, der die Arbeiten eingeteilt hat, nicht nochmal geguckt und hat gesagt: ›Geht mal zu der Gartennummer, da muss auch was gemacht werden.‹ Und die standen dann an der Pforte und haben sich gebogen vor Lachen. Weil wir kamen dann zufällig. Und da haben die gesagt: ›Wir sollen euern Garten [machen].‹ Das hätten die nie gemacht. Die Nachbarn wären sofort da eingeschritten.« (I. 14, 62')

Ihre Überzeugung von der Richtigkeit der eigenen Gartenpraktiken und ihre Beurteilung der Anforderungen und Ermahnungen des Vorstands als absurd und unzeitgemäß untermauert sie mit ihrer Allgemeinbildung zu Ökologie und ihrem bürgerlichen Selbstbewusstsein. Beides dient ihr zur Legitimation ihrer Praktiken des naturnahen Gärtnerns in etwaigen Auseinandersetzungen. So schrieb sie dem Vereinsvorstand nach zehn Jahren in eigener Sache einen Brief, in dem sie erläutert hat, was ein naturnaher Garten ist, erhielt darauf aber keine Antwort. Eine zusätzliche Legitimationsgrundlage findet sie in der Zeitschrift ihres Kleingartenverbands, in der regelmäßig Anregungen zu naturnahem Gärtnern und ökologischen Aspekten des Kleingartens veröffentlicht werden. Sie selbst hinterfragt dabei weder die eigenen Praktiken noch ihr Wissen. Vielmehr identifiziert sie fehlendes Wissen über ökologische Zusammenhänge bei anderen Vereinsmitgliedern als Grund dafür, dass beispielsweise nur wenige Gärtner_innen ihren Grünschnitt selbst kompostieren und der Verein bisher keinen Vereinskompostgarten hat, in den alle Mitglieder ihren Grünschnitt bringen könnten. Es mangle an Interesse, aber auch an Engagement dafür.

> »Das haben wir auch schon vorgeschlagen, dass das sinnvoll wäre, so ein Kompostgarten, weil ich wäre auch scharf auf diesen Kompost dann. Aber da musste ich auch dazulernen, das ist nicht für alle interessant. Weil viele machen gar keine Kompostwirtschaft in ihrem Garten. Wir machen das schon mit drei Kammern, aber da können wir weit gucken, wer das überhaupt macht.« (I. 14, 36')

Sie engagiert sich dafür, dass Kleingartenvereine sich mehr um ökologische Belange und Umweltbildung kümmern. Aufgrund der allgemeinen Veränderungen in der Bewertung von naturnahem Gärtnern schreibt sie ihrem eigenen Garten heute sogar eine Vorbildfunktion zu, gerade für jüngere Leute. Sie sieht darin ihren Beitrag zu einer allmählichen Veränderung der Haltung zum naturnahen Gärtnern im Kleingarten.

> »Naja, und ich habe aber inzwischen auch so das Gefühl, dass wir das immer so verteidigt haben mit unserem naturnahen Garten, dass das ein bisschen ausgestrahlt hat. Dass das anders akzeptiert wird, das glaube ich schon. Und dass [das] von den neuen jungen Gärtnern viele versuchen, die mich oft gefragt haben, wie man das so hinkriegt, so, ich sage mal, das Bauerngarten-Konzept. Die mich so um Tipps gefragt haben und sagten: ›Mensch, das will ich auch.‹« (I. 14, 61')

Inzwischen hat sie gemeinsam mit ihrem Mann im Verein einen Weg gefunden, ihr Wissen zu ökologischen Zusammenhängen auch an andere zu vermitteln. Für ihre Praktiken der Wissensvermittlung konnten sie auf einer ungenutzten Parzelle einen Bienengarten einrichten. Mittlerweile nimmt sie insbesondere bei Kindern, aber auch beim Vorstand und bei einigen Vereinsmitgliedern ein zaghaftes Interesse an ökologischen Aspekten wahr.

Auch eine andere Gärtnerin, Mitte 50, Mittelschicht, die seit fast 15 Jahren in ihrem Gartenverein Mitglied ist, fokussiert in ihrer Darstellung unterschiedlicher gärtnerischer Praktiken und Vorstellungen auf die Frage des Wissens, wenn sie von einer eklatanten Wissenslücke ihres Vorstands zu naturnahem Gärtnern spricht:

> »Dann gibt es mitunter auch selbst die Vorstände eines Pächters, der sich da [beim Wettbewerb »Naturnaher Kleingarten«] beworben hat, da geht dann der Vorstandsvorsitzende hin und sagt: ›Ja, dem sein Garten sieht ja aus wie Sau.‹ Obwohl der ja rein formal einen naturnahen Kleingarten hat.« (I. 3, 41')

Auch hier nutzt der Vorstand das Argument der gärtnerischen Praktiken, um ein Mitglied zurechtzuweisen. Die Betrachtungen der Interviewpartnerin legen allerdings nahe, dass dieser Vorstand mit den Veränderungen der gärtnerischen Praktiken in den Gartenvereinen und dem damit verbundenen sozialen Wandel überfordert ist. Vordergründig scheint es sich um eine Frage des Alters und der Dauer der Mitgliedschaft im Verein zu handeln: »... ein älterer Herr, der schon seit 40 Jahren im Kleingarten unterwegs ist und nicht versteht, warum jetzt eine Totholzhecke auf einmal gut sein soll« (I. 3, 41'). Ausgehandelt wird die Zugehörigkeit zum Verein anhand einer Bewertung des richtigen Tuns innerhalb dessen.

Ein älterer, Mitte 60-jähriger Interviewpartner, der Mittelschicht angehörig, eckt ebenfalls mit seinen naturnahen Gartenpraktiken beim Vorstand seines Vereins an. Auch er entwickelt widerständige Praktiken gegenüber den Sanktionierungsversuchen des Vorstands seines Vereins. Diese beinhalten zwar eine minimale Zurkenntnisnahme von Disziplinierungspraktiken, in diesem Fall ermahnenden Briefen, die an ihn gerichtet sind. Allerdings ist dies mit einem anarchischen Unwillen verbunden, sich den Anforderungen des Vorstands unterzuordnen. In diesem machtvollen Kampf um die Definitionshoheit zum richtigen Gärtnern kritisiert dieser Gärtner recht angriffslustig die Kommunikationspraktiken des Vorstands. Dass dieser ihm nicht näher erläutern könne, was genau an seinem Garten nicht richtig sein soll, delegitimiere dessen Anliegen.

> »Ich habe diverse blaue Briefe bekommen, weil es sei angeblich keine kleingärtnerische Nutzung. Es war immer wenig Gemüse auf dem Acker. Ich habe das so gehandhabt: Ich habe es mir angeguckt, habe es zerrissen und weggeworfen. Und dachte, keine Ahnung, ich wusste nicht, was sie wollten. Die Formulierung ›keine kleingärtnerische Nutzung‹ kommt in meinem Wortschatz nicht vor. Es wurde auch nicht erläutert. Ich habe auch gefragt, was denn eigentlich das Problem sei. Das wollte man mir nicht sagen, oder konnte es nicht sagen. Und dann habe ich mir gesagt, leckt mich doch am Arsch. Wenn ihr was wollt, dann kommt doch bitte her zu mir, erklärt mir bitte, was das Problem ist, dann stelle ich das ab. Und wenn ich die Hecke nicht schneide oder irgendwas nicht gepflegt ist, dann bitte schön.« (I. 22, 22')

Der Vorstand rekurriert hier aus phänomenologisch-wissenssoziologischer Sicht auf »Gebrauchswissen«, also »eingeschliffene Handlungsvollzüge, die einen weiten Bereich dessen ausmachen, was einst ausdrücklich erlernt wurde, nun aber so ›automatisch‹ durchgeführt wird, dass es gar nicht mehr als Handlung wahrgenommen wird« (Knoblauch 2005: 147). Dieses Wissen setzt er als selbstverständlich voraus und geht davon aus, es nicht explizieren zu müssen. Doch in Zeiten der Veränderung im Verein kommen neue Wissensbestände hinzu und ergänzen die alten Wissensbestände, treten dabei zu ihnen auch in Konkurrenz. So beruft sich der Gärtner seinerseits auf einen Wissensbestand, der dem Gebrauchswissen des Vorstands nicht entspricht. Diese Konkurrenz der Wissensbestände äußert sich auch im Unverständnis des Gärtners darüber, dass nur wenige Vereinsmitglieder ökologische Praktiken nutzen: »Alle wissen davon, alle reden davon. Nur in diesem scheiß Verein sind 90 Prozent... haben noch nichts davon gehört.« (I. 22, 22') Für ihn sind die ökologischen Zusammenhänge im Garten das Nonplusultra, das er bereit ist, selbstbewusst gegen Kritik zu verteidigen. Ihm ist klar, dass seine gärtnerischen Praktiken in seinem Verein wenig geschätzt werden: »Mein Garten ist natürlich meistgehasst bei der Sorte von Leuten, die einen cleanen Garten haben wollen.« (I. 22, 22') Das überlieferte, ökologiefeindliche Gebrauchswissen in seinem Verein ordnet er den Gartenpraktiken der (noch älteren, eher kleinbürgerlichen) Alteingesessenen zu:

> »Also bei den alteingesessenen Schrebergärtnern ist das so, die haben das halt schon immer so gemacht. Die machen das so, wie man es schon immer macht. Da hat man es halt so gemacht. Da muss halt alles umgegraben werden. Da kannst Du auch nicht Permakultur sagen, oder sagen, Umgraben macht den Boden kaputt. Nee, das macht man halt so, ne?« (I. 22, 23')

Die unversöhnliche Konkurrenz der verschiedenen Wissensbestände hat er deutlich vor Augen, betrachtet sie aber losgelöst von seiner Sympathie für die Nachbar_innen, zum Beispiel in Bezug auf seinen früheren älteren Nachbarn:

> »Der Vorbesitzer war auch so ein totaler... ganz alter Mann, ganz lieb und nett und so. [...] Und der hatte so einen ganz penibel gepflegten Garten. Und der hat sich immer gewundert, dass die Leute immer *(belustigt)* an meinem Garten stehengeblieben sind und geguckt haben, weil seiner doch so schön sei angeblich. Der war grottenhässlich. Also wirklich. Hier eine Rose, da eine Rose, da so ein bisschen Blumen und so. Alles so klinisch sauber.« (I. 22, 23')

Wie das soziale Miteinander im Kleingartenverein über solche Differenzen hinweg funktionieren kann, zeigt sich am Beispiel dieses Gärtners und seiner Nachbar_innen. Die drastisch unterschiedlichen gärtnerischen Praktiken und Vorstellungen stehen ihrer freundlichen und guten Kommunikation nicht im Wege. Obwohl sie gegenseitig die gärtnerischen Praktiken und Vorstellungen vom Garten des Anderen ablehnen, haben sie *trotz* der Differenzen einen guten Kontakt: »[I]ch verstehe mich mit denen supergut. Aber wir haben halt sehr unterschiedliche Vorstellungen, wie man einen Garten macht.« (I. 22, 23') Nicht immer werden Differenzen also machtvoll genutzt und ausgehandelt; für ein freundliches Miteinander können sie auch ausgeblendet werden.

Die oben bereits genannte Gärtnerin Mitte 50 nutzt ihren Umgang mit dem, was gemeinhin »Unkraut« genannt wird, also mit Pflanzen, die ungeplant wachsen, dafür, ihrem Bedürfnis nach Selbstbestimmung auf ihrer Parzelle Ausdruck zu verleihen, und zwar in Abgrenzung zu ihrer Nachbarin. Mit der Vorstellung vom (naturnahen oder geordneten) Garten und dem damit verknüpften Zweck des Gartens können nämlich divergierende Praktiken des Umgangs mit »Unkraut« verbunden sein. Während Gärtner_innen mit naturnahen Gartenpraktiken wild wachsende Pflanzen wie Löwenzahn und Giersch hinsichtlich ihrer Nützlichkeit, z.B. für Insekten oder zur Beschattung, betrachten, gelten sie den Vertreter_innen ordentlicher Gartenpraktiken als Feinde, die samt Wurzelwerk umgehend ausgerissen werden müssen. Es ist dabei durchaus möglich, dass Gärtner_innen einen Einstellungswandel vollziehen, bei dem sie ihre gärtnerischen Praktiken und Vorstellungen ändern. Nachdem genannte Gärtnerin sich zunächst den in ihrem Verein verbreiteten Vorstellungen von einem ordentlichen Garten angepasst hatte, hat sie sich nach einigen Jahren davon emanzipiert. Dies erläutert sie am Beispiel ihrer missglückten Versuche, einen englischen Rasen zu pflegen.

> »Ja, ich habe das auch ein paar Jahre probiert, aus dieser hässlichen Rasenwiesenfläche so einen schönen englischen Rasen zu machen. Erstens frage ich mich mittlerweile wofür, zweitens habe ich eingesehen, dass ich das nicht schaffe, ohne da irgendwie einen halben Meter Mutterboden abzutragen und aufzufüllen. Und warum sollte ich es tun? Ist doch schön, wenn irgendeine Wildbiene sich da am Löwenzahn labt. Und zur Not sammeln Sie halt die Köpfe vom Löwenzahn ein, und wenn Sie richtig viele haben, machen Löwenzahnhonig draus. Das wird irgendwie eingekocht mit irgendwas, das ist dann so sirupartig und schmeckt ganz lecker.« (I. 3, 43')

Die naturnahen Gartenpraktiken, die sie inzwischen favorisiert, begründet sie mit ihrem neu gewonnenen ökologischen Wissen (für die Wildbienen und zur Beschattung), führt aber auch praktische Gründe (weniger Arbeit) und Nützlichkeitsargumente (Löwenzahnhonig herstellen) dafür an. Gleichzeitig nutzt sie ihren Umgang mit Unkraut, um sich in ihren Praktiken von ihrer Nachbarin zu distanzieren. Diese grabe im Gegensatz zu ihr selbst die Gierschwurzeln an der Grenze zwischen den Parzellen mehrmals im Jahr erfolglos aus.

> »Ich mache mir auch aus dem Giersch nichts. Also ich habe zum Beispiel in meinem Garten am Zaun zum Nachbarn ein Himbeerspalier und da unten

> wächst halt Giersch. Pf. Das ist für mich eine Beschattung, damit das Wasser nach dem Gießen nicht so schnell verdunstet. Ich halte ihn kurz und lasse ihn nicht blühen, aber warum soll ich da alles ausbuddeln? [...] Aber direkt *(lauter)* nach dem Gartenzaun, rund dreimal im Jahr, darf dann die Frau des Pächters gefühlt einen halben Meter umgraben und die zuppelt jede Wurzel raus. Bei der ist das dann gierschfrei. Gott sei Dank hat sie mich noch nicht drauf angesprochen. Aber sie kann das gerne auf ihrer Seite des Zauns so tun. Es ist noch zu keinem Konflikt gekommen, keiner der mir bewusst ist *(lacht)*.« (I. 3, 43')

Sie unterscheidet grundsätzlich zwischen den gründlichen (und vergeblichen) Unkrautvernichtungspraktiken der Nachbarin und ihren eigenen Praktiken, die sie selbstbewusst als die richtigen im Umgang mit wild wachsenden Pflanzen bewertet. Dabei ist sie sich der Problematik bewusst, dass die Pflanzen keine Zaungrenze kennen und der Nachbarin Ärger bereiten, da deren Wurzeln immer wieder vom Nachbargrundstück hinüberwuchern. Dennoch wird sie nicht proaktiv tätig, um einem möglichen Konflikt mit der Nachbarin vorzubeugen. Ihre ökologischen Vorstellungen auf der eigenen Parzelle konsequent zur Maxime ihrer Praktiken zu machen, ist für sie Teil ihrer Selbstbestimmung. Sie beschäftigt sich im Rahmen kommunikativer Praktiken vielleicht deswegen nicht mit den Interessen und Wünschen der unmittelbaren Nachbar_innen, weil dies ihre Selbstbestimmung möglicherweise partiell einschränken könnte. Ihre Selbstbestimmungspraktiken legitimiert sie zusätzlich mit ihrem Wissen über das Kleingartengesetz. Darin sei nur wenig zu den »richtigen« Praktiken des Kleingärtnerns festgeschrieben: »Aber so dieses ›Wie es sich gehört‹ ist ja nirgends festgeschrieben. Das ist ja immer totale Auslegungssache. Was heißt schon, wie es sich gehört? Ist ja quatsch. Und solange man in diesem relativ offenen Regelwerk, dieser Kleingartenordnung bleibt, ist ja ganz viel möglich.« (I. 3, 41') Damit richtet sie sich gegen Althergebrachtes und durch Gewohnheitswissen etablierte Konventionen des Kleingärtnerns, aber auch dagegen, dass ihr jemand in die Gestaltung ihrer Parzelle hineinredet. Da die Gärtnerin nichts zu einem darüber hinausgehenden Kontakt zu ihren Nachbar_innen berichtet, ist davon auszugehen, dass sie im Zusammenhang mit der Differenz einen eher distanzierteren Umgang mit ihnen in Kauf nimmt.

In einigen Konstellationen wird aber auch die belastende Tragweite deutlich, die mit der Erfüllung von Erwartungen an gärtnerische Praktiken in einem Kleingartenverein verknüpft sein kann. Dies zeigen die Erfahrungen einer Gruppe junger Frauen* um die 30 Jahre, die mit weiteren Freund_innen drei Parzellen in einem Verein pachten. Angesichts unterschiedlicher Auffassungen von Garten und gärtnerischen Praktiken haben sie punktuell und strategisch Praktiken des Entgegenkommens und der Anpassung im Umgang mit den Vorstellungen der Nachbar_innen und des Vorstands entwickelt. Sie entsprechen deren Erwartungen in bestimmten Einzelaspekten, weil sie wissen, dass ihnen dies zugutekommt, wenn sie in anderen Aspekten den Erwartungen zuwiderhandeln. Sie schneiden daher regelmäßig die Hecke, die ihre Parzellen einrahmt. Dies signalisiere den Nachbar_innen, dass sie sich angemessen darum kümmerten. Es bewirke, dass die Nachbar_innen wiederum toleranter gegenüber den unangepassten Praktiken, beispielsweise Praktiken des Feierns der Jüngeren, seien: »Wenn du die Party willst, musst du die Hecke schneiden.« (I. 13, 7') Wie bedeutsam die Heckenpflegepraktiken außerdem für die interne Anerkennung gärtnerischer Pflichterfüllung in diesem Verein sind und wie sie dabei zu einem Mittel der Machtausübung werden, zeigt sich daran, dass der Vorstand das Verschicken etwaiger Abmahnungen an eine nicht erfolgte Heckenpflege knüpft:

> »Und dann habe ich mal mit dem Vorstand gesprochen und meinte: ›Hier geht das Gerücht rum, wir stehen auf irgendeiner roten Liste, und wie sieht es denn aus?‹ Wir hatten kurz vorher unsere Hecke auch noch ganz brav geschnitten und da meint er so: ›Haben Sie Ihre Hecke geschnitten?‹ Ich so: ›Ja.‹ ›Dann stehen sie auch wohl auf keiner roten Liste. Haben Sie schon mal Post von uns gekriegt?‹ ›Nee.‹ ›Ja, dann wissen Sie Bescheid.‹« (I. 13, 30')

Es wird deutlich, dass einzelne ordnungsliebende Nachbar_innen gezielt die Drohkulisse einer »roten Liste« als Gerücht gestreut haben. Bei den jungen Neugärtner_innen, deren Garten ihnen nicht gefiel, entstand dadurch der Eindruck, dass sie dies einschüchtern sollte. Die zweierlei kommunikativen Praktiken erzeugen ganz unterschiedliche Effekte: Während die Gerüchtepraktiken im Verein auf die Neugärtner_innen verunsichernd wirken, bringen die Klärungspraktiken eines direkten Gesprächs mit dem Vorstand die Sicherheit zurück, dass ihnen keine Abmahnung oder andere disziplinarische Maßnahmen drohen.

Dies zeigt, dass Vereinsmitglieder ein Gespür für die machtvollen Konstellationen in ihrem Verein entwickeln müssen, in die die gärtnerischen und kommunikativen Praktiken eingebettet sind, welche wiederum mit den Erwartungen von Verein und Mitgärtner_innen verknüpft sind. So wird leichter einschätzbar, ob sie im Verein tatsächlich ein Problem haben, das ihre Existenz als Pächter_innen gefährdet, weil der Vorstand darauf mit Disziplinierungspraktiken reagiert, oder ob sie in einem nachbarschaftlichen Dissens zur richtigen Vorstellung vom Gärtnern navigieren müssen, der die Ebene der Aushandlung von Differenz im Verein betrifft und daher keine ernsthaften Konsequenzen für sie hat.

Parzellenübernahme als Kristallisationspunkt des Abgleichs von gärtnerischen Praktiken und Vorstellungen vom Garten

Die Parzellenübernahme durch neue Pächter_innen bildet häufig einen Kristallisationspunkt für den Abgleich unterschiedlicher gärtnerischer Praktiken und Vorstellungen vom Gärtnern. Die alteingesessenen Nachbar_innen beobachten oftmals durchaus kritisch das Tun und Lassen ihrer neuen Nachbar_innen, die sie sich normalerweise nicht ausgesucht haben. Dabei geht es ihnen darum, deren Praktiken und Vorstellungen einzuordnen und zu den eigenen ins Verhältnis zu setzen. Als »eingesessene« Gärtner_innen im Verein nehmen sie mit Bewertungs- und Kontrollpraktiken durchaus auch die Rolle von Wächter_innen der dortigen Ordnung ein. So äußern sie im Interview, aber auch im Kontakt mit den neuen Pächter_innen ihr deutliches Missfallen, wenn Gärten entgegen ihren Vorstellungen oder denen der vorherigen Nachbar_innen verändert werden – sogar dann, wenn die gärtnerischen Praktiken der vorherigen Nachbar_innen ihren eigenen nicht entsprochen haben. Viele kritisieren, wenn die neuen Pächter_innen den Garten komplett einebnen und damit das Werk der Vorgänger_innen vernichten.

> »Und dann dieser Typ, der jetzt da drin ist, also die Familie, der meinte: ›Ich mache erstmal alles raus. Das wird alles umgegraben, auf links gedreht.‹ Und es gab schöne Pflanzen da drin, schöne Blumen, wo ich schon dachte, bevor er die wegmacht, gib die mir. Erstmal alles umgraben. Jetzt liegt es da und die Argumentation war: ›Da sind Pflanzen, die ich noch nicht mal kenne.‹ Ja, ich habe das Gefühl gehabt, du hast sowieso keine Ahnung. Du weißt überhaupt gar nichts.« (I. 22, 25')

Manche Gärtner_innen, die schon länger im Verein sind, assoziieren die Tabula-rasa-Praxis von manchen Neumitgliedern mit fehlendem gärtnerischen Wissen. Sie kritisieren, dass der Garten ähnlich wie eine neu bezogene Wohnung behandelt wird, was nicht zu dessen Besonderheit einer von Pflanzen und Tieren belebten und angeeigneten Umgebung zu passen scheint. Eine Ende 50-jährige Gärtnerin berichtet distanziert und belustigt von ihren relativ neuen Nachbar_innen, deren Garten sie als »*Plastic Garden*« bezeichnet:

> »Die haben in unserer Reihe dann den Spitznamen *Plastic*, weil die wirklich alles planiert haben. Nur Wiese. Golfrasen und darauf stehen drei bunte Plastikschafe, die immer verrückt werden. Das muss der Junge machen, der ist vielleicht 13, 14. Der muss die jeden Tag auf der Wiese woanders hinstellen, dass keine Schattenlöcher entstehen. Und die haben die zwei alten Obstbäume gefällt [...] und dafür so eine kleine Zierkirsche eingepflanzt.« (I. 17, 11')

Häufig ist das Lamento der Nachbar_innen um den Pflanzenbestand der übergebenen Parzelle mit ihren Erinnerungen an die früheren Nachbar_innen verquickt.[1] Dafür nennen sie neben deren Gartenpraktiken auch die freundschaftlichen Kommunikationspraktiken in der Nachbarschaft. Ihre Sehnsucht nach dem, was vorher war, ist oft auch gespeist durch die Konfrontation mit anderen Ordnungsvorstellungen der neuen Nachbar_innen. Dabei versuchen sie oftmals, die neuen Vereinsmitglieder mehr oder weniger freundlich zurechtzuweisen, indem sie ihnen sagen, wie es »richtig« geht.

Für neue Pächter_innen können die Bewertungs- und Kontrollpraktiken von Vorstand und Nachbar_innen durchaus eine Hürde für das Ankommen im Verein darstellen. Sie erleben dabei Misstrauen hinsichtlich einer Anerkennung ihrer gärtnerischen Praktiken und Irritation über die kommunikativen Praktiken im Verein. Eine junge Gärtnerin Ende 20, Mittelschicht, die mit ihrer guten Freundin eine Parzelle pachtet, wurde bereits bei ihrer Bewerbung um den Garten gefragt, ob sie »ordentliche Gärtnerinnen« seien (I. 12). Auch nachdem sie ihre Parzelle schon ein Jahr nutzten, wurden sie weiterhin mit den Bewertungen der Nachbar_innen konfrontiert. Wieder verwendeten

---

1 Ein weiterer Aspekt ist, dass sich in das Erlebte und dessen Beschreibung auch die Erfahrung mit *Veränderungen* und deren Bewertung mischt. In einem Kleingartenverein, in dem die Gärtner_innen sich durch den Gartenalltag oftmals ganz gut kennen, spielt daher bei einem Pächter_innenwechsel auch eine gewisse Melancholie mit. Die neuen Gärtner_innen werden gelegentlich an dem gemessen, was sie anders tun als ihre Vorgänger_innen, die manchmal schmerzlich vermisst werden – als Freund_innen und Nachbar_innen, aber auch als Gärtner_innen, deren gärtnerisches Verständnis allen vertraut war. Ich bin diesem Phänomen in meiner Forschung allerdings nicht vertiefend nachgegangen.

ältere Mitglieder den Dissens über die »richtigen« Gartenpraktiken dafür, die neuen Mitglieder zurechtzuweisen. Es belastet die junge Gärtnerin, die eher naturnahe Gartenpraktiken favorisiert, dass sie lange, nachdem sie den Garten übernommen haben, noch von irgendwelchen Nachbar_innen gesagt bekommt, dass »erstmal« Ordnung in ihren Garten gebracht werden müsse. Auch diese Gärtnerin pocht, wenn auch noch weniger selbstbewusst als die oben erwähnten älteren Gärtner_innen, auf ihr Selbstbestimmungsrecht auf ihrer Parzelle und stört sich an den Einmischungsversuchen der Nachbar_innen, die sich an der Diskrepanz zwischen den verschiedenen Vorstellungen vom Kleingarten und diesbezüglichen gärtnerischen Praktiken aufhängen. Letztlich zeigt sich an diesem kommunikativen Missverhältnis aber auch, dass das soziale Miteinander mit den Nachbar_innen nicht entspannt ist. Auch die junge Frau selbst bewertet die anderen Gärten in ihrem Verein, die sie ihrerseits auffällig ordentlich findet und mit einer »Lust an der Ordnung« und am »Beherrschen« assoziiert. Sie findet sich in ihrem Verein derzeit in einer Minderheitenposition wieder, was bedeutet, dass sie wiederholt mit dieser Einmischung konfrontiert sein wird, bis sich dort vielleicht eines Tages die Mehrheitsverhältnisse verschieben.

Eine solche Verschiebung lag aus der Perspektive einer weiteren Gärtnerin (Mitte 50, Mittelschicht) vor, die ihren Garten inzwischen abgegeben hat. Für sie stellten Neugärtner_innen mit Migrationsgeschichte, die zwischenzeitlich hinzukamen, einen Lichtblick im Verein dar. Dies begründet sie damit, dass diese wie sie selbst und ihr Mann eine andere, eher lockere Auffassung vom Gärtnern hatten. Deren gärtnerische Praktiken und Vorstellungen vom Garten erlebte sie als entlastend im Hinblick auf die herrschenden Praktiken und Vorstellungen von »ordentlichen« Gärten in ihrem Verein: »Wo diese ganze deutsche Gründlichkeit nicht so zu sehen ist. Und die das halt sehr viel lockerer nehmen. Das war manchmal... [...] Aber ich glaube, das war auch so ein bisschen problematisch für den Verein. Weil das so eine ganz andere Art ist, mit dem Garten umzugehen.« (I. 21, 31') Für den Vorstand des Vereins, der gepflegte Gärten als angemessen bewertet, sei eine zunehmende Zahl von Gärtner_innen mit davon abweichenden Vorstellungen eine Herausforderung gewesen. Für ihn galt eher: »Ja, der [Garten] muss fertig sein und dann muss er auch genau so bleiben, wie er ist. Und es darf nichts... Also jede Form von Wildheit wird erstmal kritisch beäugt. Und es muss alles irgendwie klar abgegrenzt sein.« (I. 21, 12') Wenn die Norm von der Vorstellung eines geordneten Gartens zu stark infrage gestellt wird, verliert dieser Vorstand zunehmend die Mittel seiner bisherigen Disziplinierungspraktiken.

Neue Praktiken des Nutzpflanzenanbaus als Gegenstand von Aushandlungen

Veränderungen im Verein spiegeln sich auch in neu hinzukommenden Gartenfunktionen und -nutzungen sowie damit verknüpften veränderten gärtnerischen Praktiken wider, die neue Vorstellungen vom Garten zum Ausdruck bringen. Praktiken des Nutzpflanzenanbaus, die angesichts günstiger Supermarktlebensmittel lange als nicht mehr zeitgemäß gegolten hatten (s. Kapitel 2.2), sind inzwischen wieder stärker in den Vereinen vertreten. Damit verbunden ist auch die Zunahme von Wissen und Erfahrungen zum Nutzpflanzenanbau und zu geeigneten Sorten. Eine Gärtnerin, die mit anderen in einem sozialen Projekt mit Geflüchteten zwei Parzellen in einem Verein nutzt und dort vorwiegend Obst und Gemüse anbaut, berichtet, dass sie den Mangoldanbau bei anderen Gärtner_innen im Verein bekannt gemacht habe (I. 10). Mit dem Wiederaufkommen des Anbaus von Nutzpflanzen gehen allerdings vermehrt neue Anbaupraktiken einher, die in Kleingärten bis dahin eher ein Schattendasein gefristet hatten. So arbeiten manche Gärtner_innen inzwischen mit der Gartenpraxis der Mischkultur. Eine jüngere Gärtnerin um die 30 Jahre, die viel Gemüse anbaut, erzählt, dass ihre Anbaupraktiken in ihrem Verein auf Unverständnis gestoßen seien:

> »Ich bin auch eher jemand, der viel Mischkultur stehen hat. Das heißt, da stehen eben, da sind dann ein paar Salate und dann sind da die Ringelblumen dazwischen und so was, und für den [Vorstand] sieht das unordentlich aus. Dass da ein System und ein Gedanke hinter steht, das... Also vielleicht ist ihm das schon klar, aber es ist ihm egal.« (I. 11, 42')

Sie meint, der Vorstand habe eine Vorstellung vom Garten, der einer »DDR-Ästhetik« entspreche. Mischkultur gelte ihm als unordentlich und sei ihm völlig fremd. Ihren wuchernden Kürbis habe er als ungezügelt, als »viel zu viel Kürbis« bezeichnet; jedes Unkraut bezeichne er als »Dreck«, der umgehend gesäubert werden müsse. Der Vorstand nutzt die Abweichung der Gärtnerin von seinen Vorstellungen vom richtigen Gärtnern dafür, ihr Abmahnungen wegen Kleinigkeiten zu erteilen: »... mein Garten wäre nicht ordentlich« (I. 11, 8').

Auch eine Mitte 50-jährige ehemalige Gärtnerin berichtet von Unterschieden der Gartennutzung hinsichtlich des Gemüseanbaus ihres Mannes, der »eine eigene Art, diesen Garten zu betreiben [gehabt habe], die nicht so besonders populär war« (I. 21, 11'), da er Kompost und keinerlei Dünger genutzt und beim

Gemüseanbau auf Fruchtwechsel gesetzt habe. Demgegenüber hätten die älteren Gärtner_innen »jede Menge Zierblumen und Ziersträucher [kultiviert]. Aber alle schön geharkt und geschnitten und ich weiß nicht was.« (I. 21, 19'). Auch sie macht die unterschiedlichen Vorstellungen am Altersunterschied der Gärtner_innen fest.

> »Damals war dieser Kleingarten noch ganz anders strukturiert als er jetzt ist von den Leuten, weil es waren sehr viele alte Leute. Also fast nur Senioren drum herum, die natürlich auch ein ganz anderes Zeitpensum haben, um im Garten zu sein. Da habe ich immer das Gefühl, die warten nur darauf, dass das nächste Unkraut sprießt, damit sie es rausreißen können. Und die auch eine andere Vorstellung davon haben, was ein schöner Garten ist.« (I. 21, 11')

In Verteidigung dieser althergebrachten Vorstellungen vom Gärtnern hat auch in diesem Verein der Vorstand regelmäßig Ermahnungen wegen »Instandhaltungsmängeln« erteilt, zweimal im Jahr nach der Gartenbegehung: »Wenn der Garten nicht ordentlich genug ist und viel Unkraut rumsteht, dass man den in Ordnung bringen soll.« (I. 21, 19') Die Gärtnerin weist dabei auf zweierlei Diskrepanzen hin: sowohl auf jene der unterschiedlichen Vorstellungen vom Gärtnern, die vertreten werden, als auch der unterschiedlich großen Zeitbudgets, die die verschiedenen Altersgruppen für den Garten aufbringen können.

Eine weitere, mittlerweile immer mehr verbreitete Veränderung stellt in den Vereinen der Gemüseanbau in Hochbeeten dar. Auch er wird in einigen Vereinen zum Gegenstand von Auseinandersetzungen. So hat die oben bereits erwähnte junge Gärtnerin vier Hochbeete auf ihrer Parzelle angelegt. Daraufhin verlangte der Vorstand ihres Vereins, sie solle die Beete wieder abreißen. In der diesbezüglichen Auseinandersetzung bemängelte er, dass sie dafür keine Baugenehmigung hätte. Das Aufstellen der Beete ordnete er als »bauliche Veränderung« der Parzelle ein, über die er informiert werden wollte. Gegen die Neuerung sprach aber aus seiner Sicht vor allem, dass solche Beete traditionell nicht in den Kleingarten gehörten. Die Gärtnerin argumentierte, dass die Praktiken des Gemüseanbaus im Hochbeet durchaus zum Kleingarten passend und sinnvoll seien. Nachdem sie ihm nachträglich eine Bleistiftskizze als formlosen Bauantrag eingereicht hatte, durfte die Gärtnerin ihre Beete behalten (I. 11, 42').

Fazit

In den Aushandlungen um unterschiedliche Vorstellungen vom Gärtnern und die Gestaltung der Parzelle, die prinzipiell den Pächter_innen selbst überlassen ist, spiegeln sich die aktuell in den Kleingärten verhandelten Verschiebungen in den Vorstellungen von Garten und Gärtnern wider. Diese wirken sich unterschiedlich auf das soziale Miteinander der Kleingärtner_innen aus und prägen auch das Verhältnis zwischen Mitgliedern und Vorstand, der häufig das Ziel verfolgt, mithilfe der bisherigen Vorstellungen von Garten und Gärtnern seine Macht zu erhalten.

Es kommt insbesondere dann zu Konflikten, wenn sich jemand in die Gestaltung einer fremden Parzelle einmischt, weil er_sie findet, dass ein Garten nicht ordnungsgemäß gepflegt werde oder sich das Unkraut in andere Gärten verteile. Das zeigt, dass die Interventionen gegenüber anderen Gärtner_innen insbesondere vom Lager derer ausgehen, die die Vorstellung geordneter Gärten für richtig halten und die bisherige Norm zu verteidigen versuchen. Die soziale Dynamik beinhaltet dabei eine Abwehr neuer Zugänge zum Gärtnern und damit auch eine Diskreditierung ihrer Vertreter_innen als »unrichtige« Gärtner_innen. Wenn es, wie in einigen Beispielen, nicht gelingt, diese Differenzen auszublenden und trotzdem zu einem guten sozialen Miteinander zu finden, entstehen echte Barrieren, die für nachbarschaftliche Distanz innerhalb des Kleingartenvereins sorgen.

Die Differenzkonstellationen, auf die die Interviewpartner_innen in diesem Themenfeld Bezug nehmen, sind vor allem das Alter und die Dauer der Kleingartennutzung (Neugärtner_in vs. Alteingesessene). Oft verknüpfen sie eine geordnete Gartenpraxis mit dem Alter der Gärtner_innen und ihrer Mitgliedschaftsdauer im Verein. Allerdings finden sich ebenso viele jüngere und Neugärtner_innen, die die Vorstellung eines geordneten Gartens verfolgen – und auch umgekehrt sind mir viele ältere Gärtner_innen begegnet, die einen naturnahen Garten bevorzugen. Das Alter beziehungsweise die Mitgliedschaftsdauer scheinen daher eher vorgeschobene Kategorien zu sein, die andere Differenzen verdecken – insbesondere Klasse, Herkunft und Bildungsgrad. So finden gerade ökologische Argumente und der nicht ganz so penibel gepflegte Garten eher bei Menschen mit höherem Bildungsabschluss und Menschen mit Migrationsgeschichte Anklang. Nach Jahrzehnten des Ziergartenselbstverständnisses von Kleingärten verbreitet sich mit den neuen Pächter_innen, die wie gesagt oftmals eher höhere Bildungsabschlüsse oder/und eine Migrationsgeschichte haben, auch zunehmend wieder der

Anbau von Obst und Gemüse. Trotz dessen Übereinstimmung mit der kleingärtnerischen Nutzung betrachten manche Alteingesessenen dies aufgrund der anderen Praktiken des Gärtnerns (in Hochbeeten, in Mischkultur) kritisch. Sie sehen die Hegemonie dessen, was einen Kleingarten im Hinblick auf dessen Geordnetheit ausmacht, in Gefahr, was insbesondere für das Selbstverständnis der Alteingesessenen und damit tendenziell eher der Menschen aus der unteren Mittelschicht oder der Arbeiterklasse bedrohlich sein muss.

3.2 Kooperative Praktiken

Anders als bei den im vorhergehenden Abschnitt beschriebenen, eher kontroversen Auseinandersetzungen um das richtige Verständnis von Gärtnern und Garten können die Gärtner_innen im alltäglichen Miteinander, gerade in der Nachbarschaft der Parzellen, durch einfache kooperative Praktiken eine Ebene entwickeln, auf der Kontakte über Differenzen hinweg entstehen. Diese Kontakte gehen über das Grüßen und kurze Gespräche hinaus, die oft differenzunabhängig und insbesondere zwischen den direkten Nachbar_innen im Verein üblich sind, jedenfalls wenn es keine dauerhaften Konflikte gibt. Kooperative Praktiken umfassen das Schenken, Teilen, Tauschen und Leihen von Material und Dingen, aber auch die Unterstützung und Hilfe sowie die Weitergabe von Wissen zu Fragen des Vereinslebens und darüber hinaus. Im Folgenden geht es darum zu analysieren, wie diese Praktiken aussehen und welche Rolle welche Differenz dabei spielt, um zu verstehen, worum es in diesen Praktiken geht und was die Verbreitung der Praktiken über das soziale Miteinander in Kleingärten aussagt.

Praktiken des Schenkens, Teilens und Tauschens

Immer mal wieder tauschen Nachbar_innen am Gartenzaun Erfahrungen, Ratschläge und Hinweise aus, und manchmal schenken sie einander Dinge über den Zaun. Das können sowohl zubereitete Lebensmittel (übrig gebliebene Pfannkuchen, Kuchenstücke, Gegrilltes und Gekochtes) als auch frisch geerntetes Gemüse und Obst, Pflanzen (Staudenableger, Jungpflanzen) oder Saatgut sein, aber auch Baumaterial wie Bretter, die der_die Nachbar_in gerade benötigen kann. Die kleinen Gaben vertiefen die soziale Beziehung zwischen den am Akt des Gebens Beteiligten. An die so entstandenen und durch die Alltagspraxis gepflegten Kontakte kann bei Begegnungen außerhalb der eigenen Gartensituation angeknüpft werden. Sie ermöglichen, zum Beispiel bei Vereinsanlässen wie dem Sommerfest oder den Gemeinschaftsstunden, ein Gespräch miteinander anzufangen oder etwas miteinander zu trinken – auch wenn viele Mitglieder das Sommerfest insgesamt eher mit der eigenen Peergroup verbringen, also mit Leuten des eigenen Alters und eher ähnlicher sozialer Zugehörigkeit, die sich schon lange kennen und einander als Freund_innen bezeichnen würden (s. Kapitel 4.3). Praktiken des Schenkens, Teilens und Tauschens haben in Gartenvereinen einen relativ hohen Stellenwert und zeigen, wie die Mitglieder ihr soziales Miteinander ausbuchstabieren. Doch welchen Beitrag leisten Schenken, Teilen und Tauschen zum sozialen Miteinander? Und warum sind die Praktiken im Kleingartenverein so ausgeprägt?

Dies soll im Folgenden an zwei unterschiedlichen Beispielen verdeutlicht werden: Der Zweig eines Aprikosenbaums hängt über den Zaun zu den Nachbar_innen, die sich über das Obst freuen; eine Kürbispflanze rankt auf ein anderes Nachbargrundstück herüber, dennoch möchten die Nachbar_innen den Kürbis nicht geschenkt haben.

> »Von uns ist mal ein Kürbis rübergewachsen. Und da bin ich extra mal rübergegangen und habe gesagt, die können den abnehmen, wenn sie möchten, der hängt ja auf ihrer Seite. War ein schöner, ein Sweet-Potato-Kürbis. Und dann die kleinen Kinder hatten Interesse und der Mann hat gesagt: ›BRAUCH ICH NICHT‹ *(fauchend)*. Naja, dann habe ich gedacht, okay, war nur ein Angebot. Naja.« (I. 17, 21')

Die Gärtnerin, die dies von ihrem Kürbis berichtet, hat bisher keinen guten Kontakt zu ihren Nachbar_innen. Sie beschreibt eine große Differenz zu ihnen, insbesondere in politischer Hinsicht, aber auch in Bezug auf die Gartengestaltung und -nutzung. Dennoch bietet sie ihnen an, den Kürbis, der aus ihrem Garten herübergewachsen ist, zu ernten. Der Nachbar reagiert darauf ablehnend, sogar unfreundlich, während seine Kinder den Kürbis gern geerntet hätten. Er lehnt die Gabe seiner Nachbarin wahrscheinlich deswegen ab, weil sie auch sonst keinen guten Kontakt haben und nicht auf einer Wellenlänge sind. Daran lassen sich Reflexionen zur sozialen Rolle von Gaben anschließen, wie sie sich bei Frank Adloff und Steffen Mau (2005: 21), unter anderem im Anschluss an Simmel, finden. »Der Bestand sozialer Beziehungen wird durch Verhältnisse der Dankbarkeit abgesichert, die ein Band der Wechselwirkung und des Hin- und Hergehens von Leistung und Gegenleistung hervorbringen.«

Ist also eine soziale Beziehung von einer Seite unerwünscht, kann die Nichtannahme einer Gabe dafür sorgen, dass die beschriebene Dynamik nicht in Gang gesetzt wird. Dadurch kann auch auf Dankbarkeit verzichtet werden, die »das subjektive Echo [ist], das über den Akt des Gebens und Empfangens hinauswirkt und so eine soziale Beziehung begründet und Reziprozität erzeugt« (ebd.: 22).

In einer vergleichbaren Situation, in der es ebenfalls um zum Nachbargarten herüberwachsende Früchte geht, erlebt dieselbe Gärtnerin von anderen Nachbar_innen eine grundsätzlich andere Reaktion. Dies kann insbesondere auf einen bereits vorhandenen guten Kontakt und die trotz großer Altersdifferenz vergleichsweise geringe soziale Differenz zu den Nachbar_innen zurückgeführt werden. Beide Seiten gehören der Mittelschicht an, und ihr Kontakt wird auch dadurch gestärkt, dass sie sich in Bezug auf ihre Erwerbsarbeit beziehungsweise ihr Studium auf denselben universitären Kontext beziehen: »Ich finde die nett, wir können auch immer über die Uni ein bisschen quatschen, weil die hier studieren und ich da ja arbeite.« (I. 13, 23') Es eint sie außerdem ihr naturnaher Zugang zum Gärtnern, wobei die Jüngeren die Ältere gelegentlich um Rat bitten. Als die Ältere die Jüngeren fragt, ob die Zweige des Obstbaums sie stören, die über den Zaun zwischen den Parzellen hängen, und ob sie das Obst, das daran wächst, ernten möchten, reagieren diese erfreut über das Angebot.

> »Wir haben einen alten Aprikosenbaum und dann... Aber wir sind ja dumme Gärtner. Weil wir hatten dann die größten Früchte. Der trägt, also da denkt man eigentlich, die Leute erkennen das gar nicht, dass das Aprikosen sind, weil die sind wirklich fast so groß wie Pfirsiche. Aber es ist eine Aprikose. Das ist auch eine Züchtung, die ist SUPER lecker. Die kleinen Studenten neben uns, da habe ich die gefragt, stört euch das, weil die Äste ein bisschen zu euch rüber, dann schneiden wir die ab. ›Hängen da Aprikosen dran?‹ Ich sagte, na guck mal, da hängen schon kleine. ›Nee, lass mal dran.‹ Und die haben sich so gefreut, weil die hatten bestimmt 30, 40, 50 Aprikosen an den zwei Zweigen.« (I. 17, 33')

Die unterschiedlichen Reaktionen der beiden Nachbar_innen auf die Gaben derselben Gärtnerin lassen darauf schließen, dass Gaben relativ sind, also auf die Beziehung zwischen gebender und empfangender Person bezogen. Einerseits können sie als Ausdruck der Beziehung gelesen werden, und andererseits deren Intensität weiter ausgestalten.

Dass Vereinsmitglieder gelegentlich sogar erwarten, dass Dinge untereinander verschenkt werden, die jemand in größerer Menge hat (zum Beispiel Stöcke oder große Stauden), zeigen die folgenden zwei Beispiele – wobei die Erwartung im ersten Beispiel enttäuscht und im zweiten erfüllt wird.

> »Zum Beispiel kam Herr Meidrich[2] an den Zaun, und wir hatten eine Sammlung Stöcke, und Hanna war im Garten. Und Herr Meidrich wollte nun gerne einen Stock haben. Und hat Hanna gefragt, ob er einen Stock haben darf. Irgendwelche Weiden, um irgendwas aufzubauen. Und Hanna hat gesagt: ›Ich weiß nicht, nee, da muss ich erst die Anderen fragen.‹ Also weil sie nicht wusste, ob sie frei über diese Stöcke verfügen darf, und dann war der beleidigt: ›Nicht mal einen Stock rücken sie raus.‹« (I. 13, 23')

Dass die jüngere Gärtnerin ihm die Bitte ausschlägt, ist für den älteren Gärtner ein Affront, den er auch mit der Differenz zwischen den Gärtner_innen in Verbindung bringt. Er ärgert sich, dass er nicht bekommt, was er haben möchte. Gleichzeitig stört ihn vielleicht, dass die junge Gärtnerin offenbar die Konvention im Verein ignoriert, dass man einander Dinge abgibt – wobei das Geben über den Akt hinausreichende soziale Verbindungen schaffen kann. In einer anderen Situation entsteht dieses Problem nicht. Die jüngeren Gärtnerinnen geben auf Nachfrage einer älteren Nachbarin gern etwas von einer ihrer Stauden ab. Sie vertrauen der Nachbarin sogar so weit, dass sie ihr erlauben, sich selbst einen Teil davon abzustechen.

> »Ja, es ist auch eine Vertrauensbasis über die Jahre entstanden. Sie kam nämlich auch, Herrn Meidrichs Frau, kam: ›Ja Entschuldigung, hier vorne, ihr habt da so ein hohes Blumen... Meine Schwiegermutter wollte mir nie welche davon abgeben, nie wollte sie mir davon welche abgeben, könnte ich ein paar davon haben?‹ Da habe ich gesagt, komm, hol deinen Spaten, grab dir aus, was du haben willst. Nimm es mit weg.« (I. 13, 28')

Die Praktiken des Schenkens und Teilens sind besonders ausgeprägt zwischen direkten Parzellennachbar_innen und Gärtner_innen, die eine Parzelle in demselben Vereinsweg haben. Zwischen diesen besteht oft mehr Kontakt als zu anderen Vereinsmitgliedern, wobei dieser Kontakt von einer Beiläufigkeit geprägt ist, die unmittelbar zu den Praktiken des Schenkens und Teilens zu gehören scheint. Dieser Kontakt wird oft nicht als Freundschaft bezeichnet,

---

2 Alle Namen wurden anonymisiert.

sondern als »gute Nachbarschaft«, und hilft verschiedene Differenzlinien wie Alter, Geschlecht, Herkunft und Klasse zu überbrücken. Ein Gärtner Mitte 60, der bereits seit mehr als 15 Jahren Mitglied seines Vereins ist, berichtet, wie dieses Geben den guten Kontakt zu seiner früheren, deutlich älteren Nachbarin ausmachte.

> »Hier nebenan war Miriam. Das war eine Rentnerin, die schon älter war. Sehr fidel, muss man sagen. Die hat immer mit ihren Freundinnen echt gezecht. Die haben einen unglaublichen Bullshit geredet. Aber es war so köstlich und die war so supernett. Und da bin ich manchmal rübergegangen: ›Komm, erstmal ein Schnäpschen.‹ So was ist natürlich spitze *(belustigt)*. Und die hat dann auch so einen ganz simplen, schlichten Garten gehabt, wo nicht viel gewachsen ist. [...] Und ich habe gesagt: ›Miriam, pass mal auf, mit dem Deinem Rasen, damit musst Du nicht irgendwo hin, den schmeißt Du einfach bei mir aufs Grundstück. Einmal über die Grenze, dann vermodert das alles. Das ist Kompost.‹ – ›Ah ja, super.‹ Ja spitze. Wir haben uns blendend verstanden.« (I. 22, 36')

Sein Angebot an die ältere Nachbarin, ihren Rasenschnitt in seinem Garten zu kompostieren, erleichtert ihr die Gartenarbeit, und diese unkomplizierte Form des Gebens und Nehmens spielt sich direkt am Zaun ab. Die beteiligten Nachbar_innen vertiefen ihre Beziehung, die ihren Ausdruck in Gabe und Annahme von Rasenschnitt über den Zaun findet, indem sie gelegentlich zusammen vor der Laube der Nachbarin Schnaps trinken.

In den Vereinen existieren allerdings auch Praktiken des Schenkens, Teilens und Tauschens, die über den direkten Kontakt der Nachbarschaft über den Zaun oder den Vereinsweg hinausgehen, zum Beispiel im Rahmen von Saatgut- und Pflanzentauschtreffen, die von Mitgliedern organisiert werden und sich an alle Vereinsmitglieder richten. Sie lassen sich als gezielte Praktiken des Gebens und Nehmens von Saatgut, Jungpflanzen oder Ablegern charakterisieren. Unter diesen Typus fallen auch Praktiken des Verschenkens von Gartenmobiliar, Geräten und Materialien über Aushänge und andere Kommunikationskanäle des Vereins, etwa eine Whatsapp-Gruppe, die in der Erntezeit ausgeweitet werden auf das Verschenken von Ernte, sowohl an Vereinsmitglieder als auch an Passant_innen. Während sich das Angebot, Obst in Anwesenheit der Gartenpächter_in selbst zu pflücken, teilweise auch in deren Abwesenheit, meist exklusiv an Vereinsmitglieder richtet, können sich auch Passant_innen am überschüssigen Obst und Gemüse der Gärtner_innen, das in Kisten und

Eimern vor der Parzelle steht, bedienen. Bei dieser Art des Schenkens und Teilens, die einen anonymeren Charakter hat, steht nicht primär die Pflege und das Entstehen von Beziehungen im Zentrum. Vielmehr dient sie der Verteilung der Ernteüberschüsse des Gartens.

In allen Beispielen fällt auf, dass es sich bei den nachbarschaftlichen Gaben um Dinge handelt, die die gebende Person »zu viel« hat: einen Überschuss an Lebensmitteln oder Ernte, an Saatgut, einer großen Staude, von der problemlos etwas abgestochen werden kann, oder Rasenschnitt, den die eine übrig hat und der andere verwerten kann. Für die gebende Person entsteht durch ihre Gabe also kein Mangel, weil die Gabe für sie kein Opfer ist. Sie kann womöglich sogar eine Entlastung von einem Überschuss bedeuten. Das heißt, dass es sich um *spezifische* Gaben handelt. Anders als bei Geburtstagsgeschenken hat die gebende Person sich die Gabe nicht gezielt für die empfangende Person überlegt, sie hergestellt oder erworben, um ihr eine Freude zu machen. Ganz im Gegenteil: Sie besaß sie (teilweise aufgrund der eigenen Arbeit) bereits in größerer Menge und entlastet sich durch ihre Gabe davon. Rund um die Gabe findet auch ein verbaler Austausch statt. Dies ist eine Aushandlung, bei der es um den Bedarf der Gabe geht, nach dem sich die gebende bei der empfangenden Person erkundigt (oder umgekehrt die andere darum bittet). Bei einem Angebot kann sich die empfangende Person zu der Gabe positionieren, indem sie sie dankend entgegennimmt oder sie ablehnt. Anders als bei gezielt für jemanden erworbenen Geschenken kann diese Art der Gabe leichter abgelehnt werden. Wie im obigen Beispiel mit dem herüberrankenden Kürbis wird dies dann zwar nicht übel genommen, aber als Zeichen einer Ablehnung des Aufbaus guter nachbarschaftlicher Beziehungen zur Kenntnis genommen. Die bestehende Differenz wird bei der Ablehnung einer Gabe eher bestätigt als überbrückt, während das Annehmen von Gaben sowohl für die Überbrückung von Differenz genutzt werden als auch fehlende Differenz (sprich Ähnlichkeit) bezeugen kann.

Es wurde deutlich, dass der Umgang mit Gaben auf der Ebene der sozialen Beziehung als Äußerung gedeutet werden kann. Dies gilt auch für die Bitte um Gaben, die sowohl mit einer Zusage als auch abschlägig beantwortet werden können. Im Umgang mit den Gaben werden dabei auch Konventionen ausgehandelt – wobei die Konstellation des Gebens keine verpflichtende Norm beinhaltet. Sie kann vielseitig Auskunft darüber geben, wie gebende und empfangende Personen zueinander stehen, welche Nähe und Differenz sie zulassen, überbrücken oder verhindern (wollen).[3] Dass Geben und Nehmen im Gartenverein so verbreitete Praktiken sind, könnte damit zusammenhängen, dass das Gärtnern eine ausgesprochen starke praktische und materielle Seite hat und aufgrund dessen einfach viel vorhanden ist, das geteilt werden kann.

Praktiken des Leihens von Dingen, Material und Werkzeug

Ähnlich wie die Praktiken des Schenken, Teilens und Tauschens sind auch Praktiken des Leihens von Dingen, Material und Werkzeug im sozialen Miteinander der Gartenvereine üblich. Im Unterschied zum Schenken, Teilen und Tauschen werden dabei Gegenstände nur temporär von einer zur anderen Person gegeben, verbunden mit der Erwartung, dass sie auch zurückgegeben werden. Praktiken des Leihens dienen dazu, zu kompensieren, dass Gärtner_innen vor Ort Gegenstände fehlen, die andere Gärtner_innen besitzen. Die zeitlich begrenzte Mitnutzung kann gelegentlich auch fehlendes ökonomisches Kapital überbrücken. Oft geht es dabei um größere, eher selten benutzte Gartengeräte wie Häcksler oder Gartenmöbel wie Biertischgarnituren, die in Gartenvereinen insgesamt in geringerer Anzahl vorhanden sind als Gegenstände des alltäglichen Gebrauchs wie Rasenmäher, Heckenscheren oder Gartentische.

Anders als beim Schenken, Teilen und Tauschen, aus denen sich Kontakte entwickeln können, setzt das Leihen bereits belastbare soziale Kontakte zwischen den Beteiligten voraus, die mit einem gewissen Grad an Vertrauen verbunden sind, dass ausgeliehene Gegenstände auch unbeschädigt und zuverlässig zurückgegeben werden. Wenn Gegenstände im privaten Besitz einzelner Gärtner_innen vorhanden sind, muss zudem bei Bedarf erfragt werden, ob eine Ausleihe möglich ist. Dafür müssen Kommunikationskanäle, also soziales Kapital, vorhanden sein. Sowohl im direkten persönlichen Kontakt am Zaun oder anderswo im Verein als auch über soziale Medien wie eine vereinsinterne Whatsapp-Gruppe kann gefragt werden, ob eine Ausleihe möglich ist. Es liegt im Ermessen der Eigentümer_innen, ob diese die Gelegenheit zur Ausleihe bietet oder nicht. Dafür spielt neben der bereits erwähnten Frage des Vertrauens auch die Bereitschaft eine Rolle, den damit verbundenen kleinen Aufwand auf sich zu nehmen, der durch Ausleihe und Rückgabe entsteht (also Zeit

3 Zur Phänomenologie der Gabe und des Gebens vgl. Enders (2017); zur Reziprozität der Gabe vgl. Adloff/Mau (2005), Bourdieu (1999).

für eine Übergabe und für Hinweise zur richtigen Nutzung des Geräts zu haben). Zudem braucht es die Bereitschaft, das kleine Risiko auf sich zu nehmen, welches mit dem Verleih von Gegenständen verbunden ist, dass sie verspätet oder beschädigt zurückgegeben werden könnten.

Das Beispiel eines Konflikts zwischen einer Neugärtnerin und ihrem Nachbarn, die sich seine Schubkarre in dessen Abwesenheit ausgeliehen hatte, ohne vorher zu fragen (I. 5), zeigt, dass Vertrauen nicht automatisch durch Nachbarschaft gegeben ist und mit der Zeit wachsen muss. Eine jüngere Gärtnerin leiht sich die Schubkarre ihres Nachbarn, weil dieser ihr pauschal Hilfe angeboten hatte. Als Neumitglied schließt sie daraus, dass sie sich bei sorgsamem Umgang und Rückgabe auch einen Gegenstand von der nachbarlichen Parzelle ausleihen dürfe, ohne danach zu fragen. Der Nachbar kommt in seinen Garten und entdeckt die nicht abgesprochene Ausleihe, die auch damit verbunden ist, dass die Nachbarin seine Parzelle in seiner Abwesenheit betreten hat. Damit hat sie allerdings deutlich mehrere Grenzen überschritten – die des persönlichen Territoriums des Nachbarn und die Konventionen des Leihens von Gegenständen, die im Verein gelten. Sie überlastet das zerbrechliche Arrangement der neuen Nachbarschaft. Das gegenseitige Vertrauen, das die junge Nachbarin schon vorausgesetzt hatte, entspricht nicht der Sicht ihres Nachbarn. Es kommt zum Konflikt, weil der Nachbar ihre selbstständige Ausleihe als Übergriff auf sein Eigentum deutet. Obwohl sie die Schubkarre ordnungsgemäß und unversehrt zurückgestellt hätte, steht für ihren älteren Nachbarn die Erwartung der Unversehrtheit seines Privateigentums zur Disposition, die auch symbolisch durch den Zugriff der noch fremden Nachbarin auf seine Parzelle und einen Gegenstand aus seinem Besitz gestört wird.

Neben dem gelegentlichen Verleihen eines passenden Imbusschlüssels oder einer bestimmten Säge für kleine handwerkliche oder gärtnerische Tätigkeiten und Reparaturen im Garten gibt es in Gartenvereinen auch dauerhafte, aber sporadisch angewandte gemeinsame Nutzungsarrangements, zum Beispiel von größeren Geräten wie Häckslern, besonderen Gerätschaften wie einem Apfelpflücker oder einer Astsäge mit Teleskopstiel sowie von zusätzlich für einen besonderen Anlass benötigten Stühlen und Tischen für Gartenpartys; sogar Platz im Kühlschrank stellen Gärtner_innen einander für besondere Anlässe zur Verfügung. Bei diesen Nutzungsarrangements ist der jeweilige Gegenstand ebenfalls im Besitz einer Person. Die gemeinsame Nutzung basiert auf sozialem Kapital und ist nicht ohne Weiteres auf vereinsweite Austauschpraktiken ausdehnbar, besteht also zwischen bekannten oder befreundeten Pächter_innen. Dies rührt daher, dass das Arrangement aufgrund seiner Dauerhaftigkeit auf einer hohen Erwartung an Verlässlichkeit und stärkerem Vertrauen bezüglich Absprache und Verbindlichkeit basiert, die (in größeren sozialen Kontexten wie den meisten Gartenvereinen) nicht unterschiedslos allen Mitgliedern entgegengebracht werden.

Kooperative Praktiken des Leihens sind im sozialen Miteinander also nicht ganz so bedingungslos möglich wie Praktiken des Schenkens, Teilens und Tauschens. Sie sind an bestehende Kontakte geknüpft und ihnen liegt die Bereitschaft der Beteiligten, ihren Besitz temporär zur Verfügung zu stellen, zugrunde. Dies ist nicht nur mit einem kleinen zeitlichen Aufwand verbunden, sondern bringt auch ein gewisses Risiko für den_die Besitzer_in mit sich, den Gegenstand nicht rechtzeitig oder beschädigt zurückzubekommen.

Praktiken der Unterstützung und Wissensweitergabe

Eine dritte Form kooperativer Praktiken stellen in Gartenvereinen Praktiken der gegenseitigen Unterstützung und der Wissensweitergabe dar. Diese Praktiken basieren wiederum mehr oder weniger auf sozialem Kapital und – je nach Art, Intensität und Dauer des Unterstützungsbedarfs beziehungsweise des Wissensbestands – auch auf Vertrauen zwischen den Beteiligten. Nach manchen Unterstützungsleistungen können Mitglieder im großen Stil vereinsweit fragen, nach anderen eher nicht, weil es sich um sehr spezifischen Bedarf handelt.

Als eher spezifischen Unterstützungsbedarf lässt sich einordnen, wenn Gärtner_innen ihre Nachbar_innen und Freund_innen im Verein bitten, während ihrer Abwesenheit nach ihrem Garten zu schauen, im Sommer die Pflanzen gelegentlich zu gießen oder Früchte zu ernten, die reif werden (I. 11). Im sozialen Miteinander in Vereinen tauchen auch Beispiele auf, bei denen ein reziproker Unterstützungstausch stattfindet: Während die Einen Unterstützung bei schwereren Gartenarbeiten bekommen, erhalten die Anderen im Gegenzug etwas Zeit und ein offenes Ohr, manchmal auch bei einem gemeinsamen Bier (I. 13).

Eine eher unverbindliche Unterstützungspraxis unter Vereinsmitgliedern, die einander nicht unbedingt vertraut sein müssen, ist darüber hinaus, ein Auge auf die nachbarlichen Gärten zu haben. Falls sich dort zum Beispiel Fremde aufhalten sollten, informieren die Nachbar_innen die Gartenpächter_innen. Kein besonderes Vertrauen zwischen Mitgliedern ist auch für die Unterstützung in Notsituationen nötig, etwa beim plötzlichen Ausbruch eines Feuers auf einer gerade unbewachten Parzelle, bei dem die Nachbar_innen selbstverständlich engagiert zur Stelle sind, die Feuerwehr verständigen und auch das Feuer mit löschen. Ähnliches gilt im Falle einer defekten Wasserleitung in einer Gartenparzelle: Mitglieder können vereinsweit fragen, ob sich handwerklich erfahrene Mitglieder bereiterklären, ihnen bei der Reparatur zu helfen.

Während für die genannten Unterstützungspraktiken Differenzen kaum eine Rolle spielen und daher kaum auf Differenzaushandlung Bezug genommen wird, verwenden Vereinsmitglieder auch Unterstützungspraktiken, die deutlich auf sozialen Hierarchien beruhen, zum Beispiel auf unterschiedlich hohem Bildungskapital. So nutzt eine Gärtnerin Mitte 50 ihr höheres kulturelles Kapital, um andere Vereinsmitglieder zu unterstützen: Sie hilft einem jüngeren Nachbarn bei Bewerbungen, einem Nachbarskind im Teenageralter gelegentlich bei den Hausaufgaben und in rechtlichen Fragen einem weiteren Nachbarn mit Migrationsgeschichte, der in seinem Garten Tauben hält. Gerade in letzterem Fall steht sie dem Nachbarn nicht nur mit ihrem Wissen zur Seite, sondern nutzt auch ihren souveränen Habitus, wenn sie ihm vorschlägt, die Sache zu »verschleifen« (I. 14, 47'), also das Anliegen erstmal zu ignorieren und Zeit vergehen zu lassen, bis das Gegenüber die Angelegenheit vielleicht vergessen hat.

Interessant daran ist, dass die genannten Unterstützungspraktiken im Gartenverein auf einem Narrativ der prinzipiellen Reziprozität basieren. Potenziell könnte jede_r mal in Not geraten und Unterstützung brauchen, und andere würden ihr_ihm helfen. Die oben genannte Gärtnerin betont selbst die Reziprozität der sozialen Beziehungen unter den Gärtner_innen in ihrem Verein. Sie sei nicht »Mutter Theresa« (I. 14, 16'), sondern bekomme auch immer etwas zurück, wenn sie etwas gebe, sei es ein nettes Gespräch oder gelegentliche praktische Hilfe.

Praktiken der Wissensweitergabe können sich auch auf Wissen beziehen, das weniger auf Klassenunterschieden als auf der Dauer der Mitgliedschaft im Verein beruht. Gerade mit Vereinsregeln und den rechtlichen Rahmenbedingungen des Kleingartens sind Neugärtner_innen noch wenig vertraut, ebenso wie mit dem spezifischen Wissensbestand, den es in jedem Kleingartenverein in Form von ungeschriebenen Gesetzen und zu jährlichen Abläufen gibt. Es dauert oft einige Jahre, bis neue Mitglieder alle möglichen Vorgänge im Gartenvereinsjahr nachvollziehen können. Daher sind sie auf Rat, Hilfe und die praktischen Hinweise der langjährigen Mitglieder angewiesen, wie diese ältere Gärtnerin berichtet:

> »Jetzt fragen sie immer so gärtnerische Tipps oder so zur Logistik oder ich erinnere sie, vergesst nicht, am Samstag Wassergeld zu bezahlen, meist schmeiß ich noch einen Zettel über den Zaun und sage: Nicht vergessen! Weil dann gibt es immer ein bisschen Stress. Da sind die auch immer sehr dankbar und fühlen sich überhaupt nicht gegängelt.« (I. 14, 17')

Im Gartenverein stellen die Praktiken der Weitergabe eines weiteren Wissensbestands, nämlich des erfahrungsbasierten gärtnerischen Wissens, ein deutlich stärker umkämpftes Feld dar. Im Gegensatz zu vereinsbezogenem Wissen und der praktischen Unterstützung in handwerklichen Angelegenheiten ist damit ein merkwürdig anderer Umgang zu beobachten. Gärtnerisches Wissen ist im Verein ungleich verteilt. Es lässt sich einerseits danach unterscheiden, wer wie lange gärtnert, aber andererseits auch im Hinblick darauf, auf welche Vorstellungen von Garten und Gärtnern das Wissen der Person gerichtet ist (s. Kapitel 3.1). Daher möchte nicht unbedingt jede_r von egal wem Wissen und Unterstützung erhalten, sondern sucht sich selbst bei Bedarf aus, wen sie_er um Rat bittet. Dafür können auch soziale Ähnlichkeiten und Sympathie ins Gewicht fallen. Die oben zitierte Gärtnerin Mitte 50 betont, dass sie ihren jüngeren Nachbar_innen ihr Gartenwissen keinesfalls aufdränge, ihr Wissen aber gern mit ihnen teile, wenn sie gefragt werde (I. 14). Diese Aussage gibt Einblick in die feinen Konventionen in diesem Bereich der Wissensweitergabe. In dem Fall existiert zwar ein großer Altersabstand, aber keine Klassendifferenz zwischen den Beteiligten, und sie haben ähnliche Vorstellungen vom Gärtnern. Für die Rezeption der Ratschläge spielt eine wichtige Rolle, ob die Rat gebende Person gefragt worden ist; wenn sie gefragt wurde, ist es darauf zurückzuführen, dass sie einen Gartentypus (naturnah) favorisiert, der dem der Ratsuchenden entspricht. Dies legitimiert ihr Wissen und lässt es interessant erscheinen.

In Gartenvereinen ist es dennoch auch verbreitet, dass Gärtner_innen anderen ungefragt Ratschläge geben – insbesondere in der Konstellation, dass langjährige Gärtner_innen ihr Wissen an Neugärtner_innen über den Zaun übermitteln, vor allem wenn ihnen deren Gestaltung nicht gefällt oder sie der Bestand an wild wachsenden Pflanzen stört. Da die Pächter_innen die Gestaltung ihrer Parzelle als Privatangelegenheit definieren, deuten sie unerbetene Ratschläge meist als nicht willkommene Einmischung, was zu Konflikten führen kann. Eine Neugärtnerin berichtet zum Beispiel, dass sie entsprechende Ratschläge eines Nachbarn zum Umgang mit einer invasiven Wildpflanze erhielt, die sich leicht über ihre Samen in andere Gärten vermehrt. Sie verspürte zunächst Widerstände dagegen, dem Wunsch des Nachbarn zu entsprechen, allerdings hätten ihre Erfahrungen und der Zuwachs ihres eigenen gärtnerischen Wissens im Laufe der Zeit bewirkt, dass sie dessen Rat inzwischen folgt.

> »Manchmal kriegt man auch Ratschläge. [I: Unerwünschte.] Ja, aber also mir ist es bisher nie so ergangen, dass mir jemand für mich blöde Ratschläge gegeben hat. Das, was ich mit meinem Garten mache und da immer so besprochen habe, waren auch Sachen, die ich hinterher auch nachvollziehen konnte. Also wenn er [ein Nachbar] sagt: ›Bitte, bitte, die Goldrute. Wenn die hier anfängt auszufallen [d.h. sich zu versamen], einfach mal abschneiden.‹ Da dachte ich früher auch: Warum jetzt? Und habe dann natürlich schon festgestellt, ja, der hat ja Recht. Und dann mache ich das auch ganz oft. Dann ist er glücklich und ich bin glücklich.« (I. 3, 35')

Hinsichtlich des gärtnerischen Wissens und dessen Weitergabe ist offenbar deutlicher als bei anderen Wissensbeständen und Praktiken der Unterstützung im Verein eine Selbstpositionierung relevant, die deutlich relationale Spuren beinhaltet. Womöglich ist gärtnerisches Wissen im Gartenverein für die Selbstdarstellung bedeutsamer als andere Wissensformen und dessen Weitergabe deswegen diffiziler, weil die Gärtner_innen es auch zur Aushandlung von Distinktion nutzen.

Andere Praktiken der Unterstützung und die Weitergabe von praktischem Wissen sind deutlich unkomplizierter und selbstverständlicher zwischen unterschiedlichen Vereinsmitgliedern üblich, meist zu vereinsbezogenen und praktischen Anliegen, aber gelegentlich auch zu weit darüber hinausgehenden Angelegenheiten. Abgesehen vom gärtnerischen Wissen handelt es sich sowohl um handwerkliche und auf die Vereinsregeln bezogene Wissensbestände, aber auch um klassisches Bildungskapital. Die Austauschprozesse können es Vereinsmitgliedern ermöglichen, nicht nur ihr kulturelles, sondern auch ihr soziales Kapital zu erweitern.

Fazit

Als kooperative Praktiken stehen im Kleingartenalltag Praktiken des Schenkens, des Leihens von Gegenständen, der gegenseitigen Unterstützung und des Wissensaustauschs in einem engen Zusammenhang mit den sozialen Beziehungen, die die Gärtner_innen eines Vereins untereinander aufbauen. Sie sind zentraler Bestandteil der alltäglichen Aushandlungsprozesse in Gartenvereinen. Bourdieu betrachtet die »unaufhörliche Beziehungsarbeit in Form von ständigen Austauschakten [...], durch die sich die gegenseitige Anerkennung immer wieder neu bestätigt«, als unbedingt erforderlich für die Reproduktion von Sozialkapital (Bourdieu 1992b: 67). Auch wenn eine große Bandbreite an Gegenständen verschenkt, geteilt und getauscht oder ver- und geliehen wird – von Lebensmitteln über Pflanzen bis hin zu Spielgeräten, Möbeln, Werkzeugen, Baumaterialien und Gartengeräten – sind die Praktiken des Schenkens, Tauschens, Teilens und Leihens in dem, was sie für die sozialen Beziehungen bedeuten, ähnlich. Mir scheinen diese Praktiken auf vielseitig symmetrische Beziehungen hinzudeuten, während die Unterstützung und Weitergabe von Wissen eher auf asymmetrischen Beziehungen basiert. Die unterstützende Seite teilt dabei ihre Fähigkeiten und ihr Wissen mit jemandem, die_der nicht selbst darüber verfügt. Aber vor allem, wenn es sich dabei um Wissen handelt, das auf Klassen- und Bildungsunterschieden beruht, ist die Beziehung asymmetrischer Natur.

Zugleich zeigt sich, dass die meisten Formen kooperativer Praktiken dazu genutzt werden können, soziale Nähe herzustellen, soziales Kapital zu akkumulieren und Differenz zu überbrücken. Wenn hingegen kooperative Praktiken wie ein Geschenk von der anderen Seite ausgeschlagen werden, können sie – in Analogie dazu – genutzt werden, um Distanz herzustellen und bestehende Differenz zu bestätigen und zu verfestigen. Einen Sonderfall bildet das gärtnerische Wissen, das, wie erläutert, im Verein häufig zu Distinktionszwecken genutzt wird. Daher ist die Weitergabe dieses Wissens eher selektiv; die Praktiken der Rezeption und Nachfrage dieses Wissens sind demnach ausgesprochen differenziert. Wenn jemand unerwünscht Rat zu gärtnerischen Praktiken erhält, kann es sein, dass diese Person es als Bevormundung versteht und damit auch als Versuch, eine asymmetrische Beziehung herzustellen. Indem die Empfehlungen abgelehnt werden, bringt die Person nicht nur die eigene Autonomie zum Ausdruck, sondern gegebenenfalls auch den Wunsch nach einer Augenhöhe im Verhältnis zu anderen Vereinsmitgliedern.

3.3 Praktiken des gemeinschaftlichen Arbeitens

In Gartenvereinen gibt es, wie in anderen Vereinen ebenfalls verbreitet, gemeinschaftliche Arbeiten auf dem Vereinsgelände. Gartenvereine verpflichten ihre Mitglieder zu einer bestimmten Anzahl von sogenannten Gemeinschafts-,

Vereins- oder Gartenstunden, je nach Verein pro Parzelle zwischen vier und 20 Stunden jährlich. An den Praktiken des gemeinschaftlichen Arbeitens in Kleingartenvereinen lässt sich auch Differenzaushandlung festmachen. Dabei findet im Rahmen der Vereinsstunden eine *konkrete* Inszenierung einer *abstrakten* Beziehung statt: der institutionalisierten Beziehung von Vereinsmitgliedern und Vertreter_innen des Vorstands. Auf die spezifische Rahmung als verpflichtende Vereinsstunden sind die besonderen Spannungen zurückzuführen, von denen viele Interviewpartner_innen in diesem Kontext berichten. Diese resultieren einerseits daraus, dass die Mitglieder eine Pflicht erledigen müssen, zu der sie häufig keine Lust haben, wobei andererseits auch die gärtnerischen Aufgaben, vor allem die, die den Frauen* zugeteilt werden, als unsinnig erscheinen. Aufgrund dieser Konstellation ist das Verhältnis zwischen einzelnen Mitgliedern und Vereinsvertreter_innen bezüglich der Vereinsstunden von vornherein schwierig auszugestalten, weil beide Seiten sich mit dem vorhandenen Widerwillen auseinandersetzen müssen. Die Frage dabei ist, ob interessantere Aufgaben, die auch die Mitglieder als sinnvoll betrachten, ihre Motivation erhöhen würden und sie sich dann mit mehr Freiwilligkeit und weniger Widerwillen für die Vereinsgemeinschaft engagieren würden, oder ob viele Mitglieder insgesamt das Konzept verpflichtender Gemeinschaftsaufgaben im Verein ablehnen.

Subversiver Umgang der Mitglieder mit Pflichtaufgaben

Im Rahmen der Vereinsstunden werden hauptsächlich gärtnerische Aufgaben vergeben, bei Vereinsfesten auch Tätigkeiten wie gemeinsames Kochen, Getränke- und Essensausgabe und die Anleitung von Kinderspielen. Die Mitglieder können außerdem bei Bauprojekten des Vereins (Gebäude- oder Wegebau, Reparatur an Wasserleitungen usw.) ihre Stunden leisten. Manche betreuen als Daueraufgabe bestimmte Bereiche auf dem Vereinsgelände wie einen Bienengarten oder ein Biotop; andere engagieren sich in der Vereinsfestvorbereitung und der Vorstandsarbeit.

Um die Praktiken gemeinschaftlichen Arbeitens rankt sich ein interessantes Spektrum an weiteren Praktiken, die von der Aufgabenverteilung, der Bewertung dieser Aufgaben, dem widerwilligen Ausführen und Widerstand dagegen bis zur Kontrolle von deren Durchführung reichen. Auch hier stehen Vorstellungen zur Gartengestaltung (s. Kapitel 3.1) zur Disposition, insbesondere, wenn Mitglieder mit den Vorstellungen der Vereinsvertreter_innen nicht übereinstimmen. Schnell bewerten sie die Sinnhaftigkeit der zugeteilten Aufgaben: Sollte das Laub nicht lieber, anstatt es wegzuräumen, unter die Hecken geharkt werden, damit sich Wildtiere im Winter darin verstecken können? Wie sinnvoll ist es, Pflanzen aus den Ritzen gepflasterter Wegen und Flächen zu kratzen? Warum sollten wild wachsende Pflanzen am Rand von Vereinswegen entfernt werden? Während jedes Mitglied auf der eigenen Parzelle mehr oder weniger schalten und walten kann, wie es will, gilt auf den Vereinsgrünflächen die Maßgabe und Vorstellung des Vorstandsmitglieds, das die Arbeiten anleitet und zuteilt. Differente Vorstellungen prallen zwar aufeinander, aber es findet im Rahmen der Vereinsarbeiten keine Aushandlung dazu statt, wessen Vorstellungen sinnvoller sind. Dadurch, dass eine obrigkeitsorientierte Aufgabenverteilung üblich ist, bei der ein oder zwei Vorstandsmitglieder festlegen, was zu tun ist, entsteht nicht selten an der Basis, also bei den Vereinsmitgliedern, Unmut. Denn unabhängig davon, wie Gärtner_innen auf der eigenen Parzelle zum Beispiel mit wild wachsenden Pflanzen umgehen, müssen sie bei den Vereinsstunden die vorgegebenen Praktiken ausführen, zum Beispiel das Unkrautjäten oder Fugenkratzen.

Dies führt verbreitet zu Widerstandspraktiken angesichts der bei den Vereinsstunden vergebenen Aufgaben. Es lassen sich zwei unterschiedliche Strategien, mit dieser Pflicht umzugehen, herausarbeiten. Die erste Strategie ist, miteinander Unzufriedenheit auszudrücken: Dies seien sinnlose »Nonsens-Subotnik«-Einsätze »wie in so einer Feldkonlonie«, bei denen »auch Aufgaben erfunden« würden (I. 13, 43'), und man müsse oft sinnlose Arbeiten machen wie Unkrautjäten (I. 14). Zudem stünden nicht die passenden Werkzeuge für die Aufgaben zur Verfügung: »Ich habe da schon hüfthohes Gras mit einer kleinen Schere geschnitten, weil es auch gar keine Materialien gab.« (I. 13, 51') Einige Vereinsmitglieder hinterfragen den Sinn der Aufgaben insgesamt: »Es gibt dann diese Gemeinschaftsstunden, die aber auch irgendwie Arbeitsbeschaffungsmaßnahme [sind], weil es gibt ja nicht so viele Flächen, die man beackern könnte. Das heißt, es wird immer wieder dasselbe Beet durchgehackt, ohne dass da was passiert ist.« (I. 21, 18') Im Austausch über die Sinnlosigkeit vergemeinschaften und verbünden sich die Mitglieder bei den Einsätzen miteinander und gegen die Mitglieder des Vorstands, die die Aufgaben verteilt haben.

Die zweite Strategie einiger Mitglieder ist, unauffällige Widerstandspraktiken zu entwickeln, um einen Umgang mit den für sie unsinnigen, als Zeitverschwendung wahrgenommenen Aufgaben zu finden. Dabei machen sie insbesondere die zeitliche Komponente zum Thema. So komme man bei Arbeitseinsätzen viel ins Gespräch, weil man die Zeit herumkriegen müsse, wie eine junge Gärtnerin erzählt: »Aber da ist natürlich trotzdem wahnsinnig viel Gelegenheit mit den Leuten zu reden, weil man hat ja, ehrlich gesagt, nicht vier Stunden was zu tun. Die meiste Zeit steht man irgendwie rum und wartet, dass die Zeit vorangeht. Bloß nicht zu schnell machen.« (I. 11, 28') Der sinnlosen gärtnerischen Aufgabe setzen die Mitglieder etwas entgegen, das für sie sinnvoller ist: das Gespräch miteinander. Dazu gehört auch, dass sich die Mitglieder miteinander gegen den Vorstand verbünden, indem sie sich zu den Strategien ihres Umgangs mit den Pflichtstunden austauschen. Eine junge Gärtnerin berichtet von ihrer prägenden Erfahrung mit der Arbeitseinstellung einer älteren Gärtnerin, die zu Beginn eines Einsatzes gesagt hat: »Ich arbeite mich ja nicht tot, ich rauche jetzt erstmal eine.« Von ihr habe sie gelernt, bei den Gemeinschaftsstunden langsam zu arbeiten – eine bei vielen Mitgliedern verbreitete Strategie. Sie berichtet außerdem, dass sie sich angewöhnt habe, gezielt immer etwas zu spät zu den Einsätzen zu kommen und nur zwei von drei Stunden zu arbeiten, also auch früher aufzuhören (I. 19). Sie meint, es gehe bei den Vereinsstunden darum, dass man gesehen werde: »Dahin gehen und seine Aufgaben machen, heißt Sichtbarkeit und halt eben auch nicht zahlen.« (I. 19, 26') Das »Zahlen« bezieht sich auf die Pflicht, die Stunden abzuleisten; wer am Ende des Jahres nicht alle Stunden geleistet hat, muss einen bestimmten Betrag an den Verein bezahlen – in einzelnen Vereinen sind dies bis zu 40 Euro pro nicht geleisteter Stunde. In einem anderen Verein wird nicht nur eine Zahlung fällig, wenn jemand nicht zum angesetzten Termin kommen kann, sondern das Mitglied erhält auch eine Abmahnung (I. 11, 65').

Diejenigen, die vereinsseitig mit der Verteilung der Arbeiten beauftragt sind, reagierten mit Kontrollpraktiken auf die widerständigen Praktiken der Mitglieder: Wer zehn Minuten zu spät komme, müsse zur Strafe 30 Minuten länger arbeiten, berichtet eine Gärtnerin. Es gebe einen, »der läuft ab« und kontrolliere, ob die Arbeiten gemacht würden, protokolliere es und entscheide, ob es ordentlich gemacht wurde. Dazu gehöre aber auch, dass er »gönnerhaft auftreten« könne, obwohl sich Mitglieder nicht ganz regelkonform verhalten hätten (z.B. weil sie zu spät gekommen seien; I. 19, 26').

Insgesamt lässt sich allerdings in mehrfacher Hinsicht auch ein gemeinschaftsstiftender Effekt der Arbeiten entdecken. Einerseits ist festzustellen, dass die beteiligten Mitglieder eines Vereins einander im Rahmen des mehrstündigen gemeinsamen Tuns bei diesen Einsätzen, die häufig am Wochenende stattfinden, treffen oder neu kennenlernen können. Das gemeinsame Tun beim Heckeschneiden, dem Zusammenharken von Laub oder Heckenschnitt, dem Wieseabstechen, dem Wegkarren des gemeinsam Zusammengefegten mit Schubkarren und die unverfänglich möglichen kleinen

Gespräche während dieser Arbeiten an den Vereinsflächen tragen dazu bei, dass sich zwischen Mitgliedern im Verein ein Austausch über Differenzen hinweg bildet, bei dem sie einander kennenlernen. Hier findet durchaus auch ein Austausch darüber statt, wie die_der andere bestimmte Dinge tut und aus welchen Gründen. Das bedeutet, dass hier im Sinne Ash Amins (2002b) das Potenzial für banale Transgression angelegt sein kann. Dadurch, dass sich unterschiedliche Vereinsmitglieder beim Arbeiten länger unterhalten, können sie außerdem auch später noch daran anknüpfen, etwa bei zufälligen Begegnungen auf dem Vereinsgelände oder bei Vereinsfesten. Die Mitglieder bilden im Rahmen der Vereinsstunden also soziales Kapital. Andererseits wirkt nicht nur das gemeinsame Arbeiten vergemeinschaftend. Auch der Umgang mit den Arbeitsaufträgen, die den Mitgliedern von anderen Vereinsmitgliedern, die ehrenamtlich im Vereinsvorstand mitarbeiten, zugeteilt werden, trägt zu den vergemeinschaftenden Effekten der Praktiken bei. Dazu gehört ebenfalls die Bewertung der Arbeiten. Auffällig ist, dass die Mitglieder die Arbeiten, die ihnen die sogenannten Gartenobmänner (oder sehr viel seltener: -frauen, falls es sie irgendwo gibt) zuteilen, ausgesprochen häufig als unsinnig bewerten. Das gemeinsame »Feindbild« über jenen, der sich unsinnige Aufgaben ausdenkt, zum Beispiel Fugen kratzen oder den Sandkasten harken, und der sogar deren Durchführung überwacht, schweißt bisher unbekannte Vereinsmitglieder schnell zusammen.

Auseinandersetzung mit hierarchischen Verhältnissen im Verein

Der Umgang mit den gemeinschaftlichen Arbeiten beinhaltet für einige Mitglieder auch eine Auseinandersetzung mit den hierarchischen Verhältnissen im Verein, die viele deutlich irritieren. Diesbezüglich berichten viele Interviewpartner_innen von der Kontrolle durch Vorstandsmitglieder bei den Gemeinschaftsstunden. Einige beschreiben sogar einen missbräuchlichen Umgang der Vorstandsmitglieder mit Mitgliedern, zum Beispiel wenn sie die Mitglieder zur Arbeit antrieben und sie aufforderten, während der Arbeit weniger miteinander zu sprechen: »[Es gibt] Leute direkt aus dem Vorstand, die dann halt auch immer rumgelaufen kommen und einen auch anschnauzen, wie: ›Nicht so viel reden, arbeiten!‹« (I. 11, 67') Manchen Mitgliedern fällt auf, dass eine Lücke klafft zwischen der Notwendigkeit der zugeteilten Aufgaben und einer möglichen gleichzeitigen, sinnvolleren Nutzung der Zeit der Gemeinschaftsstunden, zum Beispiel durch angeregte Gespräche, die ihnen jedoch von den Vorstandsvertreter_innen nicht gegönnt werden.

> »So richtig zu tun hatten sie ja nicht für einen. Das war ja nur, man war vier Stunden da und [der Vorstand] konnte die Leute irgendwie scheuchen und sagen, mach das mal und nicht so viel reden und mehr arbeiten und keine Minute eher gehen. Also wirklich. Wehe, man hat irgendwie um 11 Uhr 55 schon seine Harke niedergelegt.« (I. 11, 27')

Das Missfallen dieser Interviewpartnerin richtet sich dabei nicht primär auf die Art der Aufgaben, die sie zugeteilt bekommen hatte: »Ich habe ja kein Problem mit dem Unkrautjäten und irgendwie die Wiese rechen und so was, das ist mir ja gleichgültig. Und es ist ja auch okay, dass man das macht.« (I. 11, 29'). Sie stört sich hingegen am respektlosen Umgang des Vorstands mit den Mitgliedern und sieht das Problem, dass die Mitglieder während der Gartenvereinsstunden dem Zugriff der Vorstandsmitglieder quasi ausgeliefert seien, wobei sie »nicht entkommen« könnten (I. 11, 5') und sich zu viel von ihnen gefallen lassen müssten. Sie erlebt die Dynamik um die Aufgaben als problematisch, weil die als sinnlos betrachteten Aufgaben noch dazu kontrolliert würden.

Für Angehörige der Mittelschicht, die es gewohnt sind, mitzubestimmen und Verantwortung (mit) zu tragen, scheint es besonders schwer ertragbar, über die anfallenden Aufgaben nicht mitbestimmen zu dürfen. So lässt sich auch mein eigener Protokolleintrag einordnen: »Manuel [der Gartenobmann] hat schon begonnen, Arbeiten aufzuteilen. Das geschieht nie transparent, indem er erst mal aufzählt, was an diesem Morgen anliegt. Stattdessen beginnt er einfach, Leute zu Maschinen, Tätigkeiten und Orten zuzuteilen, wobei selten Widerspruch geduldet wird.« (P. 5, 180421) Hinter der Irritation in der Situation verbirgt sich die Erwartung an einen eher akademischen Zugang, bei dem zunächst allen Beteiligten ein Überblick über die anstehenden Arbeiten gegeben würde. Dies wäre eher eine pädagogische und kommunikative Praxis, die das Ziel hätte, alle »mit ins Boot zu holen«. Diese Erwartung trifft im Gartenverein auf einen pragmatischen Zugang, der darauf gerichtet ist, zügig mit der Arbeit zu beginnen, ohne vorher viel Zeit mit Erklärungen oder gemeinsamen Überlegungen zu verbringen. Der pragmatische Zugang beruht zugleich auf einem hierarchischen Gefüge, das allerdings auch in handwerklichen Berufsfeldern nicht immer dem Ideal entsprechen dürfte. Dass diese Praxis bei Mitgliedern, die eher an partizipatorische Arbeitsprozesse gewöhnt sind, widerspenstige Reaktionen auslöst, ist verständlich, auch weil sie im Erwerbsarbeitskontext daran gewöhnt sind Verantwortung zu tragen und von ihnen sogar erwartet wird, dass sie eigene Ideen entwickeln und beisteuern.

Geschlechtsspezifische Zuschreibungspraktiken im Vereinskontext

Mit den Praktiken des gemeinschaftlichen Arbeitens werden im Gartenverein häufig auch geschlechtsspezifische Zuschreibungen verbunden. Für entsprechende Zuschreibungspraktiken finden sich im Rahmen des Vereinslebens diverse Kontexte, nicht nur bei den Vereinsstunden, sondern insgesamt im Vereinsleben.[4] Dies betrifft vor allem die Zuordnung zu bestimmten Arbeiten, die mit einer Bewertung und geschlechtlichen Konnotation von Körperkraft, aber auch mit binären Geschlechterrollenbildern und alltäglicher Heteronormativität verbunden wird. Bei den Gartenvereinsstunden eines Vereins werden beispielsweise jedes Mal die anstehenden Arbeiten erst den anwesenden Männern* zugeordnet, bevor die Frauen* Aufgaben erhalten. In einem Protokoll habe ich dieses Vorgehen irritiert festgehalten:

> »Zuerst bekommen die Männer* etwas zugeteilt. Diese können die ›richtigen‹ Arbeiten machen, die mit den großen Maschinen, sowas wie Rasenmähen auf unebenem Gelände oder Hecken schneiden. Ihnen wird eine Frau oder auch zwei zugeordnet, die ihm zuarbeiten soll(-en), Schubkarre fahren, Harken und sowas. ›Leichte‹ Arbeiten! Reinigungsarbeiten, Hinterherräumen, Schleppen, Knien. Als noch fünf oder sechs Frauen* ›übrig bleiben‹ (von zehn Personen auf der Liste), stöhnt Manuel [der Gartenobmann]: ›Oh, jetzt nur noch Frauen.‹ Es klingt, als würden ihm ›für die‹ keine Aufgaben einfallen und als sei es ihm lästig, darüber nachzudenken.« (P. 5, 180421)

4 Wie stark sich der gesellschaftliche Umgang mit patriarchalen Geschlechterbildern im Kleingartenwesen widerspiegelt, zeigt sich an einem besonders drastischen Beispiel. So war in der BRD bis in die 1970er-Jahre der sogenannte »Witwenrauswurf« üblich: Demnach verlor eine Witwe nach dem Tod ihres Ehemanns das Recht zur Nutzung ihrer Parzelle, da nur der Mann Vereinsmitglied war. Eine über 80-jährige westdeutsche Gärtnerin berichtete mir, dass sie in ihrem Verein in den 1970er-Jahren Mitbegründerin der Vereinsfrauengruppe gewesen sei. Die Frauengruppen der Gartenvereine hätten dafür gesorgt, dass Witwen auch nach dem Tod ihres Mannes weiterhin ihre Parzelle pachten konnten, wenn sie dies wollten. (Wie genau die diesbezüglichen Aushandlungsprozesse verliefen, müsste allerdings noch erforscht werden.) Der rechtliche Anspruch, die Parzelle als Witwe_r weiter zu nutzen, ist mittlerweile in §12 BKleingG verankert. Heute beschäftigen sich die Vereinsfrauengruppen nicht mehr mit politischen Belangen, sondern organisieren für die interessierten Vereinsfrauen* kulturell und kommunikativ ausgerichtete Veranstaltungen wie Spieleabende, Ausflüge und Ähnliches.

Auffällig ist, dass bei den Gartenvereinsstunden alle Männer*, auch die, die vielleicht gerade einen Bandscheibenvorfall hatten oder einfach über wenig Muskelkraft verfügen, zu »schweren« Arbeiten an größeren Maschinen zugeordnet werden. Alle Frauen*, auch die kräftigsten Gärtnerinnen, bekommen Aufgaben, die als »leichte« Arbeiten gelten und haushälterischen Aufgaben des Hinterherräumens und Putzens ähneln. Solche Zuschreibungen finden sich auch jenseits der Vereinsstunden. Nachdem ich vor vielen Jahren gemeinsam mit einer anderen Frau meine Parzelle übernommen hatte, gab eine der zwei Rentnerinnen, die gemeinsam den Nachbargarten bewirtschafteten, uns recht frühzeitig diesen Ratschlag: »Wenn ihr mal einen starken Mann braucht, könnt ihr Tim [einen mittelalten Mann aus einem der Nachbargärten] fragen.« Es war für sie offensichtlich nicht denkbar, dass zwei jüngere Frauen* auch schwerere Gartenarbeiten ohne Hilfe bewältigen könnten – was sicherlich mit ihrer eigenen Erfahrung und geschlechtlichen Rollenzuschreibung zu tun hatte. Auch eine 30-jährige Interviewpartnerin, die mit einer guten Freundin einen Garten übernommen hat, berichtet von ähnlichen heterosexistischen Geschlechterstereotypen. Sie würden misstrauisch beäugt, weil sie »keinen Mann hätten«. Handwerkliche Fähigkeiten würden nur Männern* zugetraut, und sie würde gefragt, ob sie einen Freund hätte. Zudem nimmt sie Berührungsängste bei (älteren) Männern* wahr, weil sie (jüngere) Frauen* seien und vielleicht angenommen werde, dass sie lesbisch seien (I. 12). Wie weit sich das zweigeschlechtlich-heteronormative Denken in der Vergabe von Aufgaben im Alltag widerspiegelt, zeigt auch die folgende Situation aus einem meiner ersten Gartenjahre. Bei einem Gartenrundgang fragten die Vorstandsmitglieder vorbereitend zum Sommerfest in jedem Garten nach, ob die Gärtner_innen einen Kuchen zum Fest mitbringen würden, und machten sich Notizen. Als sie in unseren, von zwei Frauen* bewirtschafteten Garten blickten, rief ein Vorstandsmitglied: »Zwei Frauen, zwei Kuchen!« Dies wurde für uns zum geflügelten Wort, weil es zeigte, wie selbstverständlich die Rolle von Frauen* mit Küchentätigkeiten und besonders dem ehrenamtlichen Kuchenbacken für den Verein verbunden wird, ganz unabhängig davon, wie viele Frauen* eine Parzelle bewirtschaften. Rebellisch lieferten wir immerhin einen Kuchen beim Sommerfest ab.

Die beschriebene Zuordnung der Praktiken basiert auf überkommenen Geschlechterrollenbildern – also der Zuschreibung von viel Körperkraft und handwerklichen Fähigkeiten zu Männern* sowie im Gegensatz dazu von weniger Körperkraft und Haushaltsfähigkeiten zu Frauen*. Dies ist verbunden mit der Annahme, für die jeweils anderen Praktiken ungeeignet zu sein. Von einer geschlechtsspezifischen Rollenaufteilung berichten außerdem noch einige, aber längst nicht alle älteren Paare, die gemeinsam einen Garten bewirtschaften: Dabei übernehmen die Männer* eher handwerkliche Arbeiten, die als »grob« betrachtet werden wie das Bauen und Werkeln, während den Frauen* Arbeiten wie der Blumen- und Gemüseanbau, aber auch das Kochen und Backen in der Laube zugeordnet werden. Allerdings muss hinterfragt werden, ob diese Zuordnung tatsächlich der benötigten Körperkraft und Anstrengung der Aufgaben angemessen ist oder eben nur bestimmten Geschlechterrollenklischees entspricht, für die Geschlechterbilder und sozialisierte Interessen und Fähigkeiten miteinander verquickt werden, damit sie ins System der binären Zweigeschlechtlichkeit passen.

Fazit

Vereinsmitglieder und Vorstand haben verschiedene Praktiken des Umgangs mit den gemeinschaftlichen Arbeiten im Verein herausgebildet. Auffällig ist, dass oftmals zwischen Mitgliedern und Vorstand kein kooperativer Geist entsteht – offenbar aufgrund der verpflichtenden Aufgaben und der hierarchischen Arbeitsorganisation, die manchmal mit einem wenig respektvollen Umgang des Vorstands einhergeht. Dies zeigt sich sowohl an der Art der Aufgaben als auch den Kommunikations- und Herrschaftsformen in einigen Vereinen. Möglicherweise verdeutlichen die Praktiken im Rahmen des Arrangements der Gemeinschaftsstunden und die damit verbundenen Spannungen im Verein aber darüber hinausgehend auch, dass viele Mitglieder wenig Interesse an Vereinspflichten, sondern eher ein individualisiertes Interesse an der eigenen Parzelle haben.

Die Kontrolle und deren Kehrseite, die widerständigen Praktiken, sind zudem als Symptome eines beiderseitig fehlenden Vertrauens zu deuten – der Mitglieder, dass die vom Vorstand verteilten Aufgaben sinnvoll und notwendig sind, und der Vorstandsmitglieder, dass die Mitglieder die Aufgaben anerkennen und zufriedenstellend erledigen. Im Hinblick auf eine Deutung der geschlechtsspezifischen Zuschreibung von Aufgaben im Verein lassen sich außerdem veraltete Geschlechterrollenbilder feststellen, die besonders jüngere Frauen* stören. Dies hängt auch mit einer verbreiteten Geringschätzung der Aufgaben, die traditionell Frauen* zugeschrieben werden, zusammen. In ihrer Ablehnung tradierter geschlechtsspezifischer und heteronormativer Rollenbilder artikulieren gerade Frauen* ein Bedürfnis nach Veränderung in ihren Vereinen, die mit den gesellschaftlichen Veränderungen zum Teil nicht

Schritt halten. Vermutlich würden Vorstandsmitglieder das Vertrauen ihrer Mitglieder leichter gewinnen, wenn sie einen durchweg respektvollen Umgang im Miteinander einübten und ihre Praktiken geschlechtlicher Aufgabenzuschreibung in zeitgemäßer Weise veränderten. Angesichts eines veränderten Selbstbewusstseins vieler Mitglieder, das auch durch die Veränderungen der Mitgliederstruktur bedingt ist, könnten die Vorstände die Vereinsaufgaben etwas offener gestalten und damit mehr Mitwirkungs- und Gestaltungsoptionen anbieten. Dadurch entstünden Spielräume für neues Engagement und Interesse an gemeinschaftlichen Aufgaben. Es bleibt allerdings offen, ob sich die Einstellung der Vereinsmitglieder zu verpflichtenden Gemeinschaftsaufgaben dadurch tatsächlich grundlegend ändern würde, denn ihre gänzliche Abschaffung steht in Gartenvereinen nicht in Aussicht.

3.4 Regelungspraktiken im Gartenverein

Kleingartenvereine unterliegen im Unterschied zu anderen städtischen Bereichen einer besonderen Regelung durch das Bundeskleingartengesetz (BKleingG) und durch weitere spezifische Regelwerke wie Satzungen und Gartenordnungen von Verband und Verein (s. Kapitel 2.3). Diese unterscheiden sich von den im Alltag gewohnten Vorgaben und prägen das Feld der Gartenvereine im Hinblick auf die Erwartungen an Verhalten und Tun der Vereinsmitglieder in spezifischer Weise. In Gartenvereinen lässt sich daher ein ausgeprägter Diskurs zu Gesetzen, Regeln und Vorschriften feststellen. Dies ist darauf zurückzuführen, dass besonders neue Mitglieder erst lernen müssen, welche Gesetze und Regeln mit der Nutzung eines Kleingartens generell verbunden sind und wie ihr Verein damit umgeht.

Zu den unterschiedlichen Regelungen in den Vereinen gibt es einen regen Austausch im Vereinsmiteinander. Dieser Austausch dient dazu, sich über vorhandene Regeln zu verständigen und sie zu bewerten im Hinblick darauf, was zu tun ist und wie dies beurteilt wird. Allerdings wird das Regelwerk dabei immer auch ausgelegt und entsprechend dafür genutzt, sich selbst ins Recht zu setzen und anderen Mitgliedern zu unterstellen, gegen Regeln zu verstoßen. So benutzen einige Vereinsvorstände die Regeln, um Mitglieder zurechtzuweisen und ihnen ein bestimmtes Verhalten im Sinne ihrer eigenen Vorstellungen vom Gärtnern im Verein vorzuschreiben. Damit werden die Regeln zu einem Mittel der Machtausübung im Verein.

Der Umgang mit den eher ungewohnten Regeln erweckt bei Mitgliedern durchaus Widerspruch und Renitenz, aber auch Unsicherheit. Eine jüngere Interviewpartnerin bezeichnet die alten Vereinsstrukturen und ihre Verfechter_innen als »die Kruste« (I. 13, 50'). Ein älteres, langjähriges Mitglied eines anderen Vereins berichtet, dass er, bevor er seinen Garten übernahm, Vorurteile und Berührungsängste mit dem Gartenvereinsleben gehabt hätte (I. 22). Die Regeln nennt er spießig und superkompliziert, aber er ist froh, dass sie in seinem Verein nicht so hochgehalten würden, weil der Vorstand relativ gelassen sei – andere Anlagen seien schlimmer (I. 22). Möglicherweise spiegelt gerade diese Gegenüberstellung von eigenem Verein und anderen Vereinen, die man nicht so gut kennt, einen typischen Umgang mit dem Vereinsregelwerk. Gärtner_innen machen dabei in ihren Alltagspraktiken die Erfahrung, dass die Regeln weniger in Stein gemeißelt sind, als es die Diskurse auf den ersten Blick annehmen ließen. In den Aushandlungsprozessen um die Regelungspraktiken in Gartenvereinen geht es häufig um die Deutungshoheit im Verein und damit um die Macht, Regeln zu deuten, zu erlassen und durchzusetzen, sowie um die widerspenstige Gegenmacht, sich dagegen aufzulehnen. Dabei kann sowohl eine allmähliche Anpassung der Gärtner_innen an vereinsimmanente Erwartungen als auch eine gewisse Modulation hinsichtlich der vereinsseitigen Erwartungen stattfinden.

Die diesbezüglichen Aushandlungen diskutiere ich im Folgenden exemplarisch anhand von zwei Arten von Beispielen: einerseits die Aushandlung der generellen Frage der kleingärtnerischen Nutzung, die durch das BKleingG vorgegeben ist und in Vereinssatzungen und Gartenordnungen spezifiziert wird, und andererseits die Aushandlung von verschiedenen Vorgaben, die nicht gesetzlich geregelt sind, sondern in Vereinssatzungen und Gartenordnungen verankert wurden und sich von Verband zu Verband unterscheiden können. Dazu zähle ich auch die Aushandlung von vereinsspezifischen Regeln, die die Unverbindlichkeit von Konventionen und Normen besitzen.

Aushandlungen zur kleingärtnerischen Nutzung

Besonders viel wird in den Vereinen über die für das Kleingartenwesen grundsätzliche Frage diskutiert, welche Anforderungen mit der im BKleingG verankerten Vorgabe einer kleingärtnerischen Nutzung der Parzellen verknüpft sind. Kleingartenordnungen und Vereinssatzungen erläutern diese Vorgabe genauer und spezifizieren sie: Mindestens ein Drittel der Parzelle soll für den Anbau von Gartenbauerzeugnissen (Obst und Gemüse) genutzt werden, höchstens ein Drittel für Wege, Laube und Terrasse sowie höchstens ein Drittel durch Ziergehölze, Stauden, Sommerblumen, Rabatten und Rasen zur Erholung gestaltet werden. Erwartet wird außerdem eine nichterwerbsmäßige gärtnerische Nutzung der Parzelle.

Für einen Fortbestand der Kleingartenvereine ist die kleingärtnerische Nutzung der Parzellen durchaus von existenzieller Bedeutung. Sowohl die Sicherung der Flächen für Kleingärten ist damit verknüpft als auch der kostengünstige Pachtzins, der nur einen Bruchteil des Pachtzinses für Freizeit- und Erholungsgärten ausmacht (s. Kapitel 2.3). Daher entwickeln die Vereine eigene Umgangsweisen, um die Vereinsmitglieder zur Einhaltung der Vorgaben zu bewegen. Sie nutzen kommunikative Strategien, regelmäßige Kontrollrundgänge des Vorstands auf dem Vereinsgelände (»Gartenbegehungen«), aber auch diverse disziplinierend ausgerichtete Bekanntmachungen und Appelle im Vereinsschaukasten (s. Abb. 1) und sogar disziplinarische Maßnahmen, die sich an einzelne Mitglieder richten (wie der Aushang eines Prangers mit Gartennummern im Schaukasten, blaue Briefe und Abmahnungen s. Kapitel 3.1). Mehrere Interviewpartner_innen sprechen die besondere Problematik an, dass es für Neugärtner_innen wenig Transparenz hinsichtlich der für sie geltenden Regeln gibt. Auch wenn sie beim Vereinseintritt die Vereinssatzung ausgehändigt bekommen, fehlen gerade Neumitgliedern Informationen, aber natürlich auch Erfahrungen im Umgang mit den Geboten und Verboten in diesem für sie noch ungewohnten städtischen Grünraum. Die Intransparenz kann durchaus vom Vorstand genutzt werden, um Mitgliedern leichter Vorschriften machen zu können, solange sie diese Praxis nicht hinterfragen.

Daher ist es kaum erstaunlich, dass manche Vereine und auch Nachbar_innen vor allem im ersten Gartenjahr neuer Mitglieder ein besonderes Auge auf deren Tun werfen und sie gegebenenfalls auf Probleme hinweisen. Die Art der jeweiligen kommunikativen Intervention ist allerdings von der individuellen Art und den kommunikativen Fähigkeiten der Nachbar_innen und Vorstandsmitglieder abhängig, aber auch von deren eigener Auslegung der »richtigen« Gartengestaltung und -nutzung, die durchaus interessengesteuert sein kann. Hier geht es meist um deutlich mehr als um die Vorgabe der Drittelregelung. Wie bereits weiter vorne erörtert (s. Kapitel 3.1), wird das Konzept der kleingärtnerischen Nutzung oftmals zur Legitimation für vereinsseitige Interventionen genutzt, weil dem Vorstand die Gestaltung und Nutzung einer Parzelle nicht gefällt. Differenz, die sich in unterschiedlichen Vorstellungen vom Garten und verschiedenen Herangehensweisen an das Gärtnern widerspiegelt, wird in den verschiedenen Konflikten und Konstellationen im

Kleingartenalltag unter Bezugnahme auf das Gesetz beziehungsweise die Gartenordnung ausgehandelt.

Verband und Vereine verfügen im Umgang mit der Vorgabe der kleingärtnerischen Nutzung über Ermessensspielräume, daher hängen ihre Interventionen und Beurteilungen auch davon ab, wie sie diese einschätzen. Gerade die Gärten langjähriger Mitglieder genießen häufig eine Art gewohnheitsmäßigen Bestandsschutz, auch wenn sie vorwiegend aus Rasenflächen, einzelnen Obstbäumen und wenigen Zierpflanzen bestehen. Demgegenüber erhoffen sich Vorstände bei Neumitgliedern noch einen gewissen Einfluss auf deren Gartengestaltung und intervenieren eher. Dies kann dazu führen, dass Vereinsmitglieder das Gefühl äußern, der Umgang mit Regeln sei intransparent und diese würden vom Vorstand willkürlich gegen die Mitglieder eingesetzt, wobei sie zwar explizit seien, aber nach Belieben ausgelegt werden könnten (I. 11, 55'). Eine andere junge Gärtnerin, Anfang 30 mit Hochschulabschluss, ist der Ansicht, dass viele der Vereinsregeln generell auf den Prüfstand gestellt werden sollten.

> »Also ich würde mir wünschen, dass man sich nochmal über so bestimmte Regeln im Kleingarten, also, dass man sich im Verein nochmal zusammensetzt, auch mit der nächsten Generation, und nochmal über die Sinnlosigkeit [der Regeln] und ob alles sinnvoll ist, unterhält. Weil also, tut mir leid, aber ich finde, in der Woche muss es keine Mittagspause zwangsweise geben. Am Wochenende okay, kann ich mich drauf einlassen, aber ja. Solche Geschichten halt. Oder zum Beispiel als wir hier angefangen haben Feuer im Garten zu machen, da wurde schon die Nase drüber gerümpft. ›Ja und wenn mal was passiert, hier kommt keine Feuerwehr rein.‹ Da haben sie recht, also klar, es gibt die Feuerwehrzufahrten, aber dass man sich halt darüber unterhält, unter welchen Umständen kann man denn hier Feuer machen? Und ich bin halt der Meinung, eine Feuerschale und eine Feuertonne sind eigentlich sichere Geschichten. Also dass man halt da einfach mal schaut, was hat sich denn verändert, was hat sich kulturell verändert, was haben die Menschen für Bedürfnisse eigentlich? Und dann halt darüber nochmal im Verein schaut.« (I. 13, 49')

Ihr Hinweis darauf, dass die Regeln im Hinblick auf die nun vertretenen diversifizierten Lebensstile im Verein veraltet seien, zeigt deutlich ihren Widerstand gegen verschiedene Regelungen und ihre Auseinandersetzung damit. Der Vorschlag, Regeln in den Vereinen neu auszuhandeln und sie den aktuellen Bedürfnissen und Lebenswirklichkeiten der Gärtner_innen anzupassen, spricht für einen konstruktiven Umgang mit dem Vereinswesen, das aus ihrer Sicht für die Mitglieder existieren sollte, nicht gegen sie, weswegen diese es sich aneignen könnten.

Aushandlungen zu Vereinssatzungen und Gartenordnungen

Das Verbot von Trampolinen und größeren Schwimmbecken, aber auch das Gebot der Pflege von parzellenangrenzenden Vereinswegen und das Verbot der Fortbewegung mit Fahrzeugen auf den Vereinswegen sind Beispiele für Regeln, die in der Vereinssatzung und der Kleingartenordnung festgelegt sind. Diese werden auf der Grundlage des BKleingG vom jeweiligen Verband in Kooperation mit den Vereinen verabschiedet und von den Vereinen durchgesetzt, unter anderem über Aushänge im Vereinsschaukasten, Gartenbegehungen und disziplinierende Maßnahmen. Im Detail unterscheiden sich die verschiedenen Gartenordnungen der Verbände bundesweit durchaus, aber die Grundzüge sind ähnlich.

Nicht alle Regeln werden von den Mitgliedern der Vereine in gleicher Weise willkommen geheißen. So ist zum Beispiel die Ruheregelung umstritten, die in einigen Vereinen das ganze Jahr über und an jedem Wochentag gilt, in anderen nur von Mai bis September (s. Kapitel 4.1). Die bereits oben zitierte jüngere Gärtnerin bezeichnet die Mittagspause in der Woche als sinnlos und überkommen (I. 13), weil sie sie daran hindere, auch mittags bei der Gartenarbeit laute Musik zu hören.

Ein älterer, ansonsten ziemlich unkonventioneller Gärtner (Mitte 60, Mittelschicht) äußert seinen Ärger über die fehlende Rücksichtnahme in Bezug auf Lärm an Feiertagen. Er beruft sich darauf, dass er in seinem Garten Ruhe erwartet.

> »Ja, dazu gibt es halt eigentlich Regeln und es gibt ja diese klassischen Regeln, wo manche sagen, das ist spießig. Also ehrlich gesagt, ich finde das gut. Wenn ich in den Garten gehe, hier Pfingsten... Wir haben hier so einen Kollegen, der immer laut ist. Und letztes Jahr zu Pfingsten dachte, er müsste seine Kacheln zersägen. Volle Kanne. Boah, da hat der richtig einen draufgekriegt *(imitiert ein Rufen)*: ›Ey bist du bescheuert? Mach aus!‹ Hat er auch gemacht. Weil das ist unverschämt. Es gibt so Leute, die sind da völlig schmerzfrei. Wie gesagt, auch was so Zeiten angeht. Also ich finde, ab und zu möchte ich Ruhe haben im Garten, das ist mein wichtigster Grund, warum ich den Garten

> habe. Und ich habe keine Lust, dass zu jeder Uhrzeit irgendwie Maschinen laufen.« (I. 22, 54')

Offensichtlich war er nicht der einzige im Verein, der sich über die Ruhestörung geärgert hat. Dabei beschreibt er den »Kollegen, der immer laut ist«, allerdings nicht detaillierter, sodass nicht klar wird, ob in diesem Fall auch Differenz ausgehandelt wird. Die Dynamik, dass mehrere Gärtner_innen den Nachbarn, der den Lärm macht, laut zurechtweisen, bewirkt in dieser Situation, die gewünschte Feiertagsruhe wiederherzustellen. Sie berufen sich dabei auf den Konsens über die Ruheregelungen im Verein, dem sich der Nachbar offensichtlich beugt. Abgesehen von der Uneinigkeit über Sinn und Unsinn der Ruheregelung in den Vereinen lässt sich hier auch zeigen, welche Bedeutung Regeln, die wie die Mittagsruheregelung eigentlich auch in anderen städtischen Bereichen gültig sind, in den Kleingartenvereinen beigemessen wird. Viele betrachten den Gartenverein als Ort, an dem sie ihr Bedürfnis nach Ruhe stillen können. Deswegen wird die Ruheregelung dort vielleicht ernster genommen als an anderen Orten in der Stadt und oftmals vehement verteidigt. Die damit verbundenen Praktiken können darauf zurückgeführt werden, dass die Vereine die Nutzung der Kleingartenanlage weitgehend selbst zu regeln haben. Wenn einzelne Mitglieder einen Regelungsbedarf identifizieren, sorgen sie oft selbst für die Durchsetzung ortsspezifischer Regeln und handeln dann Konflikte, wie solche um Lärm, eher selbst aus, als sie an die Polizei auszulagern. Das kann bedeuten, dass sie mit den Nachbar_innen sprechen oder schimpfen oder sich beim Vereinsvorstand beschweren.

Die Aushandlungen um eine andere Regel zeigen, wie schwierig es für Gäste oder Neumitglieder sein kann, einzuschätzen, welches Verhalten von ihnen auf dem Vereinsgelände erwartet wird. So ist in vielen Vereinen das Befahren der Vereinswege mit Fahrzeugen aller Art verboten. Damit ist auch das Radfahren nicht erlaubt oder nur im Schritttempo und unter der Bedingung von viel Rücksichtnahme geduldet. Allerdings wird mit diesem Verbot in den Vereinen unterschiedlich umgegangen. Während der Vorsitzende eines Vereins fröhlich mit dem Rad in der Vereinsanlage umherfährt, wobei er nach rechts und links grüßt, praktizieren Gärtner_innen in anderen Anlagen grimmig ein rigides Verbot des Fahrradfahrens. Bei Zuwiderhandlung werden Kinder ebenso wie Erwachsene von Nachbar_innen lauthals ermahnt. Eine Interviewpartnerin Ende 50, Mittelschicht, bückt sich daher beim Radfahren in ihrer Gartenanlage, um nicht gesehen zu werden. Sie habe sich ein dickes Fell angewöhnt, wenn ihr Nachbar »Absteigen« schreie, »nur wegen der Ordnung. Da ist keine

Gefahrensituation.« (I. 14, 44') In den Vereinen können sich also Unterschiede im Umgang mit Regeln etablieren. Neugärtner_innen sind damit noch nicht vertraut und können anfangs nur erahnen, was als richtig oder falsch bewertet wird. Die zahlreichen, auch kleineren Vorgaben erschließen sich eher aus der Erfahrung und werden nicht immer explizit genannt.

Aushandlungen zu nicht rechtsverbindlichen vereinsspezifischen Konventionen und Normen

In den Vereinen existieren viele weitere nicht rechtsverbindliche Konventionen, die vom Vorstand oder von den Vereinsmitgliedern geltend gemacht werden können. Ein besonders anschauliches Beispiel dafür ist die Norm einer speziellen Heckenschnittform, die ein Verein seinen Mitgliedern vorgibt. Es handelt sich um Hecken, die einheitlich entlang der Vereinswege gepflanzt wurden und laut Kleingartenordnung von den Mitgliedern gepflegt werden müssen. Damit alle Wege einheitlich aussehen, macht dieser Verein konkrete Vorgaben dazu, wie die Hecke zu schneiden ist:

Abb. 1: Exakte Heckenschnittvorschriften eines Vereins im Aushangkasten

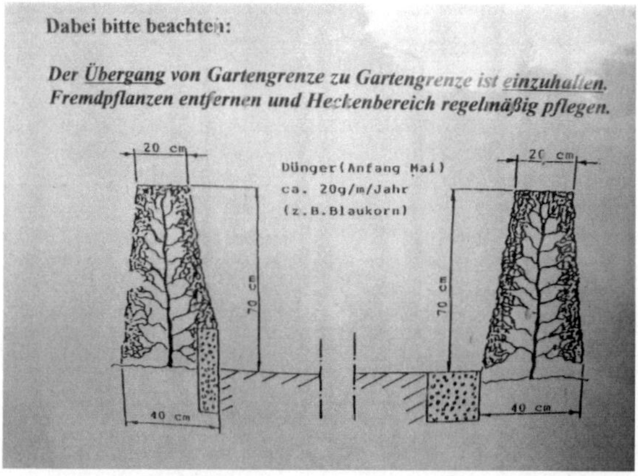

Quelle: I. 21

Zweimal im Jahr werden die Pächter_innen in diesem Verein dazu aufgefordert, in einem speziellen Zeitraum die Hecken nach den genauen Vorschriften in Form zu bringen. Eine Gärtnerin Mitte 50, Mittelschicht, berichtet vom Umgang ihres Partners mit diesen Vorgaben.

> »Also ich habe dir ja diese Zeichnung geschickt *(lacht)*. Von der Hecke. Genau vermaßt. Also Ludwig [ihr Mann] hat immer versucht, das subversiv zu unterlaufen. Aber es wurde dann immer bemängelt, dass er das doch so zu machen hat. Also an der einen Seite haben wir ja diese Hecke, [...] die eben auch zweimal im Jahr nach bestimmten Vorschriften geschnitten werden muss. Und an der anderen Seite sind so niedrige runde Büsche. Und wir hatten einen Eckgarten, deswegen hatten wir beides. Hecke und runde Büsche. Die mussten halt auch immer zweimal im Jahr geschnitten werden. Und dann gibt es einen Aushang. Von dann bis dann müssen die Büsche geschnitten werden. [...] Alle haben die immer so schön kugelig geschnitten und Ludwig hat gesagt: ›Rund ist immer so eine Arbeit. Ich mache die einfach eckig.‹ *(lacht)* Und dann ging auch jemand vorbei und meinte: ›Jetzt musst du nur noch ein Brett drauflegen und dann hast du eine Bank.‹ Und zwei Wochen später war im Infokasten ein Aushang, die Büsche hätten kugelig geschnitten zu werden und nicht rechteckig. Das wurde sofort vermerkt und normiert. [...] Ich glaube, sie haben ihn mündlich angesprochen, dass er sich da bitte auch dran zu halten habe.« (I. 21, 14')

Zwar handelt es sich bei den genannten Vorgaben zu Hecken- und Buschformen nur um vereinsinterne Normen. Das bedeutet aber in diesem Verein nicht, dass sie deshalb weniger Gewicht oder weniger Verbindlichkeit im Kleingartenalltag besäßen. Indem der Vorstand die Pächter_innen persönlich auf ihr Fehlverhalten anspricht und zusätzlich mit einem Aushang im Schaukasten sowohl über die Pflicht zur Einhaltung der Norm als auch über die genaue Ausführungsweise des normierten Heckenschnitts informiert, hält er mit seinen Praktiken die Wichtigkeit eines einheitlichen Erscheinungsbildes des Vereins hoch, auch wenn er sich dabei nicht auf Gesetze und offizielle Ordnungen beziehen kann. Ermahnungen, die die Mitglieder als Einmischung in das eigene Tun erleben, führen dabei entweder zu einem (manchmal sogar andauernden) Konflikt zwischen Pächter_in und Vorstand oder dazu, dass das Vereinsmitglied den Erwartungen des Vorstands nachkommt. Bei einer solchen Aushandlung steht für das Mitglied der entspannte Alltag im Gartenverein auf dem Spiel, sollte es den Anforderungen und Erwartungen des Vorstands nicht entsprechen.

Fazit

Die meisten Regelungen, die im Kleingartenwesen gelten, definieren und formulieren aus, was ein Kleingarten sein soll, wie er genutzt werden soll und welches Verhalten im Verein als angemessen betrachtet wird. Allerdings haben die in Kleingartenvereinen ausgehandelten Regeln, die auch zur Differenzaushandlung genutzt werden, nicht alle eine rechtliche Verbindlichkeit. Allerdings spielt die Frage der Rechtsverbindlichkeit der Regeln in den Aushandlungen im Kleingartenalltag eine eher nachgeordnete Rolle. Sowohl Regeln aus der Kleingartenordnung oder der Vereinssatzung, die direkt aus dem BKleingG abgeleitet wurden, als auch einfache Konventionen und Normen, die nur vereinsbezogen gelten, können von Mitgliedern oder Vorstand zum Gegenstand ernsthafter (oder eben lockerer) Aushandlungen gemacht werden. Die Beteiligten haben Ermessensspielräume, welche Regelungen sie wie ausdeuten. Aus den verschiedenen Regelstreitigkeiten lässt sich ableiten, dass es in den Aushandlungen um Regelungspraktiken in Gartenvereinen häufig auch um die Deutungshoheit im Verein geht, also um die Macht, Regeln zu deuten, zu erlassen und durchzusetzen, sowie um die widerspenstige Gegenmacht im Umgang damit. Da den Regeln allerdings bestimmte Vorstellungen vom Garten und vom Gärtnern im Verein zugrunde liegen, wird dabei immer mehr als die Regelung an sich ausgehandelt. Vorstand und Mitglieder beziehen bei der Anwendung, Nichtanwendung oder dem Unterlaufen von Regeln dazu Position. Diese zeigt sich, indem sie sich zum Beispiel als besonders naturnahe oder besonders ordnungsliebende Gärtner_innen erweisen oder besonders tolerant oder streng im Umgang mit Störungen durch die Geräusche anderer Mitglieder auftreten beziehungsweise besonders rücksichtsvoll oder rücksichtslos in Bezug auf eigene Geräusch- und Geruchsemissionen. Aufgrund der großen Deutungsspielräume und des ideologischen Überhangs der Regeln steht aus der Sicht von Neumitgliedern durchaus die Veränderbarkeit vieler etablierter Regeln zur Debatte. Einige stellen sich vor, dass es generelle Aushandlungsprozesse zu den Wünschen für ein Miteinander im Verein geben müsste, damit die veränderten Bedürfnisse der heutigen Mitglieder die Grundlage für neu zu entwickelnde Regeln bilden könnten.

3.5 Vom praktischen Umgang mit Differenz im Kleingarten

Das Vorhandensein von Differenz ist in Kleingartenvereinen ein Fakt. Sie spiegelt sich sowohl in den unterschiedlichen Vorstellungen von Garten und Gärtnern wider als auch darin, wie Mitglieder miteinander umgehen, sei es in der alltäglichen Nachbarschaft oder im Rahmen gemeinschaftlicher Arbeiten beziehungsweise in der Anwendung und Aushandlung von geltenden Regeln. Der institutionelle Kontext des Vereins spielt insbesondere für Aushandlungsprozesse von Regeln, die im Verein gelten, aber auch hinsichtlich der Gemeinschaftsarbeiten eine gewichtige Rolle. Durchaus lebendig ist der Umgang der verschiedenen Pächter_innen mit diesem institutionellen Rahmen, den sie als Mitglieder meist nicht komplett ablehnen, aber durchaus kritisieren, unterlaufen oder umdeuten und damit eigens mit Leben füllen. Dass sich daraus auch transformative Impulse für die Vereine entwickeln, sowohl durch den Kontakt der unterschiedlichen Mitglieder und ihren Austausch als auch durch die Bearbeitung des institutionellen Rahmens durch die Mitglieder und den Vereinsvorstand, liegt auf der Hand.

(1) Im Zusammenhang der Aushandlung unterschiedlicher Vorstellungen vom Gärtnern gehen Interventionen eines Mitglieds gegenüber einem anderen derzeit vorwiegend von denen aus, die die (noch) hegemonialen Vorstellungen im Kleingartenwesen vertreten: Dies sind die Verfechter_innen gepflegter Gärten. Dieses Machtverhältnis ist hegemoniegestützt, wobei die Hegemonie gestärkt wird durch das Agieren vieler Vorstände gegenüber solchen Mitgliedern, deren Gärten nicht dem geordneten Gartenideal entsprechen. Zudem spielen Alter und Dauer der Mitgliedschaft im Verein eine zentrale Rolle für die machtvolle Dynamik zwischen Mitgliedern bei der Aushandlung unterschiedlicher Vorstellungen vom Gärtnern. Alteingesessene Mitglieder können aus einer gesicherteren Position als Neumitglieder agieren. Wenn diese nicht den Vorstellungen vom Gärtnern der bereits vorhandenen Mitglieder entsprechen, können sie die mögliche Unsicherheit und Unerfahrenheit von Neumitgliedern ausnutzen. Hinter diesem aktuellen Kampf um Hegemonie im Kleingarten – ordentlich versus naturnah – stehen allerdings kaum übersehbar weitere soziale Dynamiken in den Vereinen: Menschen mit höherem Bildungsgrad und mit Migrationsgeschichte, deren Anteil in den Vereinen wächst, tendieren eher zu Gärten, die sich nicht an einer strikten Ordnungsvorstellung orientieren, als Menschen unterer sozialer Klassen. Es ist damit zu rechnen, dass die betrachteten Aushandlungen sich fort-

setzen werden und die hegemonialen Vorstellungen vom Gärtnern auch im Kleingartenverein immer brüchiger werden.

(2) Gerade die kooperativen Praktiken in den Gartenvereinen zeigen, dass mit dem Aufeinandertreffen von Differenz nicht ausschließlich Konflikte verbunden sind. Denn aufgrund ihrer großen Verbreitung im Vereinsalltag kann geschlussfolgert werden, dass den Mitgliedern enorm viele Möglichkeiten zur alltäglichen Überbrückung von Differenz durch kooperative Praktiken zur Verfügung stehen, die sie auch nutzen. So scheinen sich Gartenvereine nicht nur für ein Miteinander »trotz Differenz« zu eignen, das geprägt ist von diversen Auseinandersetzungen um Regeln und den »richtigen« Umgang mit Gärtnern und Garten. Sie können auch als kleine städtische Bereiche betrachtet werden, in dem die Beteiligten gute nachbarschaftliche Beziehungen über Differenzen hinweg herausbilden, für die Gegenseitigkeit und Unterstützung bedeutsam sind. Der eingangs zitierte Grundsatz einer Gärtnerin: »Hauptsache, es wird gegärtnert!« (I. 13, 23') lässt sich auch daraufhin deuten, dass aufgrund der materiellen Praxis des Gärtnerns diverse Möglichkeiten für ein kooperatives Miteinander entstehen.

(3) Im Rahmen der gemeinschaftsbezogenen Aktivitäten spielt Differenz insbesondere dann eine Rolle, wenn die Mitglieder einander bei Aktivitäten des Vereins wie Gemeinschaftsstunden und Vereinsfesten differenzübergreifend kennenlernen und sich miteinander austauschen. Zugleich findet häufig eine differenztranszendierende Lagerbildung der Mitglieder gegenüber den Vorstandsmitgliedern statt, die bei den Gartenvereinsstunden von manchen als unsinnig betrachtete Aufgaben vergeben. Die Art der Aufgaben und wie sie ausgeführt werden, gibt deutliche Hinweise auf das Vertrauensverhältnis zwischen Mitgliedern und Vorstand. Die Zuschreibung tradierter Geschlechterrollen wirkt dabei überkommen und macht deutlich, dass viele Vereine gesellschaftliche Veränderungen im Hinblick auf Geschlechterverhältnisse mit starker Verzögerung rezipieren. Allerdings wird auch die diesbezügliche Hegemonie deutlich brüchig.

(4) Bei den vereinsinternen Regelungspraktiken und deren Aushandlungen geht es häufig um die Deutungshoheit im Verein – um die Macht, zum einen Regeln zu deuten und zu erlassen und zum anderen diese durchzusetzen. Sowohl die Vereinsvorstände als auch die Mitglieder verwenden diese Praktiken als Mittel in Auseinandersetzungen im Vereinsleben. Den vorhandenen Regeln liegen bestimmte Vorstellungen vom Gärtnern im Verein zugrunde. In Aushandlungen wird nicht nur die Regelung an sich verhandelt, sondern auch ihr ideologischer Gehalt. Für neue Mitglieder bildet der Wunsch nach einer mögli-

chen Neuaushandlung vieler Regeln eine Option, das soziale Miteinander neu zu gestalten und es den Bedürfnissen der heutigen Mitglieder anzupassen.

Das soziale Miteinander im Kleingarten aus der Perspektive der Praktiken zu analysieren, ermöglicht ein Verstehen des dort aktuell Verhandelten und der Bedeutungen, die sich daraus nicht nur für die Gärtner_innen, ihr Miteinander und ihre Definitionen dessen, was ein Gartenverein ist und sein sollte, ergeben. Diese Prozesse innerhalb des Vereins machen verschiedene transformative Dynamiken sichtbar, die auch eine Relevanz für (gesamt-)gesellschaftliche Prozesse haben. Denn in den sozialen Prozessen dieser städtischen Mikroöffentlichkeiten werden in vielen Aspekten überkommene Vorstellungen neu ausgehandelt, nicht nur hinsichtlich der Vorstellungen von Garten und Gärtnern, sondern auch zu einem kooperativen Miteinander, zu Rücksicht und zur Sinnhaftigkeit beziehungsweise Einhaltung oder Neuverhandlung von Regeln, zu Hierarchien im Verein sowie nicht zuletzt zu Geschlechterrollen. Dabei werden – teilweise mit gewisser Verspätung – einige Hegemonien brüchig, die auch gesellschaftlich relevant sind.

Krombacher

4. Differenzaushandlung an Orten im Gartenverein

»Die Analyse einer Interaktion, die stets eine Kopräsenz von Individuen darstellt, muss dies zuallererst berücksichtigen: Jede Begegnung zwischen zwei Personen enthält immer auch die gesamte Geschichte der sozialen Strukturen, der etablierten Hierarchien und der von diesen eingesetzten Herrschaftsweisen.« (Éribon 2017 [2013]: 50)

Im Gartenverein gibt es besondere Orte – den Schaukasten, den Vereinsweg, das Vereinshaus, aber auch den Zaun zwischen benachbarten Parzellen sowie den Zaun zwischen den jeweiligen Parzellen und dem Vereinsweg. Nachdem das vorangehende Kapitel die Praktiken im Verein fokussiert hat, die das soziale Miteinander ausmachen, arbeitet dieses Kapitel die Zusammenhänge heraus zwischen den besonderen räumlichen Gegebenheiten des Kleingartenvereins und dem vereinsinternen sozialen Miteinander im Hinblick auf Differenzaushandlung. Inwiefern und wodurch ermöglichen Kleingärten aufgrund ihrer räumlichen Struktur Interaktionsformen der Begegnung, die die Kommunikation, Informationsflüsse und den Austausch der Gärtner_innen ebenso wie die Konfliktaustragung und ein Zusammengehörigkeitsgefühl prägen? Und inwiefern werden die vorhandenen Orte selbst im Rahmen der Aneignung durch die Beteiligten neu ausgehandelt?

In den Mittelpunkt stelle ich die Frage danach, welche Rolle die räumlichen Besonderheiten der Gartenvereine für den Umgang mit Differenz spielen, inwiefern sie Differenzaushandlungen ermöglichen und prägen und wie die Beteiligten sie ihrerseits in ihren Praktiken im sozialen Miteinander des Gartenvereins nutzen. Dafür habe ich drei verschiedene räumliche Arrangements herausgearbeitet. Zunächst diskutiere ich die Besonderheiten von Nachbarschaft im Gartenverein im Hinblick auf die Nähe der Parzellen zueinander (s. Kapitel 4.1). Dieses räumliche Arrangement, das im Alltag der Mitglieder relativ bedeutsam ist, bringt eine große Durchlässigkeit für diverse

Sinneseindrücke mit sich, die auch zum Anlass für Differenzaushandlungen werden. Ein öffentlicher Bereich im Verein, der eher für flüchtige alltägliche Kontakte zwischen Vereinsmitgliedern oder mit Fremden genutzt wird, ist der Ort des Vereinsschaukastens, der anschließend analysiert wird (s. Kapitel 4.2). Ein Ort für besondere Anlässe und gemeinschaftsbezogene Kommunikation ist für Vereinsfeiern und -treffen das Vereinshaus (s. Kapitel 4.3). Anhand eines Beispiels erörtere ich aber auch, wie gemeinschaftliches Miteinander in einem Gartenverein ganz ohne Vereinshaus stattfinden kann.

4.1 Über den Zaun: Differenzaushandlung der Sinne

Trotz eines zunehmenden Interesses der Soziologie an sinnlichen Aspekten des Sozialen (Raab 2001; Pink 2008, 2015; Henshaw 2014; Eisewicht/Hitzler/Schäfer 2021) sind laut Jacquelyn Allen-Collinson, Gareth McNarry und Adam Evans (2021: 599) »die Praktiken, die Herstellung und die Bedeutung der Sinne für spezifische soziale Interaktionskontexte soziologisch wenig erforscht«. Dies betrifft, bis auf wenige Ausnahmen, auch die sozialwissenschaftliche Forschung zu Nachbarschaft. Ich möchte das Beispiel der Nachbarschaft im Gartenverein nutzen, um diese sinnesbezogene Perspektive für die Soziologie weiter auszuloten. Sie bringt eine Vielfalt an sinnlichen Co-Erfahrungen mit sich, insbesondere im Hinblick auf Gerüche und Geräusche, aber teilweise auch hinsichtlich Fragen der Sichtbarkeit (und des Versteckten/Versteckens). »One has no choice but to see, to hear, and smell the lives of one's neighbours.« (Gökarıksel/Secor 2023: 386)

Die Nachbarschaft in Gartenvereinen ähnelt zwar der Nachbarschaft beim Wohnen, unterscheidet sich aber auch signifikant von ihr. Denn die Sinneseindrücke sind in der Gartennachbarschaft deutlich weniger filterbar als beim Wohnen; ihr Erleben ist dadurch zum Teil noch unmittelbarer. Analog zu dem, was Bernd Hamm (1998) zur Wohnnachbarschaft sagt, die nicht durch die Bewohner_innen, sondern durch die nebeneinander liegenden Wohnungen gestiftet werde, könnte man sagen, dass im Gartenverein die Nachbarschaft nicht durch die Personen, sondern durch die Nähe der Parzellen gestiftet wird. Ein zentraler entscheidender Punkt für diese Forschungsarbeit ist, dass die Pächter_innen fast immer zufällig als Nachbar_innen aufeinandertreffen; nur in Ausnahmefällen suchen sie sich diese aus. Deswegen bietet der Blick darauf, wie Nachbar_innen im Gartenverein sich alltäglich miteinander arrangieren, die Möglichkeit, das zufällige Zusammentreffen unterschiedlicher

Menschen zu betrachten und die dabei stattfindende Differenzaushandlung zu verstehen. Ich analysiere das Zusammenspiel der sozialen und räumlichen Textur der Gartennachbarschaft im Folgenden hinsichtlich der Nähe der Parzellen und ihrer Durchlässigkeit für diverse Sinneseindrücke sowie deren Bedeutung für die Differenzaushandlung, vor allem in Bezug auf Geräusche, Gerüche und das Sehen. Ich analysiere, welche Rolle sinnesbezogene Wahrnehmungen für diese besondere Art der Nachbarschaft im Garten spielen, inwiefern sie mit Differenz verknüpft werden und wie die Parzellengrenze im Nachbarschaftsverhältnis mit Bedeutung aufgeladen wird.

Zwischen Frühling und Herbst ist der Kleingarten für viele Gärtner_innen ihr erweitertes Wohnzimmer. Die Besonderheit der Nachbarschaft im Kleingartenverein ist ihr Open-Air-Charakter. So gut wie alle Aktivitäten finden draußen statt. Die Größe der Parzellen ist mit 100 bis 400 Quadratmetern überschaubar, und meist grenzen zu mehreren Seiten nachbarliche Parzellen direkt an die eigene Parzelle an. Auch die Pächter_innen auf der gegenüberliegenden Seite des Vereinswegs gelten als Nachbar_innen. Durch die geringe Größe und die unmittelbare Nähe der Parzellen sind die Gärtner_innen einander räumlich ziemlich nah – insofern sie gleichzeitig im Garten anwesend sind. In diesem Hinweis steckt ein weiterer Unterschied zur Wohnungsnachbarschaft, denn die Gartennutzung ist meist unregelmäßiger als die einer Wohnung. Die zeitlichen Nutzungsmuster der Gärtner_innen können sich stark unterscheiden und hängen oft eng mit der Lebenssituation der Pächter_innen zusammen – ob sie Rentner_innen oder erwerbslos sind oder einer Erwerbstätigkeit nachgehen, ob Kinder dazugehören etc. In der Gartensaison, von März bis Oktober, nutzen die Gärtner_innen den Garten intensiver und vorwiegend am Tag, eine nächtliche Nutzung ist deutlich seltener und dann oftmals geselliger Art.

Der Zaun – stabil und durchlässig

Der gravierendste Unterschied zwischen Garten- und Wohnnachbarschaft ist, dass die Parzellen nicht durch gemauerte Wände voneinander abgegrenzt sind, die die Sinneseindrücke von benachbarten Parzellen stärker filtern würden (weiter vorne wurde schon thematisiert, dass Pflanzen mit ihren Samen und Wurzeln diese räumlichen Barrieren durch die Luft und den Boden ignorieren, sie spielend überwinden, was für Kleingärtner_innen ebenfalls zum Thema wird s. Kapitel 3.1). Zur Begrenzung der Parzellen sind neben niedrigen Zäunen, oft aus Maschendraht, auch höhere Zäune aus Holz, Schilf, Metall oder Kunststoff bis ungefähr 1,40 Meter Höhe verbreitet, die mehr Sichtschutz gewähren. Ebenso werden Hecken und Sträucher als Sichtbarrieren aus höher wachsenden Pflanzen gesetzt. Der Zaun stellt eine besondere Grenze dar, denn er trennt die Parzellen sichtbar voneinander und definiert, wer zu einer privat genutzten Parzelle Zutritt hat und wer nicht. Gleichzeitig ist er allerdings viel durchlässiger für Geräusche, Gerüche und das Sehen als eine Gebäudewand. Es gibt keine undurchsichtige und Geräusche filternde Tür und keine Wände, um andere auszusperren. Dies prägt die Nachbarschaft und das Miteinander im Garten. Die Nachbar_innen können deutlich mehr voneinander mitbekommen. Außerdem kommt ein parzellenüberschreitender Kontakt leicht über den Zaun hinweg zustande, ganz ohne Anklopfen oder Klingeln. Das bedeutet auch, dass die Gärtner_innen aufgrund des Freiluftcharakters von Gärten aktiv aufeinander Rücksicht nehmen müssen. Die Grenze zwischen den Parzellen entsteht also in der Aushandlung des Miteinanders immer wieder neu.

Gökarıksel/Secor (2023: 384) haben zur Frage der Differenzaushandlung und -herstellung im Hinblick auf die Ebene des sinnlich Erlebten in der Nachbarschaft von Sunniten und Aleviten in türkischen Mehrfamilienhäusern geforscht. Nachbarschaften erscheinen ihnen als »dynamic and variegated sites where difference is made, encountered, and negotiated in ways that ›acquire salience and validity during different moments and in different spaces of everyday life‹«. Dass Nachbar_innen einander nicht auswählen, sondern zusammengewürfelt werden, bringe auch mit sich, dass sie auf verschiedenen Ebenen mit Differenz in Berührung kämen, was sowohl die sensorische Ebene als auch die materielle und affektive umfasse. In der Figur des_der Nachbar_in vermische sich damit das, was vertraut und nah sei, mit dem, was different und fremd sei. In ihren Fokus stellen sie die räumliche Vermischung *(entanglement)* des nachbarschaftlichen Wohnens durch Balkone, Fenster und Hausflure, wo sie eine »beunruhigende Grenzverwischung« konstatieren *(disconcerting blurring of boundaries)*, die Nachbar_innen sowohl vertraut als auch fremd macht.

> »This entanglement, we suggest, consists of multi-sensorial encounters between neighbours that are sometimes purposeful but at all times unbidden, arising as an effect of the spatial entanglement of neighbourhood life: the drift of the smell of cooking, the lines of sight that connect balconies and windows, an uninvited arrival at the door.« (Gökarıksel/Secor 2023: 391)

In den Interviews, die ich mit Gärtner_innen geführt habe, finden sich zahlreiche Hinweise darauf, dass Differenz im Zusammenhang mit Sinneseindrücken ausgehandelt wird. Die verschiedenen Beispiele zum nachbarschaftlichen Umgang mit Sinneseindrücken zeigen, inwiefern deren Wahrnehmung im Kontext von Differenz interpretiert wird (insbesondere im Hinblick auf Alter und damit verbundene Unterschiede der Lebenssituation, aber auch des Bildungsgrads und des Geschlechts) und meist als schwierig und konfliktreich erlebt wird. Dabei berufen sich einige Vereinsmitglieder auch auf Vereinsregeln (z.B. zur Mittagsruhe, aber auch zu Verboten), um die registrierte sinnesbezogene Störung, die auf Differenz zurückgeführt wird, im Sinne des eigenen Interesses zu beenden.

Geräusche von nebenan – die Bedeutung von Differenz für unterschiedliche Bewertungen nachbarschaftlicher akustischer Emissionen

Das Bedürfnis nach Ruhe spielt im Kleingartenkontext eine herausragende Rolle. Immer wieder gibt es darum Konflikte, denn viele Gärtner_innen erwarten, sich ihr Ruhebedürfnis in ihrem Garten erfüllen zu können. Angesichts der hohen Dichte der Parzellen und der großen Zahl an unterschiedlichen Gärtner_innen und verschiedenen Nutzungen erscheint dies gelegentlich als ein abstraktes, schwer erreichbares Ziel. Eine Gärtnerin Ende 50, Mittelschicht, die seit knapp zwanzig Jahren eine Parzelle nutzt, formuliert ihre Anfangsvorstellung von einem eigenen Garten wie folgt: »Für uns war das wirklich so ein abgeschlossener, abgeschotteter Raum, wo man sich mal schön erholen konnte.« (I. 14, 1') In einem als »abgeschottet« imaginierten städtischen Bereich zur Ruhe zu kommen, war für sie ein wichtiges Bedürfnis, das der Garten erfüllen sollte – neben weiteren Bedürfnissen wie draußen mit ihren Familienangehörigen Zeit zu verbringen und den Kindern Naturnähe zu vermitteln. Auch wenn dieser Gärtnerin Ruhe im Garten wichtig ist, scheint es bei lauten Geräuschen eine Rolle zu spielen, welcher Art die Geräusche sind und von wem sie ausgehen. Das zeigen zwei Beispiele für Ruhestörungen, die sie ganz unterschiedlich einordnet.

Im Umgang mit ihren jüngeren Nachbar_innen, die gelegentlich abends Partys feiern, bezeichnet sie sich als tolerant. Dies lässt sich einerseits darauf zurückführen, dass diese sich in ihren Augen rücksichtsvoll verhalten: »Ich muss nicht mal was sagen. Wenn die feiern, dann warten die mit der lauten Musik und allem, bis wir gegangen sind. Und dann feiern die. Da muss ich nicht mal sagen, mich stört das, ich habe auch nie was gesagt. Einfach, weil das wirklich eine ganz friedliche Koexistenz ist.« (I. 14, 23') Die hier beschriebenen neuen Nachbar_innen sind Studierende und deutlich jünger als sie selbst. Sie gehören wie sie der bildungsorientierten Mittelschicht an, weswegen sie sich gut miteinander unterhalten können, weil sie gemeinsame Themen haben, wie sie berichtet. Außerdem projiziert sie ihre eigene Situation auf die jüngeren Leute, denn als sie vor langer Zeit mit ihrer Familie in den Verein gekommen sei, wären die älteren Nachbar_innen ihnen auch mit Nachsicht und Toleranz begegnet. Entsprechend möchte sie auch auf die Studierenden zugehen.

> »Und so *back to back*, die Gartennachbarn, das waren ältere Herrschaften, die… Also im Nachhinein, finde ich, das war ein Segen, dass wir die da hatten, weil die nie irgendwie geschimpft hatten, und wir haben wirklich manchmal Unsinn angestellt mit der Bepflanzung, weil wir wirklich noch dumm waren. Die fanden immer alles toll.« (I. 14, 5')

Ein ganz anderes Bild zeichnet sie, wenn sie von dem Lärm berichtet, der von anderen neuen, ebenfalls jüngeren Nachbar_innen ausgeht – den Nachfolger_innen der oben genannten älteren Leute, mit denen sie jahrelang sehr gut auskam. Sie kennzeichnet diese neuen Nachbar_innen als ausgesprochen unangenehme Menschen, die den Garten verunstaltet hätten und ihn nur als Freizeitgarten nutzten, da sie keinerlei gärtnerische Interessen hätten. Das allein erzeugt in ihr Abneigung, da für sie das Gärtnern der Dreh- und Angelpunkt ihrer Mitgliedschaft im Gartenverein ist. Besonders stört sie aber, dass die Nachbar_innen nicht liebevoll mit ihren Kindern umgehen, beim Feiern extrem viel Alkohol trinken und außerdem dauernd Musik hören, die ihr nicht gefällt.

> »Und das Schlimme ist, wenn die betrunken sind, singen die Nazilieder. Und… der kleine Junge wird in übelster Art und Weise beschimpft. Von den Eltern. Und ich habe immer gedacht, das geht mich nichts an, hör mal weg. […] Und mir fällt das ganz schwer. Ich habe immer gedacht, vielleicht geben die [den Garten bald wieder] auf. […] Und jeden Tag hören die so eine Dudelmusik. Das ist ja jetzt auch nicht schwer, so eine mobile Box mitzunehmen, und dann geht das Programm. Immer. Wochenende wie in der Woche, bis wir dann eben auch gehen. Und dass die Stille in dem Verein, also in dem Garten, so gestört wird, das setzt mir mental zu. Ich versuche immer wegzuhören, aber wenn das Kind so angeschrien wird: ›Du Idiot.‹ Also das… Ich weiß nicht… Vor allen Dingen auch diese Faschisten-Gesänge.

> Ob man sich die anhören muss, also da bin ich noch... Da hadere ich noch mit mir und habe überlegt, ich würde das mal beobachten, wie sich das fortsetzt, und dann doch mal wahrscheinlich was sagen.« (I. 13, 27')

Die zutage tretende Differenz, die die neue Nachbarschaft an der rückwärtigen Seite ihrer Parzelle für sie fast unerträglich macht und ihren Aufenthalt im eigenen Garten massiv stört, beruht auf diversen Differenzen. Diese werden auf die Spitze getrieben durch die unüberwindbare Diskrepanz in der politischen Ausrichtung. Akustisch ist die Gärtnerin mittendrin, wenn ihre Nachbar_innen feiern, und sie verabscheut deren »Nazilieder« und »Faschisten-Gesänge«. Was sie darüber hinaus mit anhören muss, ist der verbal gewaltvolle Umgang der Nachbar_innen mit deren Kind, den sie deutlich ablehnt, wobei sie ihre Hilflosigkeit dem Kind gegenüber ausdrückt. Zwar benennt sie die zugrunde liegende Differenzlinie nicht explizit, aber ihre Schilderung enthält Hinweise auf eine Klassendifferenz.

Dass die Geräusche aus der Nachbarschaft mehr über das (auch von Gewalt geprägte) Privatleben von Paaren und Familien offenbaren können, als die Beteiligten vielleicht in Gesprächen preisgeben, kann moralische Fragen aufwerfen. Die Interviewpartnerin fragt sich, ob sie sich schützend vor das fremde Kind stellen oder die Behörden zu Hilfe rufen soll, entscheidet sich aber zunächst dafür, abzuwarten. Ich schließe daraus auch, dass sie aufgrund der unausweichlichen nachbarschaftlichen Nähe defensiv bleibt, um nicht den eventuellen Zorn der Nachbar_innen auf sich zu ziehen und womöglich in weitere Probleme verwickelt zu werden.

Der Umgang dieser Gärtnerin mit ihren zwei verschiedenen Nachbar_innen anlässlich deren Geräuschemissionen unterscheidet sich deutlich. Ihre Bewertung hängt davon ab, wer die Geräusche verursacht und ob diese Personen ihr sympathisch sind – dies äußert sich beispielsweise in der unterschiedlichen Bewertung der Musik. Durch das Verhalten der jungen Nachbar_innen, die ihr sozial näherstehen, fühlt sie sich nicht gestört und beschreibt diese als rücksichtsvoll. Demgegenüber schränkt die Geräuschkulisse, die von jenen jungen Nachbar_innen ausgeht, die politisch und sozial weit von ihren eigenen Positionierungen entfernt sind, ihr Wohlfühlen im eigenen Garten stark ein. Zusätzlich spielt die Uhrzeit für ihre Einordnung eine wichtige Rolle und somit der Umstand, ob ihr Bedürfnis nach Ruhe in ihrem Garten erfüllt wird.

Ist Kindergeschrei Lärm? Ungefilterte Nachbarschaft im Gartenverein

In vielen Vereinen führen nicht nur Maschinengeräusche, sondern auch die Lebensäußerungen der Kinder, die dort teilweise ebenfalls als »Lärm« bezeichnet werden, zu Auseinandersetzungen zwischen Nachbar_innen – vor allem zwischen älteren und jüngeren Gärtner_innen und damit oft auch zwischen Alteingesessenen und Neupächter_innen. Dass immer mehr Familien mit kleinen Kindern in den Vereinen Parzellen übernehmen, erleben manche Ältere, die an mehr Stille in der Anlage gewöhnt waren, als Lärminvasion. Im folgenden Beispiel kreiste ein länger andauernder Konflikt um die Geräusche kleiner Kinder. Der ältere Nachbar vertritt vehement den Wunsch nach Ruhe und lässt damit die Gartenaufenthalte der Nachbarinnen mit Kindern zu einem Problem werden. Denn anders als zum Beispiel der Motor eines Rasenmähers lassen sich die Geräusche von Kindern nicht einfach abstellen. Zudem wird Kindergeschrei in den Ruheregelungen nicht als »Lärm« eingeordnet. In den alltäglichen Auseinandersetzungen darum kommt Differenz eine wichtige Rolle zu, besonders hinsichtlich Alter, Lebenssituation und Geschlecht.

Meine Interviewpartnerin um die 40, akademische Mittelschicht, berichtet von einem monatelangen Konflikt mit ihrem älteren Nachbarn (dessen Frau sich nie eingemischt hat, allerdings im Garten regelmäßig Kopfhörer trug – welche Rolle dies für den Konflikt spielte, ließ sich nicht klären). Der Nachbar im Rentenalter beschwerte sich regelmäßig über die Geräusche ihrer zwei kleinen Kinder, indem er lautstark über den Zaun brüllte. Als Neugärtner_in im Verein war dies für sie unangenehm. Sie war bemüht, auf die Bedürfnisse des Nachbarn Rücksicht zu nehmen, indem sie penibel darauf achtete, die Ruhezeiten einzuhalten, das heißt mittags zwischen 13 und 15 Uhr möglichst leise zu sein. Dies hatte allerdings zur Folge, dass sie sich in ihrem Garten ständig belauert und unwohl fühlte: »Also man fühlt sich einfach nicht frei und man fühlt sich nicht bei sich, weil man ständig auf der Hut ist. Und das, finde ich, geht an so einem Ort [wie dem Garten] nicht, wo du ja hingehst, um irgendwie draußen zu sein und frei zu sein und dein Ding zu machen auch ein bisschen.« (I. 5, 24') Die Rücksichtnahme ging sogar so weit, dass ihre Gartenpartnerin, ebenfalls mit zwei Kleinkindern, die Mittagszeit häufig im nahegelegenen Wald oder auf dem Vereinsspielplatz verbrachte, um dem Nachbarn auszuweichen.

An dem gesamten Setting ist markant, dass sich der Nachbar nur gegenüber den beiden Frauen ungezügelt und rabiat äußerte, wenn diese allein mit den Kindern in ihrem Garten waren. Sobald deren Partner dabei waren, passierte dies nicht; vielmehr grüßte der Nachbar die Männer freundlich, als würde er versuchen, sich von Mann zu Mann mit ihnen zu verbinden. »Und zu den Männern war der ja immer stinkend freundlich. Das hat mich ja total rasend gemacht. Also die wurden auch gegrüßt und so. Wir [Frauen] ja nicht.« (I. 5, 31') Da aber vor allem die beiden Frauen in dieser Zeit unter der Woche tagsüber zusammen mit den kleinen Kindern den Garten nutzten, wurden sie zur Zielscheibe des Grolls des Nachbarn. Da der Nachbar sich häufig abwertend gegenüber den Frauen und ihrem Umgang mit den Kindern zeigte, könnte es sein, dass er die Männer mehr respektierte als die Frauen. Ein weiterer Aspekt betrifft das eher kleinteilige räumliche Setting dieser nachbarschaftlichen Beziehung: Der ältere Nachbar platzierte sich regelmäßig auf seinem Liegestuhl direkt hinter der Hecke zwischen den Parzellen. Durch diese besonders unmittelbare Nähe fühlten die Nachbarinnen sich intensiv belauscht, was sie als belastend empfanden.

Um Lärm ging es auch in einem Streit, den dieser Nachbar bereits vorher einmal mit einem anderen Nachbarn hatte, einem Mann in dessen Alter. Wie die junge Nachbarin berichtet, ließ sich dieser Mann allerdings nicht einschüchtern, sondern konterte die Beschwerde über zu laute Musik so: »Wenn du Ruhe haben willst, geh' ins Altersheim.« (I. 5, 1') Vielleicht zeigt dies, dass der Nachbar bereits in einem anderen Konflikt um Ruhe gegen den gleichaltrigen Mann nicht zu seinem Recht gekommen ist. Dies könnte für ihn ein Grund sein, nun zu versuchen, sich gegen die jüngeren Frauen durchzusetzen. Offenbar verteidigt dieser Pächter seine Ruhe gegen alle, die sie stören. Sein Durchhaltevermögen wächst womöglich, wenn er bemerkt, dass das Gegenüber eher unsicher reagiert und versucht, rücksichtsvoll zu sein.

In diesem Konflikt spielen offenbar sowohl Geschlechterdifferenz als auch der Altersunterschied (und implizit die Klassendifferenz) eine Rolle, wobei die Differenzlinien intersektional verschränkt sind. Meine Interviewpartnerin hatte irgendwann den Vereinsvorstand um Hilfe gebeten, weil die Situation sie immer mehr belastete, sie selbst keine Veränderungen erreichen konnte und nach einem Ausweg suchte. Aus dem Blickwinkel der Aushandlung von Machtverhältnissen betrachtet, verschafft ihre Fähigkeit, sich beim Vereinsvorstand erfolgreich Unterstützung zu holen, aber auch ihre Wehrhaftigkeit, sich nicht alles gefallen zu lassen, ihr einen bedeutsamen Vorteil. Sie mobilisiert soziales Kapital, wobei sie auch auf ihr eigenes Selbstbewusstsein zurückgreifen kann. Indem sie den Vereinsvorstand anspricht, hebt sie den Konflikt, der sich zwischen ihr, ihrer Freundin und dem Nachbarn nicht lösen ließ, auf die institutionelle Ebene (zum Thema der Enteignung von Konflikten im Kontext von Kriminalität und Strafvollzug vgl. Hanak/Stehr/Steinert 1989; Stehr 2020). Dadurch erfährt die jüngere Gärtnerin, dass vor ihr schon andere, ebenfalls jüngere Gärtner_innen wegen dieses Nachbarn nach kurzer Zeit den Garten wieder aufgegeben hatten, den sie selbst nun pachtet. Das stärkt ihre Position, auch dem Vorstand gegenüber. Allerdings ist der Nachbar nicht bereit, mit dem Vorstand über den Konflikt zu sprechen. Er und seine Frau entscheiden, das Pachtverhältnis zu beenden und aus dem Verein auszutreten.

Die dargestellte Konfliktkonstellation lässt sich auch im Hinblick auf die Frage des gegenseitigen Respekts betrachten, die wiederum etwas über die Machtverhältnisse aussagt, welche in sozialen Situationen ausgehandelt werden. Für Gökarıksel und Secor hat die soziale Asymmetrie zwischen den Beteiligten Einfluss darauf, inwiefern sie einander respektieren. Sie weisen auf die Schwierigkeit hin, sich gegenseitig über Unterschiede hinweg Respekt zu zollen (Gökarıksel/Secor 2023: 387). Wenn die an einer Situation Beteiligten respektvoll miteinander umgehen, werde dies als Möglichkeit gegenseitiger Augenhöhe interpretiert, was einer situativen Egalisierung der Ungleichheit entspreche. Dass das Zollen von Respekt zum Beispiel im Hinblick auf die (hier auch intersektional geprägte) Differenzkategorie Geschlecht ungleich verteilt sein kann, zeigt der analysierte Fall sehr deutlich. Gerade nachbarschaftliche Räume – nicht nur im Wohnen, sondern auch in Kleingartenvereinen – eignen sich also, um zu zeigen, wie die machtgeprägte Differenz besonders an ihren räumlichen Rändern (wie hier der Hecke, der Parzellengrenze) ausgehandelt wird: »Our point is that difference […] is given its specific power-laden content in and through the entanglement of neighbourhood spaces, the liminal, enmeshed spaces of dwelling in proximity.« (Ebd.: 387)

Verräucherte Mittagsruhe

Aufgrund der naheliegenden (aber verbotenen) Möglichkeit, Dinge im Garten zu verbrennen – seien es Gartenabfälle, Feuerholz oder Grillkohle –, sind auch Konflikte zu Rauchentwicklung in Kleingartenanlagen relativ häufig. Wieder kann die nachbarschaftliche Nähe durch die unbegrenzte Verbreitung sinnlich wahrnehmbarer Eindrücke, hier von Gerüchen, zu Problemen führen. Der Rauch verbreitet sich mit dem Wind in alle Richtungen und kann insbesondere die Nachbarparzellen besonders intensiv treffen. Nicht in jedem Falle werden Konflikte um Rauchentwicklung mit Differenz in Verbindung gebracht. Im folgenden Beispiel ist aber davon auszugehen, dass Differenz eine Rolle spielt.

Es handelt sich um deutlich ältere Gärtner_innen, die sich durch den Rauch ihrer neuen Nachbarinnen um die 30 Jahre beeinträchtigt fühlen. In dem Konflikt geht es sowohl um die Aushandlung von Regeln zur Mittagsruhe als auch um gegenseitige Rücksichtnahme im Hinblick auf eine Vermeidung extremer Rauchentwicklung. Damit verbunden ist die typische Konstellation, dass Alteingesessene im Verein auf die Regeln hinweisen, die die Neugärtner_innen brechen – entweder weil sie noch nicht damit vertraut sind oder weil sie die Regeln hinterfragen. In diesem Fall geht es allerdings um ein ganz anderes Problem. Eine der jungen Gärtnerinnen berichtet das Folgende:

> »Oder eine Geschichte war auch, das war auch so halb zwei mitten im Sommer und wir hatten aber einen Borkenkäfer in unserem Holzlager. Also irgendeinen Käfer, der auf Totholz geht, aber wenn der satt ist oder kein passendes Totholz findet, auch auf lebende Bäume geht. Und als wir das dann rausgefunden haben, wollte ich das ganz schnell und zwar an dem Tag noch beseitigen und es war aber ziemlich feucht und ich habe trotzdem ein kleines Feuer in der Feuertonne gemacht, drei Stunden lang. Das war Nebel. Die gesamte Anlage war zugenebelt. Es war einfach überall Rauch und es kam dann die Nachbarin, die vorher gesagt hat, es sind ja Studenten, kam dann rüber und meinte nur: ›Also das geht jetzt seit drei Stunden, wir sehen uns nicht mehr und sitzen direkt gegenüber‹, und ob ich das nicht lassen könnte. Und dann habe ich ihr das erklärt und gesagt, das und das ist der Fall und der könnte halt auch auf ihre Bäume und das muss und bla bla bla und ich bin gleich fertig. ›Na gut, na gut. Aber das nächste Mal wenigstens nicht in der Mittagszeit‹, weil da chillen die halt draußen und wollen da Ruhe haben und wenn ich so Rauchschwaden... Also da kann man auch anders reagieren. Wir sind da jetzt keine Engelchen. Und dafür ist es echt okay.« (I. 13, 27')

Dass diese Konfliktsituation relativ unkompliziert geklärt werden kann, liegt unter anderem daran, dass sich die ältere, ziemlich verärgerte Nachbarin direkt bei den jungen Gärtnerinnen beschwert. Da den jüngeren Gärtnerinnen die extreme Rauchentwicklung, für die sie verantwortlich sind, bewusst ist, haben sie großes Verständnis für ihren Ärger. Die direkte Konfrontation wird zu einer Gelegenheit der Klärung, sowohl für die aktuelle Situation als auch für zukünftige. Die Erklärung der Jüngeren, warum sie nasses Holz verbrennen, gibt der älteren Gärtnerin die Möglichkeit, Verständnis aufzubringen. Zugleich nutzt sie das Gespräch, um sich zukünftig ihren Anspruch auf Mittagsruhe zu sichern, der für sie mit unvernebelter Luft verbunden ist.

Die jungen Gärtnerinnen sind erleichtert, da es keinen größeren Ärger gibt, und reflektieren, dass sie öfter gegen Vereinsregeln verstoßen (s. Kapitel 3.4).

Über eine ähnliche Situation berichtet eine andere Gärtnerin mittleren Alters: Jüngere Leute vernebelten die Gartenanlage, woraufhin es zu einer direkten Konfrontation mit den älteren Gärtner_innen kam.

> »Und daneben, neben den jungen Leuten, sind auch junge Leute, die Studenten, die einen neuen Garten übernommen haben. Und die haben den ganzen Tag ihre alten Pflanzen dort verbrannt und das gab natürlich ganz schön Stress. Es war schönes Wetter und alle saßen draußen und haben gegrillt, um die schönen Seiten des Gärtnerns auszuleben, und die haben die ganze Anlage verräuchert mit ihren Pflanzenteilen. Und da gab es richtig Stress. Da habe ich wen meckern hören um die Ecke. Aber das müssen die auch lernen, das werden die lernen, dass dann die Nachbarn sagen, dass das nicht geht und gut ist. Aber Konflikte so kann ich nicht beobachten.« (I. 17, 30')

Aus der Sicht dieser langjährigen Gärtnerin ist es richtig, in so einem Fall auf die Regeln zu pochen und den Neugärtner_innen rücksichtsvolles Verhalten abzuverlangen. Dabei ist von vornherein klar, dass die Neuen mit den Beschwerden der Alteingesessenen über ihr Fehlverhalten klarkommen müssen, wobei sich diejenigen durchsetzen, die die vorhandenen Regeln kennen und für sich auslegen.

Ein lustiger Nebenaspekt dieser Geschichte ist, dass an dem Tag im Verein viele gegrillt haben. Die berichtende Gärtnerin spart aus, zu erwähnen, dass damit ebenfalls Rauch- und Geruchsentwicklungen verbunden sind. Das zeigt, dass sie das Grillen den »schönen Seiten des Gärtnerns« zuordnet und den dabei entstehenden Rauch und die Gerüche als angemessen betrachtet. Demgegenüber stört sie und andere Vereinsmitglieder das Verbrennen von Pflanzen der Jüngeren an so einem schönen Tag. Das Verräuchern der »ganzen Anlage [...] mit ihren Pflanzenteilen«, also die Geruchsentwicklung des gärtnerischen Tuns an einem sonnigen Tag, passt nicht in die Vorstellung davon, wie ein solcher Tag im Garten richtig verbracht werden sollte. So führen nur die Praktiken der jungen Neugärtner_innen zum Konflikt, da sie nicht für den eigenen Verzehr und zu Freizeitzwecken Rauch verbreiten, sondern Gartenarbeit tun. Die Alteingesessenen legen fest, welches Verhalten richtig oder falsch ist, und verlangen den Neuen ab, dass sie »noch lernen« müssten und sich anzupassen haben.

Sichtachsen zwischen der Parzelle und ihrer Umgebung

Auch ein anderer Sinn, der Sehsinn, kann sich im Kleingartenverein relativ barrierefrei entfalten. Vielen Neugärtner_innen ist das erst einmal ungewohnt; sie wünschen sich mehr Sichtschutz auf ihrer Parzelle, um sich unbeobachtet zu fühlen, geschützt vor neugierigen Blicken (I. 12). Andere Neugärtner_innen freuen sich hingegen, von »draußen« auf ihrer Parzelle gesehen zu werden und selbst gut »hinaussehen« zu können, da sie dadurch lose Kontakte zu anderen Vereinsmitgliedern und Passant_innen entwickeln und pflegen können.

> »Was ich habe, sind so Grüßaugust-Freundschaften. Wenn ich hier im Garten aufräume, so meinen Rangierkram mache, […] dann kommen Leute vorbei, die weiter hinten ihre Gärten haben, ihre Kinderwägen schieben beziehungsweise ihre Kleinkinder haben. Die Kinder bleiben stehen, gucken, dann sage ich ›Hallo‹, dann kommt man in ein kleines Gespräch. Da wird niemals eine große Wellenlänge für eine gemeinsame Freundschaft oder für Besuch untereinander sein. Aber da ist immer so ein kleiner Schnack.« (I. 13, 40')

Es handle sich um lose Kontakte, aus denen sich aufgrund nicht näher bezeichneter sozialer Differenzen (»niemals eine große Wellenlänge«) keine vertiefte Freundschaft entwickeln werde. Dennoch gefallen ihr die losen Kontakte, gerade weil der »kleine Schnack« für sie charmant ist und eine eigene Möglichkeit bietet, einander in Differenz wahrzunehmen und anzuerkennen. Dieses Verständnis von losen Grußkontakten im Gartenverein passt zur Bedeutung, die das Grüßen in von besonderer Diversität geprägten Stadtquartieren hat, weswegen Susanne Frank (2021) es als »Seismographen des Zusammenlebens« bezeichnet.

Ein gezielt errichteter Sichtschutz zwischen den Parzellen kann neben dem Ziel, sich selbst zu verbergen, auch die Funktion haben, die Sicht auf den Nachbargarten zu verdecken, der jemandem nicht gefällt. Eine Gärtnerin vermutet, dass ihre Nachbar_innen mit ihrem hohen Zaun auf der Parzellengrenze außerdem das Ziel verfolgt haben, eine Barriere gegen andere Querungen, zum Beispiel von Pflanzensamen oder Bienen, zu errichten.

> »Das erste, was die jetzt gemacht haben, die haben so riesen Palisaden angebaut an ihren Zaun. Also wie eine Eskalatierwand, 2 Meter 50 hoch.

> Dass da nicht die Pflanzensamen in den Garten geweht werden. [I: Ist denn das erlaubt, diese Höhe? Also gibt es da Ärger?] Eigentlich nicht. Ja, gab es schon, aber der wird nicht zurückgebaut. Weil ich habe ja gesagt, mich stört es nicht. Ist ja auch zur Sicherheit, weil der Mann, der ist Informatiker, der sagt immer, er hat Angst vor Bienen und die stechen ihn, und dann haben wir gesagt: ›Die fliegen doch gar nicht in eure Richtung als ihre Beute.‹ Die haben wir extra so aufgestellt, zur Hecke, dass die hochsteigen müssen. Und dann haben die ihren Palisadenzaun und müssen das Elend nicht sehen.« (I. 17, 12')

Es zeigt sich, dass die Möglichkeit, Differenz und das Tun der Nachbar_innen nicht zu sehen, hier offenbar das Miteinander im Gartenverein erleichtert. Der errichtete Sichtschutz hat darüber hinaus auch eine schützende Funktion gegen weitere Invasionen vom Nachbargrundstück wie Insekten und Pflanzensamen, die vom als different eingeordneten gärtnerischen Tun der Nachbar_innen ausgehen (s. Kapitel 3.1). Die Errichtung physischer Barrieren macht einen konfliktarmen Umgang mit Differenz in diesem Kontext möglich.

Fazit

Wenn Kleingärtner_innen Differenz nicht riechen, hören oder sehen, erregt diese weniger Ärgernis. Doch gerade in der Gartennachbarschaft sind sinnesbezogenen Marker von Differenz oftmals schlecht zu umschiffen. Mehr noch als bei einem Gebäude schlüpfen Sinneseindrücke, mit denen sich Differenz verbinden lässt, über die Parzellengrenzen hinweg. »What slips beyond the containment of a house (the glimpses, smells, and sounds) is thus the spatial and material substance of an unbidden encounter – a difficult interrelatedness arising in the most intimate spaces of daily life.« (Gökarıksel/Secor 2023: 386) Interessant ist dabei, dass die Kleingärtner_innen die Bewertung und Einordnung ihrer sinnesbezogenen Eindrücke oftmals nicht unabhängig davon treffen, wer die emittierenden Personen sind. Je nachdem, in welchem Verhältnis sie sich zueinander stellen, reagieren sie mit mehr oder weniger Toleranz beziehungsweise agieren mehr oder weniger rücksichtsvoll. Häufig lesen die Gärtner_innen ihre Sinneseindrücke in diesem engen nachbarschaftlichen Setting im Kontext von Differenz und interpretieren und verhandeln sie entsprechend.

4.2 Begegnungen am Schaukasten

In einem Gartenverein sind nur die Parzellen privat gepachtet. Alle anderen Bereiche der oft recht weitläufigen Anlagen sind mehr oder weniger öffentlich zugänglich (s. Kapitel 3.4) – sowohl die Wege zwischen den Parzellen als auch das Rahmengrün, die Vereinswiese und der Spielplatz. Situationen des gelegentlichen alltäglichen Kontakts zwischen Vereinsmitgliedern, aber ebenso mit Fremden können sowohl in diesen öffentlichen Bereichen entstehen als auch zwischen öffentlichen Wegen und privat genutzten Parzellen (je nach Heckenhöhe bzw. Einsehbarkeit). Der Bereich vor dem Schaukasten auf dem Vereinsgelände wird im Gartenverein wie ein kleiner öffentlicher Ort genutzt. Die oft verglasten und verschlossenen Aushangtafeln, die es in einigen Vereinen an einer, in größeren sogar an verschiedenen Stellen auf dem Vereinsgelände gibt, nutzt vor allem der Vorstand. Sie dienen der Bekanntgabe aktueller Termine im Gartenjahr wie Gemeinschaftsstunden, Sommerfest, Gruppentreffen und Gartenbegehungen, für Mitteilungen zum An- und Abstellen der zentralen Wasserzuleitungen im Frühling und Herbst, für Ankündigungen des Stadtverbands, zum Beispiel bei Gartenwettbewerben, aber auch für Ermahnungen und Hinweise zur Kleingartenordnung, für Hinweise auf freie Parzellen und Kontaktinformationen zum Vorstand.

Als kleiner Ort am Eingang der Anlage bietet der Schaukasten die Möglichkeit, in gelegentlichen, losen Kontakt mit Fremden oder Bekannten zu treten. Mit ein paar unverfänglichen Worten zum Wetter, zur Gartensaison, anstehenden Arbeiten oder aktuellen Vereinsangelegenheiten lassen sich an diesem Ort neue soziale Beziehungen aufnehmen oder bereits etablierte weiterführen.

> »Jim und ich fahren mehrmals mit der Schubkarre vom Garten zum Auto. Bei einer der Touren stehen ein paar Leute am Schaukasten am Eingang und sprechen uns an: ›Man kennt euch ja gar nicht – seid ihr neu?‹ Ich antworte: ›Nee, ich bin schon seit sechs Jahren dabei, Garten Nummer XX!‹ Der freundliche Mann antwortet, dass sie seit 30 Jahren dabei sind. Ich stelle mich mit Vornamen vor, sie auch, und wir geben uns die Hand. Alle freuen sich, wir lachen. Als wir beim nächsten Mal vorbeikommen, sagt er lachend: ›Wir stehen hier immer noch, wir sind nicht so schnell.‹ Ich: ›Na, macht doch nichts, der Tag ist ja noch lang.‹ Eine weitere ältere Dame ist dazugestoßen und ruft uns zu: ›Und ich bin seit 50 Jahren hier!‹ – ›Oh‹, sage ich und laufe auf sie zu, um mich auch ihr vorzustellen, und wir geben uns die Hand. Ist die Geste

vielleicht zu förmlich für die Gartensituation? Ich gehe wie selbstverständlich davon aus, dass ältere Leute mit Handschlag begrüßt werden wollen. Ich freue mich über die Situation und sie offenbar auch.« (P. 21, 190407)

Der Schaukasten fungiert in dieser Szene als Knoten- und Kontaktpunkt, an dem sich verschiedene Vereinsmitglieder treffen, vorbeigehen oder stehenbleiben. Er ermöglicht einen Standpunkt, von dem aus Vorbeigehende auf ihre Zugehörigkeit zum Verein angesprochen werden können. Aufgrund einer beladenen Schubkarre ist jemand eindeutig als Vereinsmitglied identifizierbar. Nirgends in der Stadt, außer auf dem Gelände von privaten Hausgärten, Gärtnereien und eben an und um Kleingärten, bewegen Menschen Güter mithilfe von Schubkarren. Dies ermöglichte dem älteren Vereinsmitglied die Kontaktaufnahme. Das Kennenlernen wird durch die Nennung der Dauer der Mitgliedschaft flankiert; wer nicht bekannt ist, wird um Auskunft gefragt, ob sie_er »neu« ist im Verein. Als Antwort wird erwartet, dass die Anzahl der Mitgliedschaftsmonate oder -jahre genannt wird. Einander mit Handschlag zu begrüßen, ist im Gartenkontext schon etwas skurril. Hier wird die Geste ein wenig aus Unsicherheit oder aus Respekt aufgrund der Altersdifferenz angeboten. Dies lässt die Begrüßung etwas förmlich erscheinen. Dass sie dennoch herzlich bleibt, zeigt, dass sie situativ auch eine besondere Nähe herstellt.

Der Schaukasten als kleiner Treffpunkt und öffentlicher Ort in der Anlage bietet auch in der folgenden Situation Anlass stehenzubleiben und ein paar Worte mit Fremden oder Bekannten zu wechseln, Neuigkeiten auszutauschen und sich zu informieren.

»Nach dem Mittag mache ich einen Spaziergang durch die Anlage. Es sind fast nur Rentner_innen da. Am Schaukasten in Eingangsnähe bleibe ich etwas stehen und ›warte‹ auf einen älteren Mann, der hier auch einen Garten hat, Walter heißt er, glaube ich. Ich kenne ihn von Sommerfesten und anderen Vereinsangelegenheiten, aber nicht gut oder persönlich. Ein Dritter, auch ein älterer Mann, kommt dazu. Als Walter merkt, dass ich stehengeblieben bin, begrüßt er mich mit: ›Na, auch schon ins Jahr gestartet?‹ (oder irgendwas mit Frühling). Ich antworte: ›Ja, bei dem Wetter!‹ So finden wir unverfänglich Kontakt. Der Dritte fragt, weil wir an der Aushangtafel stehen: ›Und, gibt's was Neues?‹ Wir schauen zu dritt auf die verschiedenen Informationen, viel zu flüchtig, um sie zu lesen, aber das meiste kennen wir bereits. Ich sage, dass ein Gewächshaus zu verschenken sei. ›Das ist von meinem Nachbarn, von Erna, das ist weg, das hab ich gestern abgerissen. Die

Neuen wollten es nicht. Da stand so hoch (zeigt Kniehöhe) das Unkraut drin, und die Tomaten von vor zwei Jahren!‹ – ›Ja, die Erna, die konnte nicht mehr, war ja auch über 80.‹ – ›88 war sie.‹ – ›Na, wenn ich so alt bin, kann ich auch nicht mehr!‹ – ›Aber Bier trinken kannst du dann noch!‹ – ›Ja, klar!‹« (P. 20, 190401)

In dieser Situation wird darüber hinaus deutlich, wie relativ Alter ist. Die zwei Gärtner sind vermutlich selbst Rentner um die 70 Jahre. Sie sprechen über eine ehemalige Nachbarin, die ihren Garten aus Altersgründen aufgegeben hat, als »alt« – sie ist 88 Jahre – und damit ca. 15 bis 20 Jahre älter als sie. Ihre Art, Altersdifferenz zu thematisieren, ist an Überlegungen dazu geknüpft, über welche gartenbezogenen Fähigkeiten sie »im Alter« noch verfügen werden. Während sie davon ausgehen, dass sie selbst mit Ende 80 ebenfalls nicht mehr genug Kraft für ihren Garten haben werden, halten sie es für wahrscheinlich, dass sie noch in der Lage sein werden, Bier zu trinken. Während sie annehmen, gewisse Fähigkeiten einzubüßen, erheitert sie der Gedanke, dass ihnen der Genuss von Bier und damit die entspannte Seite des Gartens erhalten bleiben wird. Das Gespräch ist insgesamt geprägt durch eine fast intime Atmosphäre, die sich zwischen den beiden Männern entfaltet. Sie lassen mich daran teilhaben, weil wir alle in einem Verein gärtnern, die Saison gerade beginnt und wir zusammen vor diesem Schaukasten stehen.

Fazit

Die sozialen Beziehungen, die auch über Differenzen hinweg an einem Ort wie dem Vereinsschaukasten unverfänglich und oft flüchtig geknüpft werden, sind zunächst lose. Wenn es sich um bereits bestehende Kontakte handelt, eignet sich dieser Ort, um sie zu aktualisieren, während neu hergestellte Kontakte zu einem späteren Zeitpunkt wieder aufgegriffen werden können, um in weiteren Gesprächen daran anzuknüpfen. Dass Gartenvereine nicht nur aus einzelnen privat gepachteten Parzellen bestehen, ermöglicht diese Begegnungen und diesen Austausch auf öffentlichem Terrain, wo sich auch Vereinsmitglieder begegnen können, die keine direkten Nachbar_innen sind.

4.3 Das Vereinshaus als physische Manifestation der Gemeinschaft

Das Vereinshaus manifestiert physisch ein Zentrum des Vereinsgeländes, wobei nicht alle, aber ein Großteil der Gartenvereine über ein eigenes Vereinshaus verfügt. In vielen Vereinen ist es nicht öffentlich zugänglich, sondern nur zu bestimmten Zeiten; manche Vereine verpachten es an einen gastronomischen Betrieb, manche bewirtschaften es selbst zu bestimmten Zeiten, andere vermieten es für private Feiern. Im Jahresverlauf dient das Vereinshaus für regelmäßige Vereinsveranstaltungen wie die Mitgliederversammlung, das Sommerfest und das Wintergrillen, die Vorstandssitzungen und die Vorbereitung der Vereinsfeste, aber auch für kleinere Veranstaltungen, die die Mitglieder organisieren, wie Gruppentreffen, Kaffeeklatsch, Basteltreffs, Flohmärkte und Saatguttauschbörsen. Die Größe, Ausstattung und Nutzung des Vereinshauses ist von Verein zu Verein unterschiedlich. In einigen Vereinen hat die_der Vorsitzende darin außerdem ein kleines Büro, das für die regelmäßigen Sprechstunden mit den Mitgliedern genutzt wird. Angrenzend an das Vereinshaus liegt meist eine ausgedehnte, öffentlich zugängliche Vereinswiese mit Spielplatz, der in einigen Fällen wochentags auch von Kindertagesstätten und Kindergärten oder Tagesmüttern und -vätern mit ihren Gruppen mitgenutzt wird.

Das Vereinshaus wird vor allem im Rahmen der Zusammenkünfte der Vereinsgemeinschaft in den sozialen Praktiken durch die Mitglieder angeeignet. Dadurch erhält es seine Bedeutung als Ort des Vereinslebens. Allerdings ist das Vereinsleben bei den verschiedenen Mitgliedern ganz unterschiedlich konnotiert. Auch in seiner symbolischen Bedeutung als Gemeinschaftsort bietet das Vereinshaus den Mitgliedern die Möglichkeit, die eigene Identifikation mit dem Verein zu konstruieren beziehungsweise sich an den vorhandenen Identifikationsangeboten abzuarbeiten. Dabei ist zu erörtern, wie die Aneignung dieses Ortes gelingt oder misslingt, wer sich wohlfühlt, wer dort wie agiert und wer dabei mehr, wer weniger Macht hat, und ob es darin Teilterritorien gibt, die bestimmte Gruppen für sich in Beschlag nehmen.

Dass die Identifikation mit Verein und Vereinshaus nicht bruchlos verläuft und neuen Mitgliedern durchaus schwerfallen kann, zeigt die Anmerkung eines Gärtners um die 30 Jahre, der erst seit ca. einem Jahr im Verein ist. Er hatte das Vereinshaus bis zum Sommerfest, bei dem er am Essensstand mitgearbeitet hat, noch nie betreten. Für ihn ist es ein fremder Ort: »Ich nehm's so wahr, dieses klassisch Deutsche irgendwie. Wenn ich da hingeh und mir den Gemeinschaftsraum angucke, das ist für mich irgendwie so halt sehr eingestaubtes Deutschsein.« (I. 8, 20') Ihn befremdet offenbar die Einrichtung, aber auch die Aneignungsmöglichkeiten des Vereinshauses, und er distanziert sich sozial und kulturell davon, weil es für ihn nicht zeitgemäß ist, dass sich darin das »klassisch deutsche« (und angestaubte) Vereinsleben manifestiert, das Menschen anderer Herkunft ausschließt und ihn als jüngeren Menschen abstößt.

Ort für Gemeinschaftsrituale

Vereine mit eigenem Vereinshaus, in dem ein Großteil der Mitglieder gleichzeitig Platz findet, können ihre Mitgliederversammlungen dort im kühlen Frühjahr wettergeschützt abhalten. Dies ist im Gartenjahr neben dem Sommerfest (und eventuellen Winterevents) der einzige Anlass, zu dem sehr viele Vereinsmitglieder gleichzeitig an einem Ort zusammentreffen und alle Register des Hauses gezogen werden: Die knarzende Lautsprecheranlage wird in Betrieb genommen, einige Leute, vor allem Frauen*, bringen die Küche auf Hochtouren, bedienen am Tresen und sogar im Saal. Es werden alle Tische und Stühle aufgestellt, die sonst meist zusammengeklappt und aufgestapelt in einer Ecke des Saals verstaut sind.

Etwas strenger Ritualisiertes als die jährliche Mitgliederversammlung eines deutschen Vereins ist kaum vorstellbar. Alle Vorurteile, die es gegen die (aus bürgerlicher Sicht abgewertete) »Vereinsmeierei« geben kann, lassen sich daran festmachen. Die Vereinsmitglieder versammeln sich dafür jährlich an einem Samstag- oder Sonntagnachmittag im großen Vereinssaal, oft zu Beginn des Gartenjahres im März. Damit fungiert die Mitgliederversammlung im Vereinshaus kommunikativ als Auftakt des neuen Gartenjahres und Ort des Wiedersehens der Mitglieder nach langen Wintermonaten, in denen im Verein aufgrund von Witterung und Dunkelheit kaum Begegnungen stattfinden.

Dadurch, dass alle sich zu diesem Anlass gleichzeitig in einem Raum versammeln, wird »Verein« für eine kurze Weile auch körperlich erleb- und sinnlich wahrnehmbar. Die Versammlung dient der gemeinschaftlichen Verständigung und Information über Vergangenes und Bevorstehendes im Vereinsleben, einem ritualisierten gemeinsamen Gedenken an verstorbene Vereinsmitglieder, der kollektiven Gratulation zu besonderen Jubiläen einzelner Mitglieder und der Begrüßung neuer Mitglieder sowie gelegentlich auch dem Feiern eigener Erfolge bei Kleingartenwettbewerben. Darüber hinaus bildet die Versammlung regelmäßig einmal jährlich die institutionalisierte Möglichkeit eines kurzen Austauschs der Mitglieder untereinander und mit dem Vorstand über mögliche Kontroversen in Bezug auf das Vereinsleben und dient der quasidemokratischen Abstimmung über Neuregelungen in Verein und Verband. Damit hat die Versammlung eine organisatorische Scharnierfunktion zwischen Vorstand und Mitgliedern in Bezug auf die Verständigung darüber, was (dieser) Gartenverein ist und sein möchte. Dies zeigt sich auch an der regelmäßigen Referenz auf »unsere Gartengemeinschaft« durch den Vorstand während der Versammlung. Durch Bezugnahmen auf die Stadtverbandsebene stiftet sie darüber hinaus eine Verbindung zum stadtweiten Kontext und damit zur Gesamtheit der Kleingartenvereine im Stadtgebiet.

Die Atmosphäre zu Beginn einer exemplarischen Mitgliederversammlung eines Vereins lässt sich auf der Basis meiner Beobachtungsprotokolle wie folgt skizzieren: Die Mitglieder treffen langsam ein, es ist laut im Saal, alle begrüßen einander, unterhalten sich, schauen umher, Kinder und Hunde laufen herum. In der Küche wirbeln ein paar Frauen* herum und verkaufen durch die Durchreiche zum Saal den selbst gebackenen Kuchen und Kaffee (in Kännchen), am Tresen gibt es auch Kaltgetränke. Neben dem Eingang sitzt der_die Kassenwart_in des Vereins und fragt nach der Gartennummer. Die Mitglieder bekommen pro Garten eine bunte Pappkarte ausgehändigt, mit der sie später abstimmen können. Sie nehmen Platz an den in langen Reihen aufgestellten Tischen, einige Frauen* laufen dazwischen umher und bedienen mit Getränken. Dann setzt sich das vierköpfige Vorstandsteam an die Tische auf dem Podest im Saal. Die Versammlung beginnt pünktlich, nachdem der erste Vorsitzende eine Glocke geläutet hat.

> »Eindrucksvoll ist jedes Mal der Beginn. Der erste Vorsitzende liest vor: ›Der Vorstand begrüßt die anwesenden Gartenfreunde‹. Und dann sagt er: ›Ich begrüße euch alle herzlich zu unserer heutigen Vereins-Mitgliederversammlung‹. Dann kommt auch schon die Gedenkminute für die verstorbenen Vereinsmitglieder, zu der alle gebeten werden aufzustehen, und dann schweigen alle einen Moment. Das ist immer ein besonderer und beeindruckender Moment. Auch ein Moment, um etwas schwermütig zu werden. Der Vorstand sagt nach diesem Moment: ›Ich danke euch‹, und dann setzen sich wieder alle hin.« (P. 3, 170225)

Zu den Ritualen der Versammlung gehören außerdem die Ehrung von Vereinsmitgliedern, die Gartenjubiläum feiern (mehr als 25 Jahre im Verein), mit Urkunden und Blumen von Verein und Stadtverband, die Gratulation zu runden Geburtstagen (ab 70 Jahren) und zur Silbernen oder Goldenen Hochzeit (»Eheleute soundso«) sowie die namentliche Begrüßung neuer Mitglieder mit Gartennummer, die sich kurz erheben, soweit anwesend. Kurios ist immer wieder, dass das gesamte Protokoll der Mitgliederversammlung des vorigen Jahres vorgelesen wird: »Während des Vortrags [...] drifte ich leicht ab und frage mich, in welchem Jahr wir uns befinden, da darin berichtet wird, was der Vorstand vor einem Jahr über das damals zurückliegende Gartenjahr berichtet hat.« (P. 3, 170225) Es ist »viel Vergangenes im Raum« (P. 31, 200308). Nach dem Kassenbericht, dem Bericht der Kassenprüfung und der Entlastung des Vorstands sowie gelegentlichen Neuwahlen wird die Versammlung etwas lebendiger, wenn es um aktuelle Veränderungen im Vereinsleben geht. Bei einer Mitgliederversammlung wird über die neue Gartenordnung des Stadtverbands abgestimmt, die die Trampoline auf den Parzellen verbietet. Dazu gibt es eine kleine Kontroverse, weil mehrere Mitglieder dagegen argumentieren. Häufig machen Mitglieder auch Vorschläge zur Neuorganisierung der Vereinsstunden (s. Kapitel 3.3), die in den Vereinen ganz unterschiedlich geregelt sind, wobei sich einzelne Mitglieder an den Vorstand wenden. Gefordert wird nicht selten, die Anzahl der Stunden, die pro Jahr gemacht werden müssen, zu verringern. Es geht aber auch darum, zu welcher Uhrzeit bei den Vereinsstunden am Wochenende begonnen wird, ab welchem Alter Mitglieder Ermäßigungen ihrer Vereinsstunden bekommen und wann die Listen, auf denen sich die Mitglieder für die Vereinsstunden anmelden müssen, ausgehängt werden. Manchmal äußern Mitglieder auch spontan ihren Missmut oder ihre Vorschläge, manchmal reichen sie vorher einen Antrag ein.

Die Mitgliederversammlung ist für die Mitglieder oft der einzige offizielle Anlass, an dem sie sich versammeln und Probleme mit Vereinsregelungen oder störende Vorkommnisse im Verein vor einem größeren Publikum ansprechen können. Für den Vorstand, der sich das ganze Jahr über mit entsprechenden Fragen befasst, ist die Versammlung eher eine Pflicht, die er bewältigen muss, falls unerwartet Konflikte mit einzelnen Mitgliedern oder Beschwerden auftreten, auf die er nicht vorbereitet ist, oder falls jemand wieder einmal die »ewigen« Konflikte, gerade im Zusammenhang mit den Vereinsstunden, anspricht.

Weitere Themen wie die Vereinsfeste, der Wegebau, Reparaturen an Wasserleitungen und am Vereinshaus, die Anschaffung neuer Spielgeräte auf dem Vereinsspielplatz, die Einrichtung eines Biotops oder eines Bienengartens, der Hinweis auf das Verbot wilder Müllkippen und die Jahresplanung des Vereins werden weniger kontrovers besprochen. Das Sommerfest war ein voller Erfolg. Der Verein hat soundsoviel Geld eingenommen. Dank an alle Engagierten. Einige Männer* werden namentlich (Vornamen) genannt, die besonderen Einsatz für Bauprojekte im Verein gezeigt haben. Die Nikolausfeier war wieder ein Erfolg, auch das Wintergrillen hinterher war wieder schön gesellig und vielen Dank (drei Frauen* werden namentlich genannt) für die tatkräftige Organisation. Dank auch an die Mitglieder für ihre Kuchen- und Salatspenden. Zwischendurch gibt es immer mal wieder einen kleinen Applaus, der zeigt, dass einige der Anwesenden dem Vortrag des Vorsitzenden aufmerksam lauschen. Die Versammlung dauert eine gute Stunde. Sie endet mit einem Dank und guten Wünschen für das Vereinsjahr durch den Vorstand und dem Gruß: »Gut Grün«. Danach löst sich die Versammlung nur langsam auf, viele stehen noch plaudernd herum, andere klappen die Möbel zusammen und räumen den Saal wieder frei, weitere spülen in der Küche das Geschirr und sortieren die leeren Flaschen, dann zerstreuen sich die Mitglieder in die verschiedenen Richtungen.

Die Ritualisierung des Ablaufs dieser Versammlung dient in erster Linie der korrekten Erledigung der Vereinsaufgabe, jährlich eine Mitgliederversammlung abzuhalten. Innerhalb dieser immer gleichen Form lassen sich besondere gemeinschaftsbezogene Funktionen entdecken. Wenn in bestimmten Tagesordnungspunkten einzelne Vereinsmitglieder hervorgehoben werden, werden sie in diesem besonderen Moment der Aufmerksamkeit für die anwesenden Mitglieder in der Vereinsöffentlichkeit sichtbar. Mit der Nennung der Namen der verstorbenen Mitglieder und der kollektiven Schweigeminute werden die Verstorbenen symbolisch aus der Gemeinschaft verabschiedet. Demgegenüber haben die Mitteilungen zu Aktivitäten im Vereinsleben und zu anstehenden und zurückliegenden Arbeiten auf dem Vereinsgelände die Funktion, in groben Zügen die verschiedenen Anlässe anzukündigen, zu denen sich im Jahresverlauf die Gartenvereinsgemeinschaft erneut manifestieren wird.

Aushandlung von Veränderungen beim Sommerfest

Der feierliche Höhepunkt im Vereinsleben stellt in vielen Vereinen das Sommerfest dar, das manche sogar über ein ganzes Wochenende auf der Vereinswiese und im Vereinshaus feiern. Das Sommerfest zeigt das Selbstverständnis eines Vereins auch im Hinblick darauf, wie inklusiv oder exkludierend er mit Differenz und den Veränderungen im Verein umgeht. Es eignet sich als Beispiel für die Perspektive dieses Forschungsprojekts, da es hinsichtlich dessen Durchführung immer wieder Aushandlungsprozesse gibt, zum Beispiel zu

Programmpunkten und Essensangebot. Dies kann immer auch als Aushandlung in Bezug auf die Zielgruppen des Sommerfests und die Offenheit des Vereins für Veränderungen gedeutet werden. Auch der Balanceakt, den es bedeutet, so viele verschiedene Mitglieder zu integrieren, wird ausgehandelt: Große Veränderungen würden diejenigen schrecken, die das Gewohnte erwarten, aber sich nicht zu verändern, kann neue Mitglieder ausgrenzen. Hier kann also davon ausgegangen werden, dass sich anhand der Durchführung des Sommerfests darauf schließen lässt, wie bewusst ein Verein sich der vorhandenen internen Differenzen ist und wie beherzt er den Wandel der eigenen Sozialstruktur diesbezüglich mitgestaltet (wieder mehr Kinder; mehr Menschen, die aus religiösen Gründen weder Alkohol trinken noch Schweinefleisch essen etc.). Wenn ein Verein bezüglich der sozialen Zusammensetzung seiner Mitglieder im Umbruch ist, zeigt sich dies auch daran, wie er seine Feste (neu) ausgestaltet und welche Aushandlungen es darum gibt.

Will ein Gartenverein seine Feste so gestalten, dass sich möglichst viele Mitglieder davon angesprochen fühlen und teilnehmen, muss er sich über die diversifizierten Bedürfnisse der Mitglieder klarwerden und Formen finden, das Bisherige zu wandeln und gleichzeitig Angebote für ältere Mitglieder bereitzustellen. Das Argument für Veränderungen im Verein ist für ein langjähriges Mitglied eines Vereins, Mitte 60, entsprechend das Folgende: »Und so ein Sommerfest ist dann nur so ein Anlass dazu [zur Integration im Verein]. Wo man sagen könnte, lasst uns das doch mal so machen, dass da jeder Spaß dran hat, und nicht nur die Leute, die nur Bier und Würstchen zu sich nehmen.« (I. 22, 46') Demgegenüber beschreibt dieser Gärtner die bisherigen traditionellen Formen des Feierns beim Sommerfest seines Vereins als unpassend für einen großen Teil der Mitglieder:

> »Und jetzt haben wir einen anderen Vorstand und das heißt, der Vereinspräsident, der ist muslimischer Ausländer, in Anführungszeichen. Was natürlich eine 100, ach, 370 Grad gedrehte Wendung ist, weil ein Problem beim Sommerfest ist, dass die ganzen 50 Prozent Muslime, die hier sind, die gehen nicht zum Sommerfest, weil da gibt's nur Schweinefleisch. Da gibt es für die nichts zu essen. Die Leute saufen, bis der Arzt kommt. Was machen Muslime, die keinen Alkohol trinken? Also das Angebot war doch sehr einseitig ausgerichtet.« (I. 22, 15')

Er hofft, dass das Fest durch die Neubesetzung des Festkomitees vielfältiger wird, wobei er insbesondere für die Kinder auch der früheren Form einiges abgewinnen konnte:

> »Es gibt ein neues Organisationskomitee. Den Festausschuss. Also Leute, die sich halt ein bisschen Gedanken machen, wie das läuft. Es lief immer gleich. Es gab einen festen Ritus, wie das läuft. Das war übrigens auch nett. Sonntags das Kinderfest, das war total nett. Natürlich die übliche Sauferei, aber es gab dann so übliche, ganz tolle Stände. So Ballwerfen und Dosenwerfen, Ponyreiten und so was. Und die Kinder sind total ausgeflippt auf solche Sachen. Wunderschön. Das fand ich sehr gut. Aber auf der anderen Seite eben das Problem, dass nicht alle im Verein miteinbezogen sind. Und das Angebot halt nicht so da ist. Und das soll anders werden. Das versucht man anders zu machen. Das heißt, da weht jetzt ein anderer Wind. Wie sich das auswirkt, das weiß ich nicht. Die Zusammensetzung des Vorstandes, also die ganzen Leute, die was machen, hat sich dadurch nicht verändert, es ging nur um den Vorsitz. Und ob die jetzt so mitziehen? Ich weiß es nicht genau. Ich bin da auch relativ... Weiß ein bisschen was darüber, aber nicht viel. Warum auch?« (I. 22, 18')

Um die etablierten Feierrituale der Vereine zu verändern, ist aus Sicht derer, die sich Veränderungen wünschen, einiges an Engagement für Überzeugungsarbeit und Diskussionen nötig, was sich auch auf die räumlichen Arrangements beim Fest bezieht. Eine jüngere Pächterin beschreibt das Sommerfest distanziert wie folgt: »Also das Konzept ist ja schon immer, du hast da deine ein, zwei, drei Schalala-Musik, dann hast du einen Grill, dann hast du Bierbänke und nebenbei noch eine Hüpfburg für die Kinder und zwei Clowns.« (I. 13, 44') Sie und ihre Freund_innen, alle Akademiker_innen Anfang 30 aus dem Alternativmilieu, finden sich in diesem Konzept nicht wieder. Für sie ist das Fest »eine geschlossene Veranstaltung, die auf so einem Ballermann-Niveau stattfindet« (I. 13, 46'). Sie malt sich eine neue Form des Vereinsfests wie folgt aus:

> »Dass man zum Beispiel sagt, man legt mehr Wert darauf, dass eben diese Biertisch-Atmosphäre überhaupt nicht da ist, das heißt diese, es stehen der größte Teil mit Biertischen voll, das gibt es gar nicht. Sondern es gibt eine große Bühne und da findet Livemusik statt, und zwar aller Couleur. Das ist nicht nur Schalalala, sondern auch schöne Livemusik. Und dann gibt es so kleine Essmöglichkeiten. Du kannst auf dem Boden sitzen, da liegen überall

> Kissen. Du kannst stehen, aber du hast nicht dieses: Man sitzt Rücken an Rücken und hat seinen Biertrog vor sich. Also wenn das einfach aufgebrochen wird. Und das mehr wie so ein Familienfestival wird.« (I. 13, 45')

Um das, was sie als geschlossen wahrnimmt, zu verändern, wünscht sie sich sowohl andere Musik, unter anderem Livemusik, die verschiedene Gruppen anspricht, als auch eine andere räumliche Gestaltung und Raumnutzung. Allerdings gehen sowohl die junge Gärtnerin als auch der Gärtner Mitte 60 davon aus, dass das traditionelle Sommerfestkonzept ihrer Vereine ausgesprochen stabil und schwer zu verändern ist.

Eine Interviewpartnerin Anfang 40, seit fast 10 Jahren Vereinsmitglied, hat ebenfalls neue Vorschläge für die Ausgestaltung des Sommerfests in ihrem Verein, insbesondere im Hinblick auf das Speisenangebot. Vor einigen Jahren hat sie von ihrer älteren Nachbarin die Aufgabe der Küchenplanung für das Sommerfest des Vereins übernommen. Sie würde gern das Speisenangebot beim Sommerfest diversifizieren, vor allem mehr vegetarisches Essen anbieten. Dies stößt auf Widerstände des Vorstands, der ihre Vorschläge ablehnt, sodass sie kaum Veränderungen erwirken kann.

> »Ja, neue Impulse [durch die neuen Mitglieder], genau. So viel zum Thema ›wir machen mal anderes Essen beim Kleingartenfest‹. [...] Aber da kriegst du den Vorstand... Das ist echt schwierig. [...] Also was der Vorsitzende dann sagt, ist ja zu Recht: ›Lass uns doch die traditionellen Sachen machen, weil wir haben ja den Thai da, und jetzt waren ja auch die Türken da, die...‹ Das fand ich ja total schön. Da hat er gesagt: ›Wir sind doch hier schon total international. Der Thai kommt und der Türke kommt und macht dann gefüllte Pides. Komm, dann lass *uns* doch die Bratwurst und so machen.‹ [...] Ja, aber überleg dir mal den Wechsel. Früher, als wir neu im Garten waren, hat das alles Selma gemacht mit den ganzen alten Damen. Und jetzt machen das alles junge Leute, und trotzdem ist so wenig Wandel möglich. Und wenn du dir aber auch... Ich finde, wenn du dir anguckst, wer zum Fest kommt, ist es überwiegend auch noch so 60 Plus. Und dann gibt es so die Familien, die da kommen. Oder nehme ich das falsch wahr? Also ich finde, das ist schon viel so dieses Alteingesessene.« (I. 5, 29')

Diese Aushandlung zeigt so vieles. Einerseits verdeutlicht sie, dass bei Vereinsfesten eine größere Vielfalt der Speise- und Getränkeauswahl nicht nur aufgrund zunehmender religiöser und kultureller Differenzen notwendig wird. Wie bereits Bourdieu in *Die feinen Unterschiede* (1987 [1979]) zeigt, ist auch der

Geschmack in Bezug auf Ernährung durch die soziale Klasse geprägt. Im Falle der Gartenvereinsfeste hat die Zunahme von Mitgliedern aus der Mittelschicht, aber auch jüngerer Mitglieder und von Mitgliedern mit Migrationsgeschichte zur Folge, dass mehr Festbesucher_innen vegetarisch oder vegan essen beziehungsweise auch andere Speisen bevorzugen. Die Wahl der Getränke fällt nach wie vor vorwiegend auf Bier, Wein oder Cocktails, allerdings wird inzwischen neben Wasser, Kaffee, Saft und Limonaden auch alkoholfreies Bier angeboten. Auch unter Nichtmuslimen im Gartenverein ist es üblicher geworden, auf Alkohol zu verzichten.

Andererseits zeigt das Gespräch, das die Interviewpartnerin wiedergibt, wie in diesem Gartenverein anhand der Aushandlung des Essensangebots Differenz ausgehandelt wird, wobei aus Sicht des Vorstands die Hegemonie auf dem Spiel steht. Die oberflächliche Diversifizierung des Angebots ist für den Vorsitzenden schon ein deutliches Signal dafür, dass der Verein weltoffen und »total international« ist. Die Aushandlung der Zugehörigkeit zum Verein ist dennoch ausgrenzend, denn das »Eigentliche« ist die Bratwurst als letzte Bastion des deutschen Vereinslebens, während »der Thai« und »der Türke« die Öffnung des Eigentlichen für das Andere erledigen. Ihre Speisen werden einmal im Jahr beim Vereinsfest inkludiert, allerdings ohne dabei Teil der Norm zu werden, weil sie immer gleichzeitig als different, als das Andere der Norm, hervorgehoben werden (Foucault 2001b).

Dass das Vereinshaus anlässlich des Sommerfests auch neu angeeignet und dabei zu einem Begegnungsort für unterschiedliche Mitglieder werden kann, erläutert mir ein 30-jähriger Gärtner, der neu im Verein ist. Beim Sommerfest seines Vereins macht er die Erfahrung, dass das ihm fremde Territorium des Vereinshauses als Ort der Begegnung zwischen Jung und Alt fungiert und er sich dort wider Erwarten willkommen fühlen kann:

> »Die Alteingesessenen hatten [beim Sommerfest] so ihr Vereinslokal... Auch in der Küche, als ich da war und da die Currysauce warmgemacht habe, da waren alles... ältere Leute. [...] Ich hatte das Gefühl, die haben sich gefreut, dass ich kam [I: Ein junger Mann!], ja, genau, ja genau das. Es waren auch ausschließlich Frauen. Und ich hatte das Gefühl, die freuen sich, so. Die finden das ganz cool, dass ich kam und die Currysauce da auf dem Herd warmgemacht habe. Und dann hab ich zwischendurch mal gefragt nach einem Schöpflöffel, und dann wurd‹ halt'n Witz gemacht, und so, ja, das fanden sie, glaub ich, ganz cool, ich hatte zumindest nicht das Gefühl, dass ich da nicht

Willkommen bin, das auf jeden Fall nicht. Aber trotzdem sind die einzelnen Orte so besetzt von bestimmten Gruppen.« (I. 8, 26')

Der Humor im Miteinander und sein Einlassen auf die älteren Frauen*, in deren Territorium er sich befindet, überbrücken in dieser Szene die Differenzen zwischen ihnen; beide Seiten sind offenbar auch neugierig aufeinander.

Neben der Beschäftigung mit dem Angebot, das das Sommerfest bietet, machen seine Überlegungen auch noch einen anderen Aspekt sichtbar, der für Neugärtner_innen relevant werden kann. Denn wer bei so einem Fest noch niemanden kennt, für die_den kann es schwer sein, sich dort wohlzufühlen. Dies liegt auch an dem vorwiegend geselligen Aspekt von Vereinsfesten, bei denen Bekannte zusammen an Biertischgarnituren sitzen oder an Stehtischen stehen und damit Fremden wenig Anschlussmöglichkeit geben. Gute Gelegenheiten, Kontakt mit anderen Vereinsmitgliedern aufzubauen, sind für ihn die kleinen Gespräche im Rahmen seiner Aufgaben am Essensstand und in der Küche. Die durch den Verein auferlegte, quasiinstitutionalisierte Gemeinschaftsarbeit im Rahmen des Fests ermöglicht also fast unausweichlich Kontakt, Kooperation und gegenseitige Angewiesenheit aufeinander in der Situation (s. Kapitel 3.3).

Zugleich ermöglicht das Sommerfest eine gewisse Unverbindlichkeit der Teilnahme, die der Gärtner als entspannt erlebt, da er am Fest teilnehmen, aber jederzeit Rückzug im eigenen Garten finden kann.

»Ich find, das [Sommerfest] ist nett. Es war schwierig, weil wir [seine Freundin und er] erst mal keinen kannten. [...] Und dann sind wir da kurz hin, haben ein Getränk zu uns genommen. [...] Wir waren wirklich nicht lange da, wir waren zehn Minuten da, wir kannten niemanden, und irgendwie war es fremd, wenn man niemanden kennt. [...] Und auch in diesem Vereinshaus ist man einfach nicht oft, das ist auch ein fremder Ort irgendwie. Also ich hab das Gefühl, immer wenn ich in den Kleingarten gehe, dann geh ich diesen Weg [zu unserem Garten] lang, aber eigentlich geht man zu diesem Vereinsheim halt nie. Und auch dieser Bereich, alles, was dahinter ist, das ist irgendwie so fremd. Von daher war der Ort irgendwie fremd, ich kannte den vom letzten Jahr, da waren wir da halt auch beim Fest, und die Leute waren fremd. Und deswegen haben wir es da nicht lange ausgehalten und haben da nicht so den Sinn drin gesehen und dachten, ach komm, wir gehen wieder zurück zum Garten. Aber das ist halt auch cool, weil man sich hier zurückziehen kann. Wenn man halt Bock drauf hat, dann geht man da [zum Fest] halt hin, aber ich habe jetzt keine Erwartungshaltung gespürt uns gegenüber, weil uns vielleicht auch keiner kannte. Aber wenn man dann keinen

> Bock mehr hat, dann kann man halt auch irgendwie in seinen Garten gehen und da irgendwas machen. Das fand ich so ganz entspannt.« (I. 8, 13')

Der geringen sozialen Einbindung im Verein kann er sogar einiges abgewinnen, weil sie ihm Entscheidungsautonomie bietet. Niemand trägt Erwartungen an ihn heran, sich für eine bestimmte Zeit beim Fest blicken zu lassen. Auch das räumlich offene Arrangement des Gartenfests und die Nähe zur privaten Parzelle tragen dazu bei, dass er sich das Fest zumindest temporär zu eigen macht.

Kontrastfall: Vereinsleben ohne Vereinshaus – ein Kunstfestival im Gartenverein

Im Kontrast zu den bisher dargestellten, auf das Vereinshaus bezogenen gemeinschaftlichen Aktivitäten in Gartenvereinen möchte ich ein Beispiel eines Gartenvereins diskutieren, der sein lebendiges Vereinsleben ganz ohne Vereinshaus, Vereinswiese und -spielplatz ausgestaltet. Der (außergewöhnlich kleine) Verein, um den es geht, ist sicherlich besonders. Er zeichnet sich durch eine spezifische soziale Dynamik aus, die damit zu tun hat, dass der Verein recht homogen ist im Hinblick auf die Sozialstruktur der Mitglieder, ihren Lebensstil (eher alternativ) und das Geschlecht – viele Pächter_innen sind Frauen*. Der Gartenverein stellt im Rahmen seines Vereinslebens alle drei Jahre ein besonderes, dreitägiges Kunst- und Kulturevent auf die Beine. Dafür machen die Mitglieder etwa die Hälfte der privaten Gärten öffentlich zugänglich für die Ausstellung von bildender Kunst – Skulpturen, Malerei und Fotografie, Videoarbeiten, Installationen und Performances regionaler Kunstschaffender – sowie für kleinere Konzerte. Eine Gruppe von etwa zehn engagierten Vereinsmitgliedern, fast ausschließlich Frauen* zwischen 45 und 70 Jahren, organisiert das Festival. Um Speisen und Getränke etwas wettergeschützt bereitzustellen, nutzen sie einen bushaltestellenartigen Unterstand auf ihrem Vereinsgelände als Café und Versorgungsstation – improvisiert, ohne Wasseranschluss, mit Grill, Getränken und einem Kuchenbüfett. Die Gärtner_innen bringen Geschirr und Besteck aus den Lauben mit und waschen bei Bedarf während des Tages ab, der Transport wird in Wäschekörben oder großen Schüsseln bewerkstelligt.

Es entsteht hier auch ohne das Vehikel Vereinshaus ein kommunikativer temporärer Raum, sowohl für die Vereinsmitglieder untereinander, die alles organisieren und dabei zur Gruppe zusammenwachsen, als auch für die Gäste und den Kontakt der Gärtner_innen mit den Gästen. Besonders erstaunlich ist, dass den Gästen im Rahmen des Events Eintritt und Einblick in manche Gärten und Lauben gewährt wird. Diese Parzellen verlieren für die Zeit des Wochenendes ihren exklusiven, privaten Charakter, auch wenn nie zur Disposition steht, dass die Parzelle einzelnen Personen zur Nutzung überlassen ist, die den Gästen temporär und nach ihren Regeln Zutritt gewähren. Manche haben eigens Aufenthaltsmöglichkeiten aus Sitzmöbeln oder Kissen bereitgestellt, andere laden nur zum Schauen und Hindurchgehen ein.

Wie schafft es dieser Verein, mit seinen geringen räumlichen Mitteln so ein umfangreiches Kunstevent zu schaffen? Und wie kommt er überhaupt dazu, diese öffentliche Veranstaltung zu initiieren? Allein aufgrund seiner überschaubaren Größe von nur 22 mehrheitlich naturnah gestalteten Parzellen ist der Verein anders als andere Gartenvereine. Da er nur so wenige Parzellen umfasst, finden bei Feierlichkeiten durchaus alle Mitglieder mit Begleitung auf einer Parzelle Platz. Dementsprechend findet die jährliche Mitgliederversammlung auch in einem der Gärten statt. Die an der Organisation des Kulturevents beteiligten Vereinsmitglieder sind alle kunst- und kulturaffin und gehören der Mittelschicht sowie dem alternativen Milieu an. Sie verstehen sich auch privat gut. Eine Motivation für die Veranstalter_innen, alle drei Jahre gemeinsam dieses Festival zu organisieren, ist, den Gästen Kunstwerke regionaler Künstler_innen (von denen einige selbst Mitglieder im Verein sind) in den Gärten des Vereins vorzustellen. Dabei geht es auch um die Interaktion der Kunstwerke mit Pflanzen und anderen Gestaltungselementen in den Gärten, also die Installation und Inszenierung der Gärten selbst. Besonders die ausgestellten Skulpturen, aber auch die Fotografien und Malereien verändern sich in und durch die grüne Umgebung des Gartens, in dem sie stehen, und durch den Platz, der für sie ausgewählt wurde. Der Akt des Ausstellens selbst wird zu einer künstlerischen Handlung. Dass dieses Projekt als Triennale stattfindet und damit fest im Vereinskalender verankert ist, lässt sich unmittelbar auf die besondere und sozial recht homogene Zusammensetzung der beteiligten Vereinsmitglieder und ihre geteilte Begeisterung für Kunst zurückführen. Das, was die Vereinsmitglieder in diesem Verein in bewundernswerter Weise zustande bringen, greift weit über die sonstige Agenda von Gartenvereinen hinaus und bildet insofern eine große Besonderheit.

Fazit

Das Gartenvereinsleben ist insgesamt durch seinen Open-Air-Charakter gekennzeichnet. Da viele Vereine über ein Vereinshaus verfügen, wird dieses ergänzend für größere gemeinschaftliche Anlässe wie die Mitgliederversammlung und Festlichkeiten genutzt und dabei durch die Mitglieder angeeignet. Die unterschiedlichen Überlegungen zur (neuen und früheren) Ausgestaltung der Sommerfeste verdeutlicht, dass das Vereinsleben im Wandel ist und Traditionen mit neuen Mitgliedern, die sozial anders positioniert sind oder einen anderen Hintergrund haben, nicht bruchlos fortgeführt, sondern neu verhandelt werden müssen, wenn die Gemeinschaft sich verändert. In diesen Aushandlungen steht unter anderem zur Debatte, wie stark oder schnell welche Veränderungen vonstattengehen dürfen.

4.4 Zum Zusammenspiel von räumlichen Gegebenheiten und sozialem Miteinander

Gartenvereine zeichnen sich durch ganz unterschiedlich konnotierte und nutzbare Räume aus. Neben den privat genutzten Parzellen und den Zäunen und Wegen als Übergänge zwischen den Parzellen gibt es weitere Bereiche, die öffentlich zugänglich sind. Viele Vereine verfügen dabei über ein Vereinshaus, das nur zu bestimmten Anlässen gemeinschaftlich genutzt und angeeignet werden kann. Die räumlichen Gegebenheiten im Gartenverein ermöglichen und prägen dabei die Differenzaushandlungen in Nachbarschaft und Vereinsgemeinschaft. Von der großen und unumgänglichen Nähe der Parzellen zueinander, den unausweichlich miteinander geteilten Sinneseindrücken und der manchmal fast quälenden Anwesenheit von Differenz in der Nachbarschaft der Parzellen ist bei einem Vereinssommerfest kaum noch etwas zu spüren, da die Teilnahme daran freiwillig ist und die Nähe, die die Mitglieder zueinander eingehen, in vielen Situationen selbst gewählt werden kann. Dabei bietet auch das Fest Gelegenheit zu Kontakten über Differenzen hinweg und für eine Aneignung der Vereinsräume durch neue Mitglieder. Auf die Beziehungen, die aufgrund der Nachbarschaft oder im Kontext von Vereinsstunden entstanden sind, können die Beteiligten beim Sommerfest zurückgreifen, sowohl im losen Grüßen als auch für intensiveren Kontakt. Demgegenüber bietet die vergleichsweise kurze jährliche Mitgliederversammlung den einzigen Anlass im Vereinsjahr, bei dem ein Großteil der Mitglieder zusammentrifft. Sie kann den auch weitreichenderen Effekt einer punktuellen Selbstversicherung für die sonst eher fragmentierte Gemeinschaft erzeugen.

Die verschiedenen Bereiche in einem Gartenverein ermöglichen verschiedene Intensitäten und Aushandlungen des Kontakts mit Differenz. So ist es kaum von der eigenen Parzelle aus möglich, gezielt oder zufällig anderen Menschen zu begegnen. Die Mitglieder nutzen die Wege zwischen den Parzellen oder bestimmte Vereinsveranstaltungen, um zu anderen Mitgliedern und Vereinsfremden Berührungspunkte herzustellen. Eine alltägliche Besonderheit im Vereinsleben bildet dabei der Kontakt über den Zaun zu den verschiedenen Nachbar_innen der eigenen Parzelle. Hier geht es um eher langfristige, oft dennoch lockere Kontakte zu Vereinsmitgliedern, mit denen zufällig eine Gartengrenze geteilt wird. Das nachbarschaftliche Verhältnis wird unter anderem durch kleine Gaben entwickelt und gepflegt, wobei keine Reziprozität der Gaben herrschen muss (s. Kapitel 3.2).

Im Ganzen zeigt sich, wie die räumlichen Gegebenheiten in spezieller Weise eine Berührung mit Differenz und deren Aushandlung prägen. Der unausweichliche Kontakt mit Differenz kann in Gartenvereinen als angenehm und verträglich erlebt werden oder, ganz im Gegenteil, zu manchen Zeiten auch als schwer erträglich und konfliktbeladen. Es konnte gezeigt werden, in welcher Weise die verschiedenen Orte im Gartenverein die besondere Öffentlichkeit des Vereins prägen, also wo sie Kontakte nahelegen, aber wo auch Rückzug möglich ist. Diese Doppelstruktur von Kontakt- und Rückzugsgelegenheiten, also Formen von öffentlicher und privater Sphäre, ist im Kleingartenverein besonders ausbuchstabiert. So können die öffentlichen Bereiche des Vereins funktionieren, gerade weil ein Rückzug auf die eigene Parzelle möglich ist, wo die Pächter_innen ihren privaten Wirkungsbereich haben. Allerdings ist dieser Rückzug auf die Parzelle aufgrund seiner örtlichen Festlegung auch besonders anfällig dafür, dass Mitglieder Differenz als unangenehm und unausweichlich erleben, während ein Einanderausweichen in den öffentlichen Bereichen des Vereins leicht möglich ist. Der Privatraum der Parzelle hat also aufgrund des Freiluftcharakters der Gartenvereine eine gewisse Öffentlichkeit, die immer auch Gegenstand der sozialen Aushandlungsprozesse der Mitglieder ist.

5. Differenzaushandlung in der Stadt verstehen

Welchen Unterschied machen Gartenvereine in der Stadt? Welche sozialen Funktionen haben sie für Gärtner_innen und die Stadt, also welche Rolle spielt ihr soziales Miteinander für das städtische Zusammenleben? Im Folgenden ziehe ich Schlüsse zur Rolle von Kleingärten als grüne Öffentlichkeiten für die Differenzaushandlung in der Stadt. Die Beschäftigung mit der historischen Entwicklung der Kleingärten hat gezeigt, dass diese längst ihre frühere Funktion zur Subsistenzsicherung verloren haben. Aktuell eröffnet das in den Gartenvereinen viel Spielraum für eine Neuaushandlung ihrer Funktionen und bietet Möglichkeiten für Veränderungen. Um den besonderen Kontext der Differenzaushandlungen im Kleingartenverein herauszuarbeiten, hat diese Studie das Miteinander der Gärtner_innen sowohl aus der Perspektive der Praktiken als auch aus räumlicher Perspektive, also hinsichtlich der Funktionen und Bedeutungen der spezifischen räumlichen Arrangements, in den Blick genommen. Die Analyse hat soziales Miteinander in Kleingartenvereinen aus interaktionsbezogener und praxistheoretischer Perspektive sowie mit ungleichheits- und konfliktsoziologischen Ansätzen erforscht, um herauszufinden, ob und inwiefern sich darin transformatives Potenzial entfaltet.

Differenzaushandlung im Kleingarten aus der Perspektive der Begegnungen

Kleingärten wurden in dieser Studie als städtische Mikroöffentlichkeiten gerahmt, die Möglichkeiten für alltägliche »banale Transgression« (Amin 2002b) bieten könnten, also Bereiche sind, in denen Gesellschaftsmitglieder Differenz nutzen, um einander zu begegnen, sich im alltäglichen Umgang aufeinander zu beziehen und insbesondere durch Begegnungen auf Augenhöhe etwas zu verändern. Für die einzelnen Kleingärtner_innen steht allerdings bei ihren Begegnungen mit Differenz im Verein nicht der gesellschaftliche Nutzen im Fokus. Daher versucht die Studie zu verstehen, wie die Gärtner_innen im Kleingartenalltag mit Differenz umgehen, welche Bedeutung sie Kontakten mit Menschen beimessen, mit denen sie sonst nichts zu tun hätten, und wann sie differenzüberschreitenden Austausch als bereichernd, wann als belastend erleben und bewerten. Inspiriert oder stört sie das »Anderstun« der Anderen? Wann wirkt die Weltsicht der Anderen, die von der eigenen teilweise abweichen mag, bereichernd, wann verunsichernd auf sie? Wie bewerten sie das Auftreten von Konflikten? Wozu führen diese für sie? Auch wenn es keineswegs einfach ist, gesellschaftliche Veränderung empirisch an konkreten alltäglichen Aushandlungen und Praktiken festzumachen, hat die Studie den Versuch unternommen, auf mögliche soziale Verschiebungen zu schließen.

Viele Gärtner_innen sind sich durchaus der Tatsache bewusst, dass sie im Gartenverein mit unterschiedlichen Menschen in Kontakt kommen. Viele äußern eine sozial ausgerichtete Motivation für das Gärtnern im Verein – wenn auch ihr anfängliches Interesse an einer Parzelle oft eher auf ökologische, freizeit- oder erntebezogene Gartenzwecke gerichtet war. Ihre Offenheit für einen differenzüberschreitenden Austausch äußert sich beispielsweise darin, dass sie Freude an intergenerationalen oder interkulturellen Kontakten äußern beziehungsweise Inspiration aus dem »Anderstun« der Anderen im Verein ziehen. Dies bedeutet, dass manche Gärtner_innen den Blick über den Tellerrand der eigenen sozialen Klasse, der eigenen Herkunft oder Generation als Bereicherung der eigenen Weltsicht bewerten – bereichernd, solange es glatt läuft, sich Ähnlichkeiten oder praktische Anknüpfungspunkte finden lassen, die Mitglieder vielleicht auch punktuell voneinander profitieren und die Kommunikation als angemessen erleben.

Die Gärtner_innen schreiben Differenz in Situationen je nach Konstellation eine Bedeutung zu. Damit sich die Menschen, die einander anfänglich fremd waren, in den Gartenvereinen kennenlernen und einander auf Augenhöhe begegnen können, braucht es eine prinzipielle Offenheit für einen möglichen transformativen Prozess. Dieser bringt es mit sich, einander im gemeinsamen Tun (oder im gleichzeitigen Nebeneinander-Anderstun) kennenzulernen, dabei im Laufe der Zeit vorhandene Vorurteile zu überwinden und die Fremdheit ein Stück weit abzubauen. Es ließ sich zeigen, dass sich entsprechende Dynamiken in so alltäglichen Bezügen wie im Rahmen von institutionell vermittelten Kontakten bei Gemeinschaftsstunden im Verein und Vereinsfesten oder bei der gegenseitigen Unterstützung in Notsituationen entfalten können. Differenzüberschreitende Kontakte entstehen dabei leichter, wenn Mitglieder in ihrem konkreten Tun aufeinander bezogen oder auf Kooperation angewiesen sind. So bietet ebenfalls die direkte Nachbarschaft der Parzellen aufgrund der erzwungenen räumlichen Nähe Kontaktpunkte und Anlässe, einander (auch ungeplant) näher kennenzulernen und das mögliche Anderssein der Nachbar_innen anzuerkennen oder (auch notgedrungen) zu ertragen. Andere Bereiche im Verein wie die Vereinswege zwischen den Parzellen, die Gemeinschaftsflächen und -gebäude nutzen die Mitglieder dazu, lose Kontakt zu knüpfen. Auch dies kann zum Ausgangspunkt einer Verringerung möglicher sozialer Barrieren werden. Die bloße Mitgliedschaft in der »Gemeinschaft« eines Gartenvereins führt dabei nicht selbstverständlich zu einem besonders verständnisvollen Miteinander der Mitglieder, geschweige denn insgesamt zu einer tragfähigen Gemeinschaft. Die Mikroöffentlichkeit städtischer Gartenvereine muss von ihren Mitgliedern immer wieder ausgestaltet und ausgehandelt werden. Differenz ist dafür ein essenzieller Bezugspunkt.

Nicht nur in Bezug auf die verpflichtenden Vereinsstunden, bei denen die Vereinsmitglieder miteinander kooperieren müssen, gehört wechselseitige Angewiesenheit zum Gärtnern im Verein, sondern auch im Hinblick auf einige kleingartenspezifische Regeln, deren Einhaltung den Fortbestand der Anlage absichert. Aufeinander angewiesen sind die Gärtner_innen auch bei der gegenseitigen Rücksichtnahme, insbesondere in Bezug auf Geruchs- und Geräuschemissionen zu bestimmten Tageszeiten. Weniger um gegenseitige Angewiesenheit als um Hilfe und Unterstützung geht es in diversen freiwilligen Kooperationspraktiken wie der gegenseitigen Unterstützung und Hilfestellung bei bestimmten Aufgaben und der (erwünschten) Weitergabe von Wissen und in den Praktiken des Schenkens, Teilens, Tauschens und Leihens von Gegenständen. Diese sind für den städtischen Kontext insofern etwas Besonderes, weil die Beteiligten in diesen Praktiken Differenz überbrücken oder sie gar nicht erst zum Thema machen. Aufgrund ihres regelmäßigen Kontakts kann sich zwischen den Beteiligten mit der Zeit ein immer stärkeres Vertrauensverhältnis entwickeln, was bedeutet, dass ihr soziales Kapital belastbarer wird.

Zum sozialen Miteinander im Kleingarten tragen die spezifischen räumlichen Bedingungen der Vereine in besonderer Weise bei. Diese sind wiederum eng mit den sozialen Praktiken im Vereinsleben verknüpft. Die Orte bezeugen, welche unterschiedlichen Intensitäten und sozialen Zwecke die Interaktionen der Gärtner_innen im Alltag der Gartenvereine produzieren. Dazu gehören erstens Formen beiläufiger Kontakte mit Fremden und eher Unbekannten über den Gartenzaun hinweg, auf Vereinswegen oder am Vereinsschaukasten. Zweitens zählt dazu die Entwicklung etwas verbindlicherer nachbarschaftlicher Beziehungen zwischen den benachbarten Parzellen, wo zugleich auch zahlreiche Konflikte zu eigenen und fremden Vorstellungen vom Garten ausgetragen werden. Eine dritte Variante bilden Möglichkeiten für institutionell initiierten Kontakt bei temporären gemeinschaftsbezogenen Anlässen, vor allem Vereinsstunden und Festen auf den vereinsöffentlichen Bereichen des Vereinshauses und -geländes. Die jeweils zu einer bestimmten Art der Verbindung zwischen Mitgliedern gehörigen Praktiken sind unterschiedlich verortet in den als privat, halböffentlich oder öffentlich konnotierten und genutzten Bereichen des Vereins.

In den untersuchten sozialen Prozessen setzen die Individuen die Bezugnahme auf Differenz und entsprechende Differenzierungskategorien je nach sozialer Situation und Konstellation als Möglichkeit ein, sich mit anderen Vereinsmitgliedern zu verbinden oder von ihnen abzusetzen. »Anders als« oder »ähnlich wie« zeigen differenztheoretisch Relationen an, in denen sich Akteure in ihrer Bezogenheit aufeinander – und nicht unabhängig von anderen – definieren. Auf der Basis eines relationalen Differenzverständnisses (Hall 2008 [1994]) wird in der Ausgestaltung der Praktiken im Kleingarten erkennbar, wie die Akteure in sozialen Prozessen der Differenzaushandlung auf ihre eigene und auf fremde gesellschaftliche Einbettung und Prägung Bezug nehmen, wobei ihr Aushandeln einen Beitrag zur Neugestaltung der Relation darstellt.

In der Mikroöffentlichkeit von Kleingärten entstehen diverse Begegnungen über Differenzen hinweg, bedingt durch das von unterschiedlichen Menschen geteilte Interesse an Garten und Gärtnern. Diese Begegnungen können gegenseitige Angewiesenheit, Kooperation oder Konflikte mit sich bringen. Anstatt einander auszuweichen oder das Gegenüber zu ignorieren, zeigen sowohl ein toleranter als auch ein konfliktiver wechselseitiger Umgang, dass sich die Beteiligten ein Stück weit aufeinander einlassen. Aus der Begegnungsperspektive sind Konflikt und Toleranz daher zwei Seiten derselben Medaille, da beide für (allerdings gegensätzliche) Umgangsweisen mit Differenz stehen. Im Folgenden setze ich mich näher mit der konfliktsoziologischen Perspektive auf Differenzaushandlung auseinander.

Differenzaushandlung aus der Perspektive der sozialen Konflikte

Die im empirischen Material der Studie identifizierten sozialen Konfliktfelder und -anlässe lassen sich oftmals als Hinweise auf soziale Veränderungen in den Vereinen interpretieren. So zeichnen sich in vielen der beschriebenen Konfliktsituationen die oben bereits genannten Zuschreibungen ab, die sich in Anlehnung an Norbert Elias und John Scotson (1993 [1965]) als Figuration von etablierten Gärtner_innen sowie Neugärtner_innen bezeichnen lassen. Und ähnlich wie in Elias und Scotsons Analyse beinhaltet diese Differenzierung intersektional betrachtet oft nicht nur schlicht einen Klassenunterschied oder eine Bezugnahme auf Alter. Was sich im Kleingartenverein zuträgt, deutet auf eine komplexere soziale Dynamik im Aufeinandertreffen der Menschen unterschiedlicher Klassen und Alter (sowie weiterer Differenzen wie Herkunft und Geschlecht) hin. Darin verfügen die Älteren oft über einen niedrigeren sozialen Status als die Jüngeren, was sich im kulturellen Kapital (Bildungsabschlüsse) und den daraus abzuleitenden Unterschieden in Geschmack und Lebensstil ausdrückt (Bourdieu 1987 [1979]).

Im Falle eines reibungsarmen Miteinanders bereitet den Mitgliedern das Aufeinander-Angewiesensein im Vereinsleben keine Probleme, weil es die individuelle Freiheit kaum einschränkt. Als schwierig, belastend oder sogar verunsichernd erleben sie allerdings lang anhaltende und unüberbrückbare Konflikte, vorwiegend in der direkten Nachbarschaft ihrer Parzelle. Unüberbrückbare Differenz ist nach Einschätzung der Mitglieder gegeben, wenn zum Beispiel politische Überzeugungen extrem weit auseinanderliegen oder das Miteinander durch ungünstige Kommunikation erschwert ist. Es kann passieren, dass sie die physische Nähe Anderer aufgrund der räumlichen Enge im Verein, aber auch durch die vereinsbedingte institutionelle Zusammengehörigkeit als erzwungen erleben, insbesondere wenn größere Schwierigkeiten auftreten, was im Extremfall sogar zum Vereinsaustritt führen kann.

Eine vertiefte Beschäftigung mit den sozialen Konventionen, auf die sich die Konfliktparteien beziehen, und den damit verbundenen Praktiken und Raumbezügen hat gezeigt, dass Differenz oftmals durch die Bezugnahme auf bestimmte Wertvorstellungen (ordentlicher vs. naturnaher Garten, Umgang mit und Bewertung von Unkraut) und den damit verknüpften sozialen Praktiken thematisiert wird. Diesbezüglich ließen sich zwei große Konfliktfelder herausarbeiten. Das erste Konfliktfeld bezieht sich auf mit den Sinnen wahrgenommene Eindrücke wie Lärm und Gerüche. Wenn die Individuen Sinneseindrücke in bestimmten Situationen als störend, unangemessen, invasiv oder zu intensiv erfahren, beziehen sie sie auch auf die damit verknüpften Praktiken (z.B. die gesellige Nutzung eines benachbarten Gartens oder die nicht eingehaltene Mittagsruhe), die sie ebenfalls als unpassend und exzessiv bewerten. Das zweite Konfliktfeld betrifft das Gärtnerische im engeren Sinne und damit Fragen der Gestaltung und Bepflanzung der Parzellen und der Parzellengrenze. Zwar kann das Aufeinandertreffen unterschiedlicher Vorstellungen von Garten und Gärtnern durchaus auch durch einen toleranten Umgang geprägt sein, aber gerade in diesem Aspekt sind Konflikte unter Vereinsmitgliedern besonders häufig. Konflikte zeigen sich hier insbesondere im unterschiedlichen Umgang mit Unkraut, die bereits in der Kontroverse zur Bezeichnung wild wachsender Pflanzen als »Unkraut« oder »Wildkraut/Beikraut« angelegt ist und eine unterschiedliche Bewertung und gegensätzliche Praktiken verdeutlicht. Konflikte um Gestaltung und Bewuchs werden auch anhand räumlicher Aspekte ausgehandelt. Häufiger Reibungspunkt ist dabei die Grenze zwischen benachbarten Parzellen, deren unerwünschte ober- oder unterirdische Querung durch Pflanzen zu Konflikten führt.

Die zwei oben genannten Konfliktfelder zeichnen sich durch die kleingartenspezifisch besondere räumliche Nähe der Gartenparzellen sowie ihre Freiluftkomponente aus. Zwar sind vergleichbare Konflikte auch in benachbarten Gärten von Wohngebieten denkbar. Allerdings unterscheiden sich Gärten, die an Wohngebäuden gelegen sind, von Kleingartenparzellen im Hinblick auf die Möglichkeiten des Rückzugs, insbesondere bei lärm- und geruchsbezogenen Störungen. Die vorliegende Studie erweitert also die Forschung zu städtischen Nachbarschaften, die sich bisher auf Wohnkonstellationen konzentriert hatte (vgl. u.a. Gökarıksel/Secor 2023; Perry 2017; Hamm 1998), um die Perspektive auf Kleingartennachbarschaft als mikroöffentlichen Bereich, in dem städtisches soziales Miteinander und Nachbarschaft ausgehandelt werden.

Eine intersektionale Betrachtung der sozialen Konflikte bringt ans Licht, wie die analysierten alltäglichen sozialen Aushandlungen auf der Mikroebene an gesellschaftliche Prozesse und soziale Strukturen auf der Makroebene gekoppelt sind. Es konnte gezeigt werden, dass in den Aushandlungen um Vorstellungen von Garten und Gärtnern im Kleingartenverein gesellschaftliche Machtverhältnisse und soziale Deutungshoheit mitverhandelt werden. Es ließen sich allerdings keine Muster im Hinblick auf bestimmte soziale Konstellationen entdecken, die eher zu Konflikten oder eher zu einem toleranten Umgang führen. Der Schluss liegt nahe, dass Differenz im Umgang miteinander bedeutsam werden kann, aber nicht vorgezeichnet ist, ob es aufgrund von Differenz zu Konflikten kommt. Vielmehr spielen in Interaktionen verschiedene differenzunabhängige Faktoren wie gegenseitige Sympathie, Kommunikationsfähigkeiten und die jeweiligen Persönlichkeiten eine wichtige Rolle. Sie bestimmen mit, wie die Beteiligten ihren Kontakt gestalten. Der Wandel in Kleingärten hat damit eine gewisse transformative Dynamik, wie sich an den zumindest teilweise vorhandenen sozialen Konflikten zeigen lässt. Diese Dynamik verläuft eher nicht im Sinne einer Zunahme von Begegnungen Differenter auf Augenhöhe, sondern in Richtung einer Übernahme bestehender gesellschaftlicher Machtungleichgewichte im Kleingarten. Es ist zumindest tendenziell davon auszugehen, dass die Angehörigen der vormals dominanten statusniedrigeren Klasse ihren Einfluss im Verein immer mehr an die Angehörigen der Gruppe mit höherem sozialem Status verlieren werden.

Bearbeitung sozialer Ungleichheit im Kleingartenverein: zur Rolle von sozialem, kulturellem und ökonomischem Kapital

Über die Differenzaushandlung hinausreichend, lässt sich anhand des sozialen Miteinanders in Gartenvereinen auch die spannende Frage erörtern, ob in den sozialen Prozessen, in denen Gärtner_innen um einen respektvollen Umgang auf Augenhöhe ringen, auch soziale Ungleichheiten bearbeitet werden, also ob die sozialen Prozesse auch diesbezügliche gesellschaftliche Transformation befördern. Dies lässt sich insbesondere im Hinblick darauf diskutieren, inwiefern die Mitglieder durch ihre differenzüberschreitenden Begegnungen im Verein ihr Kapital erhöhen und damit die Dynamiken der Reproduktion sozialer Ungleichheit beeinflussen können. Bourdieu nutzt das Konzept des Kapitals, um »akkumulierte Arbeit, entweder in Form von Material oder in verinnerlichter, ›inkorporierter‹ Form« zu bezeichnen (Bourdieu 1992b: 49).

Diese Studie hat diverse Formen von Kapitalaustausch und -erhöhung im Verein identifiziert: eine Zunahme sozialer Kontakte, einen ausgeprägten Wissens- und Erfahrungsaustausch, aber auch ein Geben und Nehmen in praktischen Dingen sowie teilweise Unterstützung in Angelegenheiten, die über das direkte Vereinsleben hinausgehen – beispielsweise in Lebenskrisen oder bei Bewerbungen um eine neue Arbeitsstelle. Soziales, kulturelles und ökonomisches Kapital werden im Kleingartenverein produziert und weitergegeben und dabei teilweise sogar vermehrt. Die Reichweite und die langfristigen Effekte des Austauschs und der Vermehrung von Kapital sind allerdings schwer zu bestimmen. Es ist davon auszugehen, dass Kleingartenvereine in Bezug auf die Bearbeitung sozialer Ungleichheit eher kompensatorische als transformative Effekte haben. Dennoch wäre es möglich, dass sich jemand aufgrund der Unterstützung durch andere Vereinsmitglieder erfolgreich um einen Job bewirbt oder eine Lebenskrise überwinden kann. Inwiefern einzelne Mitglieder dadurch gesellschaftlich vorankommen und sich Vorteile verschaffen können, ließe sich nur langfristig und über den Kontext von Kleingärten hinaus beurteilen. Diese Studie begnügt sich damit, Einblick in die Dynamiken von Kapitalgewinnung und -austausch im Gartenverein zu geben und darüber nachzudenken, inwiefern eine Kapitalsorte in eine andere umwandelbar wäre, und auch zu erörtern, was der Austausch von Kapital für die soziale Dynamik bedeuten kann.

Im Kleingartenverein entstehen im Laufe der Zeit Freundschaften und lose Bekanntschaften, auch über Differenzen hinweg. Für manche langjährigen Mitglieder entwickelt sich aufgrund des Austauschs von Worten und Dingen im Verein ein bedeutsamer Kontext für alltägliche und vertiefte soziale Kontakte, für »Kennen und Anerkennen«, die »zugleich Voraussetzung und Ergebnis dieses Austausches« sind (Bourdieu 1992b: 66). Manchmal sind die Beziehungen oder das Beziehungsnetz so belastbar, dass die Mitglieder einander in persönlichen Krisen unterstützen, also ihr soziales Netzwerk mobilisieren können (ebd.: 64). Dies bedeutet, die Mitgliedschaft im Gartenverein kann dazu beitragen, dass Mitglieder soziales Kapital produzieren und reproduzieren, was zur Entstehung von »dauerhaften und nützlichen Verbindungen« führen kann (ebd.). Eine Umwandlung des sozialen Kapitals in andere Kapitalsorten ist denkbar, wenn Mitglieder einander zum Beispiel auf offene Arbeitsstellen hinweisen, sich gegenseitig bei Gartenarbeiten helfen oder Wissen und Gegenstände austauschen. Soziales Kapital lässt sich somit auch in kulturelles oder sogar ökonomisches Kapital umwandeln.

Gleichzeitig sind auch die Grenzen der Hilfsbereitschaft und damit der Belastbarkeit des sozialen Kapitals in vielen Gartenvereinen nicht zu übersehen, insbesondere wenn es darum geht, andere Mitglieder in temporären Lebenskrisen oder bei (zunehmenden oder plötzlich eingetretenen) gesundheitlichen Einschränkungen dabei zu unterstützen, ihre Parzelle weiter zu unterhalten. Zwar ließen sich gelegentliche Hilfestellungen in der Nachbarschaft, zum Beispiel beim Rasenmähen, beobachten. Im ostdeutschen Kontext wurde über entsprechende Hilfe in Form von freiwilligen sogenannten »Subotniks«, kleine Gruppeneinsätze bei hilfsbedürftigen Pächter_innen, berichtet, die allerdings auf bestehenden freundschaftlichen Kontakten basierten. Vereinsseitig existieren jedoch kaum weitreichende Hilfestellungen für Pächter_innen in persönlichen Krisen. So wäre es beispielsweise denkbar, die Vereinsstunden dafür zu nutzen, um kranken oder geschwächten Pächter_innen kurzfristig bei der Gartenarbeit zu helfen. Da Unterstützung bisher jedoch nur auf der Basis vertrauensvoller sozialer Kontakte existiert, müssen Pächter_innen, die die notwendige Arbeit – aus welchen Gründen auch immer – nicht mehr schaffen, meist recht bald ihre Parzelle aufgeben und aus dem Verein austreten. Dies ist gerade für langjährige Mitglieder ein schwerer Schritt, weil für sie damit viele alltägliche Kontakte wegfallen können.

Ihr kulturelles Kapital können die Vereinsmitglieder aufgrund ihrer Mitgliedschaft im Verein in gewissem Maße vermehren – auch wenn sich inkorporiertes kulturelles Kapital für Bourdieu wenig zur Weitergabe eignet (Bourdieu 1992b: 56). Ein Teil des kulturellen Kapitals im Garten manifestiert sich aber auch in objektiviertem Kulturkapital, in Maschinen und Instrumenten, die materiell übertragbar sind, wobei Techniken im Umgang damit erlernbar sind, indem im direkten Kontakt inkorporiertes Kapital weitergegeben wird. Unter den Mitgliedern im Gartenverein findet durchaus eine rege Weitergabe von nicht formalisiertem Wissen zu Anbaumethoden, Pflanz- und Erntezeiten, zum Bau von Lauben und Gewächshäusern, Terrassen und Wegen oder Gartenteichen und dabei auch zum Umgang mit Geräten und Material statt. Dies bringt die Möglichkeit mit sich, das eigene kulturelle Kapital durch Dazulernen im Gartenverein zu vermehren. Ein Zuwachs an kulturellem Kapital spiegelt sich dabei nicht im Erwerb von offiziellen Bildungstiteln wider, erfährt also keine Objektivation. In Einzelfällen ist durch die Weitergabe von Wissen jedoch eine Umwandlung von kulturellem in ökonomisches Kapital möglich, zum Beispiel wenn ein Mitglied durch ein anderes, das über mehr kulturelles Kapital verfügt, Unterstützung bei der Bewerbung um eine Arbeitsstelle oder Nachhilfe beim Lernen für Schule, Ausbildung und Studium erhält. Auch der Fall einer Weitergabe von Wissen zu Projektfördermöglichkeiten für den Kleingartenverein durch Mitglieder an den Vorstand beinhaltet die Weitergabe kulturellen Kapitals. In diesen Beispielen vermitteln Mitglieder mit höherem kulturellen Kapital spezifisches Wissen, über das sie aufgrund ihrer beruflichen oder politischen Tätigkeiten oder aufgrund ihrer Lebenserfahrung verfügen und das (teilweise) über Bildungstitel ausgewiesen ist, an Mitglieder, die über weniger kulturelles Kapital verfügen. Das eigene Wissen weiterzugeben, kann dabei ebenfalls zur Bearbeitung und Überbrückung sozialer Differenz genutzt werden. Eine besondere Dynamik kann im Zuge einer differenzüberschreitenden Weitergabe beispielsweise von handwerklichen oder gartenbaubezogenen Fertigkeiten durch Mitglieder mit geringerem sozialem Status an solche mit höherem Status entstehen. In dieser Konstellation ist die statushöhere Person in einer lernenden Position, während die statusniedrigere ihr Wissen vermittelt. Das kann situativ eine Aufweichung eingeübter sozialer Hierarchien mit sich bringen und zu neuen Erfahrungen im Umgang mit Differenz führen.

Im Hinblick auf ökonomisches Kapital gibt es zwar im Kleingartenverein keine unmittelbare Kapitalvermehrung. Allerdings wird durch gelegentliche gegenseitige Unterstützungsleistungen bei Reparaturen (beispielsweise an Wasserleitungen, der Elektrik oder der Laube) beziehungsweise bei gelegentlichen Gartenarbeiten ökonomisches Kapital eingespart. Diese unter Mitgliedern übliche Praxis basiert auf guten Kontakten untereinander, ist also ein Effekt von sozialem Kapital. Auch hier muss einschränkend angemerkt werden, dass diese gegenseitige Hilfe nur in begrenztem Umfang angefragt oder angeboten wird. Gerade unter älteren Gärtner_innen ist es üblich, sich für bestimmte schwerere Arbeiten im Jahr wie den Obstbaum- oder Heckenschnitt bezahlte professionelle Hilfe zu leisten, um den Ansprüchen, den sie selbst und der Verein an einen gepflegten Garten stellen, zu entsprechen.

Ökonomisches Kapital einsparen lässt sich hingegen durch geschenkte gebrauchte Gegenstände wie Möbel, Pflanzgefäße, Baumaterial und Ähnliches, die auch über Aushänge im Verein oder über Whatsapp-Gruppen der Vereine verschenkt werden – auch dies resultiert aus sozialem Kapital, hier in eher institutionalisierter Form. Anders sieht es bei der Ausleihe von Werkzeug, Maschinen und anderem Material des alltäglichen Gebrauchs (wie Leitern oder Schubkarren) im Verein aus. Die Möglichkeit einer Mitbenutzung dieser Gegenstände, die noch im Gebrauch der Besitzer_innen sind, basiert auf Vertrauen aufgrund guter persönlicher Kontakte, also personenbezogenem sozialen Kapital. Außerdem lässt sich Geld einsparen mit einem erfolgreichen eigenen Gemüse- und Obstanbau, für den kulturelles Kapital in Form von erlerntem oder erfahrungsbasiertem Wissen die Grundlage ist.

Auch wenn eine Zunahme von ökonomischem Kapital nicht unmittelbar erkennbar ist, kann die verbreitete Verschenk- und Unterstützungskultur im Gartenverein ermöglichen, dass auch Mitglieder mit wenig ökonomischem Kapital eine Parzelle bewirtschaften können – also sich den »Luxus« eines eigenen Kleingartens und die damit verbundenen Entfaltungsmöglichkeiten »erlauben« können. Daher stellt gerade die prinzipielle Möglichkeit, mit wenig ökonomischem Kapital Mitglied in einem Gartenverein zu sein, einen

Beitrag des Kleingartenvereinswesens zu einer gerechteren Verteilung des städtischen Bodens dar. Dieses Gut kann nicht hoch genug bewertet werden.

Soziales Kapital ist im Kleingartenverein auch für die Produktion und den Austausch von kulturellem und ökonomischem Kapital ein Dreh- und Angelpunkt. Soziales Kapital bedeutet dabei nicht nur das einander Kennenlernen über Differenzen hinweg und dessen transformatives Potenzial. Vielmehr lässt sich in gewissem Maße auch eine Kompensation, vielleicht sogar eine punktuelle Überwindung sozialer Ungleichheiten feststellen, die auf der kooperativen Kultur des Kleingartenwesens beruht.

Differenzaushandlung im Kleingarten aus der institutionellen Perspektive des Vereins

Inwiefern tragen auch die Gartenvereine selbst zu transformativen gesellschaftlichen Prozessen und zur Differenzaushandlung bei? Für die sozialwissenschaftliche Stadtforschung entwickelt diese Studie ein grundlegendes Verständnis zur vermittelnden Rolle, die Kleingartenvereine als Institutionen im Hinblick auf die Differenzaushandlung und ein differenzübergreifendes Miteinander in der Stadt einnehmen. Ein Verein lässt sich als Geflecht betrachten, das Akteure – also alle Mitglieder und den gewählten Vorstand – sowie den institutionellen Handlungsrahmen, in dem sie agieren, umfasst. Kleingartenvereine sind dabei städtische Institutionen, die einen alltäglichen Kontext für Kontakt und Austausch unterschiedlicher Menschen bilden. Das heißt, die Begegnungen der Mitglieder entstehen durch die Institution des Vereins, sowohl direkt als auch indirekt. Durch diese vermittelnde Rolle der Kleingartenvereine, die auf ihren räumlichen Besonderheiten, die die Mitglieder alltäglich neu produzieren und sich aneignen, beruht, bieten sie einen verorteten und rechtlich speziell regulierten Rahmen für Interaktionen in Städten. Die Vereine stellen damit die organisatorische Grundlage für das gärtnerische Tun, das zugleich ganz unterschiedliche Menschen miteinander in Kontakt bringt. Differenzen werden dabei zutage gefördert und Gemeinsamkeiten entdeckt, aber auch Konflikte entstehen und werden bearbeitet. Das gemeinsame Arbeiten und Feiern ebenso wie die Verständigung über und die Auseinandersetzung mit Regeln sind dabei Gegenstand der alltäglichen Aushandlungen und tragen zur Entstehung einer sozialen Klammer in den Vereinen bei.

Der ehrenamtliche Vorstand hat in den Alltagsbezügen der Vereine eine herausgehobene Stellung und eine gewisse Machtposition. Dadurch können die Vorstandsmitglieder im Zusammenhang mit der Differenzaushandlung in einer Doppelrolle agieren. In Konflikten zwischen Mitgliedern, zum Beispiel zu Vorstellungen von Garten und Gärtnern, können sie die Differenzaushandlung beeinflussen. Wenn sie Partei für eine der Seiten ergreifen, die einander temporär in einem Konflikt gegenüberstehen, begünstigen sie eine Form des Gärtnerns gegenüber anderen Formen. Damit trägt der Vorstand zu einer Zuspitzung des Konflikts bei und kann Gärtner_innen damit sogar unter Druck setzen, sich den Vorstellungen anderer Mitglieder oder den Regeln der Gartenordnung anzupassen. Der Vorstand kann aber in Konflikten zwischen Mitgliedern auch eine vermittelnde und beschwichtigende Rolle einnehmen. Indem er für mehr Verständnis und einen toleranten Umgang miteinander wirbt, kann er auf eine Überbrückung von Differenz hinwirken. Das Agieren des Vorstands ist dabei zusätzlich von seiner vermittelnden Position zur nächsthöheren Ebene geprägt. Im Fall des Kleingartenwesens ist dies der jeweilige Stadtverband, in dem jeder Kleingartenverein Mitglied ist und deswegen verbindliche Regeln beachten muss. Das kann den Vorstand in eine Vermittlungsposition bringen, seinem Handeln aber aufgrund des Wissensvorsprungs auch größere Legitimation verschaffen und sein Machtvolumen erhöhen. Das heißt, der Vorstand spielt auch für die institutionelle Einbettung des Vereins eine wichtige Rolle. Er hat dabei die Aufgabe, den Mitgliedern die geltenden Regeln immer wieder neu zu vermitteln, was auch bedeuten kann, dass er damit die Spielräume der Aushandlung auszuloten und zu definieren sowie deren Beachtung zu kontrollieren und zu bewerten hat.

Die verschiedenen Formen von Begegnungen mit Differenz innerhalb des institutionell verankerten Vereinslebens führen also zu institutionell vermittelten diversen Begegnungen mit Differenz. Auch abhängig davon, wie der Vorstand kommuniziert und für welches Vorgehen er sich entscheidet (ob besonders regelkonform oder eher locker), können Konflikte zwischen Mitgliedern und Vorstand entstehen – oder auch nicht. Die Überlegungen zu den gemeinschaftlichen Praktiken haben gezeigt, wie diese Konflikte im Rahmen des Vereinslebens sichtbar werden, insbesondere bei Vereinsstunden und -festen.

Differenzaushandlung im Kleingartenverein als Beitrag zum Zusammenleben in Städten

Was hat die Soziologie im Kleingarten erfahren? Was kann sie schlussfolgern zur Frage des Beitrags von Kleingartenvereinen zum städtischen Zusammenleben und zu den sozialen Prozessen, die das soziale Miteinander und die Differenzaushandlung in Kleingärten ausmachen? Was lässt sich aus diesem Wissen für ähnliche städtische Kontexte schlussfolgern?

Diese Studie ist der Frage nachgegangen, wie in sozialen Situationen das hierarchisch angeordnete Soziale in Erscheinung tritt, wie es sich in Praktiken und an konkreten Orten manifestiert und dort auch neu ausgehandelt wird. Am Beispiel von städtischen Mikroöffentlichkeiten von Kleingartenvereinen hat sie sich damit beschäftigt, wie soziale Ungleichheit und Differenz reproduziert beziehungsweise verhandelt werden. Dabei ging es um die Verfügbarkeit von Kapitalien und Ressourcen, aber auch um die räumlich bedingten Gelegenheiten für differenzüberschreitende Praktiken. Beleuchtet wurde, inwiefern Beteiligte mit Differenz kooperativ umgehen und woraus sich im Miteinander Konflikte entwickeln, unter anderem angesichts unterschiedlicher Vorstellungen von Garten und Gärtnern oder aufgrund der räumlichen Nähe der Parzellen im Verein. Das Miteinander im Kleingartenverein ist dabei durch ein spezifisches Regelwerk sowie vereinsspezifische Regeln und Konventionen geprägt, die auch Gegenstand der alltäglichen Aushandlungen im Verein sind.

Da die Praktiken im Forschungsfeld des Kleingartens ausgeprägt materiell sind, beziehen sich diverse untersuchte Praktiken im sozialen Miteinander auf zweckmäßige und materielle Angelegenheiten. Es existieren sehr vielfältige Praktiken des Tauschens, Schenkens, Teilens und Leihens, aber auch der Hilfestellung und Unterstützung zu praktischen Fragen. Sogar die über den Kleingartenkontext hinausgehende Weitergabe von kulturellem Kapital ist verbreitet. Dies deutet darauf hin, dass die Mitglieder von Kleingartenvereinen belastbare soziale Bezüge entwickeln können, die ihnen in gewissem Rahmen auch zur Vermehrung von Kapital (sowohl sozialem als auch kulturellem) und zum Einsparen ökonomischen Kapitals nutzen. Begegnungsmöglichkeiten im Kleingartenverein ermöglichen also gesellschaftliche Transformation nicht nur im Hinblick auf Differenzaushandlung im Vereinskontext, sondern sind durchaus auf eine darüber hinausgehende Bearbeitung sozialer Ungleichheiten angelegt.

Nach Jahrzehnten der ökonomischen Notwendigkeit von Kleingärten ist es für die Vereine eine glückliche Fügung, dass städtisches Gärtnern und städtische Gärten derzeit einen Bedeutungswandel erleben, der auch mit der gewachsenen Attraktivität von innerstädtischem Wohnen in Großstädten zusammenhängt. Anders als erwartet, betrifft das große Interesse an einem Kleingarten in Großstädten längst nicht mehr nur innerstädtische Vereine, sondern erstreckt sich auch auf solche in peripheren großstädtischen Lagen. Die *insgesamt* hohe Nachfrage nach Kleingartenparzellen bewirkt, dass die Dynamik einer veränderten Mitgliederstruktur sehr viele Vereine betrifft. Der zunächst in dieser Forschung angenommene Zusammenhang zwischen den sozialen Dynamiken in den Vereinen und ihrer Lage innerhalb der Stadt spielte für die erforschten internen sozialen Prozesse eine geringe Rolle. Auch die anfängliche Annahme, dass in weniger nachgefragten Lagen die soziale Homogenität in den Kleingartenvereinen größer wäre und das Festhalten an Traditionen möglicherweise stärker, da sie weniger Veränderungsdruck ausgesetzt sein könnten, hat sich nicht bestätigt. Vielmehr ließ sich in einigen weniger nachgefragten Vereinen sogar ein eher lockerer Umgang mit neuen Gärtner_innen feststellen. Dies zeigte sich unter anderem an einem entspannten Umgang mit dem Regelwerk und größerer Offenheit für Pächter_innenkonstellationen jenseits des heterosexuellen Paares oder der Kleinfamilie. Zurückführen lässt sich das auf den Leerstandsbewältigungsmodus einiger Vereine: Weniger nachgefragte Kleingartenvereine können sich nicht unbedingt erlauben, zu streng und wählerisch mit Pächter_innen umzugehen. Damit beugen sie dem Leerstand in ihrer Anlage vor und sorgen für das Fortbestehen ihres Vereins. Dass die in dieser Studie erarbeiteten Schlüsse nicht auf Kleingartenvereine in kleineren Städten und in peripheren Lagen und Regionen zutreffen, die sich eher mit einer Abwanderung der Bevölkerung beschäftigen müssen, verdeutlicht weiteren Forschungsbedarf – nicht nur zu den Problemen des Kleingartenwesens, sondern auch zu den Möglichkeiten alltäglicher Differenzaushandlung in anderen als den großstädtischen Kontexten.

Die Offenheit, die in vielen großstädtischen Kleingartenvereinen auch aufgrund ihrer vielgestaltigen Praktiken und der wachsenden Heterogenität ihrer Gärtner_innen existiert, könnte einer der Gründe sein, warum die Vereine insbesondere in Großstädten ihre Definitionskrise gut überwinden. Allerdings ist derzeit noch nicht in Gänze absehbar, welche neuen Paradigmen und Funktionen sich im Kleingartenwesen etablieren werden. Es ist jedoch davon auszugehen, dass Kleingartenvereine auch in Zukunft diverse soziale Funktionen in der Stadt haben werden. Dabei ist zu hoffen, dass Kleingärten als Orte der Begegnung und der Differenzaushandlung Bestand haben, damit sie den Städten nicht nur als grüne, sondern auch als lebendige mikroöffentliche soziale Orte der Aushandlung des gesellschaftlichen Miteinanders Unterschiedlicher erhalten bleiben.

Dank

Bücher nehmen lange und verschlungene Wege. Sie entstehen bekanntlich nicht ausschließlich im Kopf Einzelner oder nur in Büros, an Schreibtischen und Bildschirmen, sondern auch an Cafétischen und in Gärten, in Küchen und der Mensa, in Konferenz- und Workshopräumen, am Telefon und per Zoom-Gespräch, auf Radwegen und in Zügen, ja sogar auf Yogamatten. Für den Austausch in Gesprächen und viele Momente in Gärten im Rahmen meiner ethnographischen Erkundungen danke ich allen meinen Gesprächspartner_innen herzlich für die Einblicke in ihre Gärten und ihren Alltag im Verein. Ihre Einsichten und Ansichten haben mein Verständnis vom sozialen Miteinander in Kleingartenvereinen in zwei Großstädten geprägt und vertieft. Den Expert_innen danke ich für die Einblicke in ihre professionellen Perspektiven zum Kleingartenwesen, zu Urban Gardening und zum Wohnungsmarkt beider Städte. Meinem eigenen Gartenverein und meinen Gartenfreund_innen danke ich für dieses Fleckchen Erde, auf dem ich mich so wohlfühle. Für ein tolles Arbeitsumfeld und viele Gespräche an Türen, Arbeits- und Mensatischen danke ich meinen Kolleg_innen an der TU Dortmund sowie Stefan Höhne, Anne Vogelpohl, Moritz Rinn, Susanne Frank, Sandra Huning, Johanna Schoppengerd und Anja Szypulski für unsere Diskussionen beim Workshop zum Abschluss des DFG-Projekts im September 2021 an der TU Dortmund. Melissa Jahnke, die als studentische Mitarbeiterin fast drei Jahre im Projekt mitgearbeitet hat, alle Interviews transkribiert, viele Ideen mit mir diskutiert und an einigen Kleingartenexkursionen teilgenommen hat, danke ich ganz besonders – für ihre Offenheit, ihre klugen Fragen und Gedanken und alles, was daraus geworden ist. Sie sind an vielen Stellen in dieses Buch eingeflossen. Ich bin darüber hinaus dankbar für den langjährigen Austausch und die kollektive Zusammenarbeit in der wunderbaren Redaktion von sub\urban. zeitschrift für kritische stadtforschung, in der wir einander interdisziplinär zu neuen forschenden Blicken inspirieren und immer wieder begeistern. Die Coronazeit, in der ein Großteil der Forschung für dieses Buch stattfinden musste, hat deutlich gezeigt, wie wichtig für die Produktion von wissenschaftlichem Wissen der alltägliche, auch beiläufige kollegiale Austausch und die Begegnungen in Präsenz bei Workshops und Tagungen sind. Dankbar bin ich, dass wir die Zeit der sozialen Distanzierung hinter uns haben.

Für ihre kritischen und konstruktiven Kommentare zu früheren Versionen der Kapitel dieses Buchs danke ich Katrin Gliemann, Sandra Huning, Melissa Jahnke, Jörg Sänger, Johanna Schoppengerd und Anne Volkmann. Katrin Viviane Kurten danke ich für ihr sorgfältiges Lektorat. Für den wertschätzenden Austausch zu meinen allerersten Überlegungen zu diesem Projekt vor vielen Jahren danke ich Nina Gribat, Stefan Höhne, Johanna Schoppengerd und Anne Volkmann. Ohne eure Gedanken und eure Ermutigung wäre es vielleicht gar nicht dazu gekommen, dass ich zu diesem wunderbaren Thema geforscht hätte.

Dank für die zur Verfügung gestellten Ressourcen geht an die DFG für Projekt- und Publikationsförderung sowie die DFG-Open-Access-Publikationsförderung über die Universitätsbibliothek der TU Dortmund, an den transcript Verlag für die gute Kommunikation und ein gutes verlegerisches Umfeld sowie an die TU Dortmund für die Finanzierung des Lektorats aus Gleichstellungsmitteln und Mitteln des Fachgebiets Stadt- und Regionalsoziologie. Für ihre gute und verständnisvolle organisatorische Begleitung des Gesamtprojekts danke ich Martina List.

Für eure Liebe und Nähe danke ich Jörg Sänger, Maja Schuster, Christiane Gurung, Antje Duyssen, Anne Volkmann, Birgit Eberhart, Johanna Schoppengerd, Susanne Busch-Degenhardt und meinem gesamten wundervollen freundschaftlichen und nachbarschaftlichen Umfeld, nah und fern.

Literaturverzeichnis

Acton, Lesley (2011): Allotment gardens. A reflection of history, heritage, community and self. In: Papers from the Institute of Archaeology 21, 46.

Adloff, Frank/Mau, Steffen (Hg.) (2005): Vom Geben und Nehmen. Zur Soziologie der Reziprozität. Frankfurt a.M./New York: Campus.

Allen-Collinson, Jacquelyn/McNarry, Gareth/Evans, Adam B. (2021): Sensoriality, social interaction, and »doing sensing« in physical–cultural ethnographies. In: Journal of Contemporary Ethnography 50/5, 599–621.

Allport, Gordon W. (1979): The nature of prejudice. Cambridge: Perseus books.

Amann, Klaus/Hirschauer, Stefan (1997): Die Befremdung der eigenen Kultur. Ein Programm. In: Stefan Hirschauer/Klaus Amann (Hg.), Die Befremdung der eigenen Kultur. Zur ethnographischen Herausforderung soziologischer Empirie. Frankfurt a.M.: Suhrkamp, 7–52.

Amin, Ash (2002a): Ethnicity and the multicultural city. Living with diversity. In: Environment and Planning A 34/6, 959–980.

Amin, Ash (2002b): Ethnicity and the multicultural city. Living with diversity. Report for the Department of Transport, Local Government and the Regions and the ESRC Cities Initiative. http://yks.tkk.fi/fi/opinnot/arkisto/36-2320/ysss_2007/materiaali/ethnicity-and-the-multicultural-city %20Ash %20Amin.pdf (letzter Zugriff am 02.05.2024).

Amin, Ash (2012): Land of strangers. Cambridge: Polity.

Apitzsch, Ursula/Schmidbaur, Marianne (2010): Care und Migration. Die Ent-Sorgung menschlicher Reproduktionsarbeit entlang von Geschlechter- und Armutsgrenzen. Opladen/Farmington Hills: Barbara Budrich.

Appel, Ilka/Grebe, Christine/Spitthöver, Maria (2011): Aktuelle Garteninitiativen. Kleingärten und neue Gärten in deutschen Großstädten. Kassel: Kassel University Press.

Baier, Andrea/Müller, Christa/Werner, Karin (Hg.) (2024): Unterwegs in die Stadt der Zukunft. Urbane Gärten als Orte der Transformation. Bielefeld: transcript.

Bauhardt, Christine (2007): Städtische Lebensqualität im Spannungsfeld von sozialer Gerechtigkeit und Fürsorgeverantwortung – Szenarien für geschlechtergerechte Mobilitätschancen. In: Ulrich Mückenberger/Siegfried Timpf (Hg.), Zukünfte der europäischen Stadt. Wiesbaden: VS, 281–297.

Bauman, Zygmunt (2011): Collateral damage. Social inequalities in a global age. Cambridge/Malden: Polity Press.

BBSR (2018): Kleingärten im Wandel. Innovationen für verdichtete Räume. Bonn: BBSR.

Beck, Ulrich (1986): Risikogesellschaft. Auf dem Weg in eine andere Moderne. Frankfurt a.M.: Suhrkamp.

Belina, Bernd (2004): Raum, Überwachung, Kontrolle. Vom staatlichen Zugriff auf städtische Bevölkerung. Münster: Westfälisches Dampfboot.

Benhabib, Sheila/Butler, Judith/Cornell, Drucilla/Fraser, Nancy (1993): Der Streit um Differenz. Feminismus und Postmoderne in der Gegenwart. Frankfurt a.M.: Fischer.

Berger, Peter A./Vester, Michael (Hg.) (1998): Alte Ungleichheiten – neue Spaltungen. Opladen: Leske + Budrich.

Berger, Peter A./Weiß, Anja (Hg.) (2008): Transnationalisierung sozialer Ungleichheit. Wiesbaden: VS.

Berlant, Lauren/Warner, Michael (1998): Sex in public. In: Critical Inquiry 24/2, 547–566.

Bernhardt, Christoph/Fehl, Gerhard/Kuhn, Gerd/Petz, Ursula von (2005): Öffentlicher Raum und städtische Öffentlichkeit. Eine Einführung in ihre planungsgeschichtliche Betrachtung. In: Christoph Bernhardt/Gerhard Fehl/Gerd Kuhn/Ursula von Petz (Hg.), Geschichte der Planung des öffentlichen Raums. Dortmund: IRPUD, 9–28.

Binken, Saskia/Blokland, Talja (2013): Everyday encounters in public spaces. Findings from Rotterdam and Utrecht. In: Margarethe Kusenbach/Krista E. Paulsen (Hg.), Home. International perspectives on culture, identity, and belonging. Frankfurt a.M.: Peter Lang, 270–293.

Binnie, Jon/Holloway, Julian/Millington, Steve/Young, Craig (Hg.) (2006): Cosmopolitan urbanism. London/New York: Routledge.

BKD (2024): Zahlen und Fakten. https://kleingarten-bund.de/der-verband/ueber-uns/zahlen-und-fakten (letzter Zugriff am 02.05.2024).

BMVBS/BBR (2008): Städtebauliche, ökologische und soziale Bedeutung des Kleingartenwesens. Berlin/Bonn: BBR.

Bock, Stephanie/Hinzen, Ajo/Libbe, Jens/Preuß, Thomas/Simon, André/Zwicker-Schwarm, Daniel (2013): Urbanes Landmanagement in Stadt und Region. Urbane Landwirtschaft, urbanes Gärtnern und Agrobusiness. Berlin: Deutsches Institut für Urbanistik.

Boeing, Niels (2015): Von Wegen. Überlegungen zur freien Stadt der Zukunft. Hamburg: Edition Nautilus.

Bonacker, Thorsten (2009): Konflikttheorien. In: Georg Kneer/Markus Schroer (Hg.), Handbuch Soziologische Theorien. Wiesbaden: VS, 179–197.

Bourdieu, Pierre (1976): Entwurf einer Theorie der Praxis auf der ethnologischen Grundlage der kabylischen Gesellschaft. Frankfurt a.M.: Suhrkamp.

Bourdieu, Pierre (1987 [1979]): Die feinen Unterschiede. Kritik der gesellschaftlichen Urteilskraft. Frankfurt a.M.: Suhrkamp.

Bourdieu, Pierre (1992a): Die feinen Unterschiede (Interview). In: Pierre Bourdieu, Die verborgenen Mechanismen der Macht. Hamburg: VSA, 31–47.

Bourdieu, Pierre (1992b): Die verborgenen Mechanismen der Macht. Hamburg: VSA.

Bourdieu, Pierre (1992c): Sozialer Raum und symbolische Macht. In: Pierre Bourdieu (Hg.), Rede und Antwort. Frankfurt a.M.: Suhrkamp, 135–154.

Bourdieu, Pierre (1997): Die männliche Herrschaft. In: Irene Dölling/Beate Krais (Hg.), Ein alltägliches Spiel. Geschlechterkonstruktion in der sozialen Praxis. Frankfurt a.M.: Suhrkamp, 153–217.

Bourdieu, Pierre (1999): Praktische Vernunft. Zur Theorie des Handelns. Frankfurt a.M.: Suhrkamp.

Bourdieu, Pierre (2002 [1993]): Verstehen. In: Pierre Bourdieu et al., Das Elend der Welt. Zeugnisse und Diagnosen alltäglichen Leidens an der Gesellschaft. Konstanz: UVK, 779–822.

Breidenstein, Georg/Hirschauer, Stefan/Kalthoff, Herbert/Nieswand, Boris (2013): Ethnografie. Die Praxis der Feldforschung. Konstanz/München: UVK.

Bude, Heinz (2008): Die Ausgeschlossenen. Das Ende vom Traum einer gerechten Gesellschaft. München: Hanser.

Bukow, Wolf-Dietrich/Heck, Gerda/Schulze, Erika/Yildiz, Erol (Hg.) (2011): Neue Vielfalt in der urbanen Stadtgesellschaft. Wiesbaden: VS.

Butler, Judith (1991): Das Unbehagen der Geschlechter. Frankfurt a.M.: Suhrkamp.

Collins, Patricia Hill (1995): Symposium on West and Fenstermaker's ›doing difference‹. In: Gender & Society 9/4, 491–494.

Coser, Lewis A. (1964): The functions of social conflict. An examination of the concept of social conflict and its use in empirical sociological research. New York/London: The Free Press.

Crenshaw, Kimberlé (1991): Mapping the margins. Intersectionality, identity politics, and violence against women of color. In: Stanford Law Review 43/6, 1241–1299.

Crouch, David/Ward, Colin (1988): The allotment. Its landscape and culture. London: Faber.

Dahrendorf, Ralf (1965a): Die Funktionen sozialer Konflikte. In: Ralf Dahrendorf (Hg.), Gesellschaft und Freiheit. Zur soziologischen Analyse der Gegenwart. München: Piper, 112–131.

Dahrendorf, Ralf (1965b): Gesellschaft und Freiheit. Zur soziologischen Analyse der Gegenwart. München: Piper.

Dangschat, Jens/Alisch, Monika (2012): Perspektiven der soziologischen Segregationsforschung. In: Michael May/Monika Alisch (Hg.), Formen sozialräumlicher Segregation. Opladen/Berlin/Toronto: Barbara Budrich, 23–50.

Darling, Jonathan/Wilson, Helen F. (Hg.) (2016): Encountering the city. Urban encounters from Accra to New York. London/New York: Routledge.

Davidson, Mark (2011): The impossibility of gentrification and social mixing. In: Gary Bridge/Tim Butler/Loretta Lees (Hg.), Mixed communities. Gentrification by stealth? Bristol: Policy Press, 233–250.

Dietrich, Gerd (2018): Kulturgeschichte der DDR. Bd. III: Kultur in der Konsumgesellschaft 1977–1990. Göttingen: Vandenhoeck & Ruprecht.

Dietrich, Isolde (2003): Hammer, Zirkel, Gartenzaun. Die Politik der SED gegenüber den Kleingärtnern. Berlin: E. Dietrich.

Dietrich, Isolde (2004): Der ostdeutsche Kleingarten im Spiegel der Quellen und im Alltagsleben der »kleinen Leute«. In: Kulturation. Online Journal für Kultur, Wissenschaft und Politik 1.

Dietrich, Isolde (2009): Laubenpiepervergnügen. In: Ulrike Häußer/Marcus Merkel (Hg.), Vergnügen in der DDR. Berlin: Panama-Verlag, 361–372.

Dirksmeier, Peter/Helbrecht, Ilse/Mackrodt, Ulrike (2014): Situational places. Rethinking geographies of intercultural interaction in super-diverse urban space. In: Geografiska Annaler: Series B, Human Geography 96/4, 299–312.

Drilling, Matthias/Giedych, Renata/Ponizy, Lidia (2016): The idea of allotment gardens and the role of spatial and urban planning. In: Simon Bell/

Runrid Fox-Kämper/Nazila Keshavarz/Mary Benson/Silvio Caputo/Susan Noori/Annette Voigt (Hg.), Urban allotment gardens in Europe. New York/ London: Routledge, 35–61.

Dubiel, Helmut (1999): Integration durch Konflikte? In: Kölner Zeitschrift für Soziologie und Sozialpsychologie, Sonderheft 39: Soziale Integration, 132–143.

Duden, Barbara (1993): Die Frau ohne Unterleib. Zu Judith Butlers Entkörperung. In: Feministische Studien 2, 24–33.

Eisewicht, Paul/Hitzler, Ronald/Schäfer, Lisa (Hg.) (2021): Der soziale Sinn der Sinne. Die Rekonstruktion sensorischer Aspekte von Wissensbeständen. Wiesbaden: Springer VS.

Elias, Norbert/Scotson, John L. (1993 [1965]): Etablierte und Außenseiter. Frankfurt a.M.: Suhrkamp.

El-Mafaalani, Aladin (2020): Das Integrationsparadox. Warum gelungene Integration zu mehr Konflikten führt. Köln: Kiepenheuer & Witsch.

Emerson, Robert M./Fretz, Rachel I./Shaw, Linda L. (2010): Writing ethnographic fieldnotes. Chicago: University of Chicago Press.

Enders, Markus (2017): Vom Glück des Gebens, des Verzeihens und des Vergebens. Phänomenologische Überlegungen zu drei elementaren Vollzügen personaler Interaktion. In: Veronika Hoffmann/Ulrike Link-Wieczorek/Christof Mandry (Hg.), Die Gabe. Zum Stand der interdisziplinären Diskussion. Baden-Baden: Karl Alber, 287–303.

Engel, Antke (2017): Konflikthafte Komplexität. Konflikt als Impuls und Praxis politischer Veränderung. In: Brigitte Bargetz/Eva Kreisky/Gundula Ludwig (Hg.), Dauerkämpfe. Feministische Zeitdiagnosen und Strategien. Frankfurt a.M./New York: Campus, 251–261.

Éribon, Didier (2017 [2013]): Gesellschaft als Urteil. Klassen, Identitäten, Wege. Berlin: Suhrkamp.

Exner, Andreas/Schützenberger, Isabelle (2015): Gemeinschaftsgärten als räumlicher Ausdruck von Organisationsstrukturen. Erkundungen am Beispiel Wien. In: sub\urban. zeitschrift für kritische stadtforschung 3/3, 51–74.

Fainstein, Susan S. (2005): Cities and diversity. In: Urban Affairs Review 41/1, 3–19.

Fincher, Ruth/Iveson, Kurt (2008): Planning and diversity in the city. Redistribution, recognition and encounter. Basingstoke: Palgrave Macmillan.

Florida, Richard (2002): The rise of the creative class. And how it's transforming work, leisure, community and everyday life. New York: Basic Books.

Foucault, Michel (2001a): Andere Räume. In: Short cuts. Frankfurt a.M.: Zweitausendeins, 20–38.

Foucault, Michel (2001b): Die Macht und die Norm. In: Short cuts. Frankfurt a.M.: Zweitausendeins, 39–55.

Fraeser, Nina/Schuster, Nina/Vogelpohl, Anne (2021): Feministische Geographien der Arbeit – Zusammenhänge von Prekarisierung, Gentrifizierung und Globalisierung. In: Autor*innenkollektiv Geographie und Geschlecht (Hg.), Handbuch Feministische Geographien. Arbeitsweisen und Konzepte. Berlin/Opladen/Toronto: Verlag Barbara Budrich, 120–144.

Frank, Susanne (2021): Seismograph des Zusammenlebens. Zur Bedeutung des Grüßens in heterogenen Quartieren. In: Leviathan 49/1, 133–152.

Fraser, Nancy (1998): Social justice in the age of identity politics. Redistribution, recognition, participation. Berlin: WZB.

Gibas, Petr/Boumová, Irena (2020): The urbanization of nature in a (post)socialist metropolis. An urban political ecology of allotment gardening. In: International Journal of Urban and Regional Research 44/1, 18–37.

Girtler, Roland (2001): Methoden der Feldforschung. Wien/Köln/Weimar: Böhlau.

Goffman, Erving (1963): Behaviour in public places. Notes on the social organization of gatherings. New York: The Free Press.

Goffman, Erving (Hg.) (1994): Interaktion und Geschlecht. Frankfurt a.M./New York: Campus.

Goffman, Erving (2009 [1971]): Das Individuum im öffentlichen Austausch. Mikrostudien zur öffentlichen Ordnung. Frankfurt a.M.: Suhrkamp.

Gökarıksel, Banu/Secor, Anna J. (2023): The space of encounter and the making of difference. The entangled lives of Alevi and Sunni neighbours in Turkey. In: Transactions of the Institute of British Geographers 48/2, 380–394.

Gottschall, Karin (2004): Soziale Ungleichheit. Zur Thematisierung von Geschlecht in der Soziologie. In: Ruth Becker/Beate Kortendiek (Hg.), Handbuch Frauen- und Geschlechterforschung. Theorie, Methoden, Empirie. Wiesbaden: VS, 188–195.

Haarmann, Anke/Lemke, Harald (Hg.) (2022): Die Keimzelle. Transformative Praxen einer anderen Stadtgesellschaft. Theoretische und künstlerische Zugänge. Bielefeld: transcript.

Hall, Stuart (2004): Wer braucht Identität? In: Stuart Hall, Ideologie, Identität, Repräsentation. Ausgewählte Schriften 4. Hamburg: Argument, 167–187.

Hall, Stuart (2008 [1994]): Rassismus und kulturelle Identität. Ausgewählte Schriften 2. Hamburg: Argument.

Hamm, Bernd (1998): Nachbarschaft. In: Hartmut Häußermann (Hg.), Großstadt. Soziologische Stichworte. Opladen: Leske + Budrich, 173–182.

Hanak, Gerhard/Stehr, Johannes/Steinert, Heinz (1989): Ärgernisse und Lebenskatastrophen. Über den alltäglichen Umgang mit Kriminalität. Bielefeld: AJZ.

Harvey, David (2013): Rebellische Städte. Vom Recht auf Stadt zur urbanen Revolution. Berlin: Suhrkamp.

Häußermann, Hartmut (1995): Die Stadt und die Stadtsoziologie. Urbane Lebensweise und die Integration des Fremden. In: Berliner Journal für Soziologie 1, 89–98.

Häußermann, Hartmut (2008): Behindern »Migrantenviertel« die Integration? In: Frank Gesemann/Roland Roth (Hg.), Lokale Integrationspolitik in der Einwanderungsgesellschaft. Migration und Integration als Herausforderung von Kommunen. Wiesbaden: VS, 235–246.

Häußermann, Hartmut/Siebel, Walter (2001): Integration und Segregation – Überlegungen zu einer alten Debatte. In: Deutsche Zeitschrift für Kommunalwissenschaften 1, 68.

Heeg, Susanne/Rosol, Marit (2007): Neoliberale Stadtpolitik im globalen Kontext. Ein Überblick. In: Prokla 37/149, 491–510.

Heitmeyer, Wilhelm (1997): Was treibt die Gesellschaft auseinander? Frankfurt a.M.: Suhrkamp.

Heitmeyer, Wilhelm (1998): Versagt die »Integrationsmaschine« Stadt? Zum Problem der ethnisch-kulturellen Segregation und ihren Konfliktfolgen. In: Wilhelm Heitmeyer/Rainer Dollase/Otto Backes (Hg.), Die Krise der Städte. Analysen zu den Folgen desintegrativer Stadtentwicklung für das ethnisch-kulturelle Zusammenleben. Frankfurt a.M.: Suhrkamp, 443–467.

Heitmeyer, Wilhelm/Anhut, Reimund (2000): Bedrohte Stadtgesellschaft. Soziale Desintegrationsprozesse und ethnisch-kulturelle Konfliktkonstellationen. Weinheim/München: Juventa.

Heitmeyer, Wilhelm/Imbusch, Peter (Hg.) (2012): Desintegrationsdynamiken. Integrationsmechanismen auf dem Prüfstand. Wiesbaden: Springer VS.

Henshaw, Victoria (2014): Urban smellscapes. Understanding and designing city smell environments. New York: Routledge.

Hess, Sabine/Moser, Johannes (2009): Jenseits der Integration. Kulturwissenschaftliche Betrachtungen einer Debatte. In: Jana Binder/Sabine Hess/Johannes Moser (Hg.), No integration?! Kulturwissenschaftliche Beiträge zur Integrationsdebatte in Europa. Bielefeld: transcript, 11–25.

Hillmann, Karl-Heinz (2007): Wörterbuch der Soziologie. Stuttgart: Alfred Kröner.

Hirschman, Albert O. (1994): Social conflicts as pillars of democratic market society. In: Political Theory 22/2, 203–218.

Hitzler, Ronald (2000): Die Erkundung des Feldes und die Deutung der Daten. Annäherungen an die (lebensweltliche) Ethnographie. In: Werner Lindner (Hg.), Ethnographische Methoden in der Jugendarbeit. Zugänge, Anregungen und Praxisbeispiele. Opladen: Leske + Budrich, 17–31.

Honer, Anne (1993): Lebensweltliche Ethnographie. Ein explorativ-interpretativer Forschungsansatz am Beispiel von Heimwerker-Wissen. Wiesbaden: Deutscher Universitätsverlag.

Hörning, Karl H./Reuter, Julia (Hg.) (2004): Doing culture. Neue Positionen zum Verhältnis von Kultur und sozialer Praxis. Bielefeld: transcript.

Huning, Sandra/Schuster, Nina (2015): »Social mixing« or »gentrification«? Contradictory perspectives on urban change in the Berlin district of Neukölln. In: International Journal of Urban and Regional Research 39/4, 738–755.

Jacobs, Jane (1961): The death and life of great American cities. Harmondsworth: Penguin.

Jesus Pereira Lopes, Rogério de (2017): Queer inclusive planning. Raumansprüche und queeres Selbstverständnis in einer heteronormativen Gesellschaft. In: sub\urban. zeitschrift für kritische stadtforschung 5/1-2, 243–256.

Katz, Irwin (1991): Gordon Allport's »The nature of prejudice«. In: Political Psychology 12/1, 125–157.

Keller, Christine (2015): Freundschaftliche Forschung? Annäherung und Distanzierung beim Betreiben von Ethnographie. In: Ronald Hitzler/Miriam Gothe (Hg.), Ethnographische Erkundungen. Methodische Aspekte aktueller Forschungsprojekte. Wiesbaden: Springer VS, 255–272.

Klinger, Cornelia (2003): Ungleichheit in den Verhältnissen von Klasse, Rasse und Geschlecht. In: Gudrun-Axeli Knapp/Angelika Wetterer (Hg.), Achsen der Differenz. Gesellschaftstheorie und feministische Kritik II. Münster: Westfälisches Dampfboot, 14–48.

Klinger, Cornelia/Knapp, Gudrun-Axeli (Hg.) (2008): ÜberKreuzungen. Fremdheit, Ungleichheit, Differenz. Münster: Westfälisches Dampfboot.

Knoblauch, Hubert (2005): Wissenssoziologie. Konstanz: UVK.

Kronauer, Martin/Siebel, Walter (Hg.) (2013): Polarisierte Städte. Soziale Ungleichheit als Herausforderung für die Stadtpolitik. Frankfurt a.M./New York: Campus.

Kronauer, Martin/Vogel, Berthold (2001): Erfahrung und Bewältigung von sozialer Ausgrenzung in der Großstadt. Was sind Quartierseffekte, was Lageeffekte? In: SOFI-Mitteilungen 29, 45–58.

Kuhlmann, Carola (2013): Erziehung und Bildung. Einführung in die Geschichte und Aktualität pädagogischer Theorien. Wiesbaden: Springer VS.

Lanz, Stephan (2007): Berlin aufgemischt: abendländisch, multikulturell, kosmopolitisch? Die politische Konstruktion einer Einwanderungsstadt. Bielefeld: transcript.

Läpple, Dieter (1991): Essay über den Raum. Für ein gesellschaftswissenschaftliches Raumkonzept. In: Hartmut Häußermann/Detlev Ipsen/Thomas Krämer-Badoni (Hg.), Stadt und Raum. Soziologische Analysen. Pfaffenweiler: Centaurus, 157–207.

Lees, Loretta (2003): The ambivalence of diversity and the politics of urban renaissance. The case of youth in downtown Portland, Maine. In: International Journal of Urban and Regional Research 27/3, 613–634.

Lees, Loretta (2008): Gentrification and social mixing: Towards an inclusive urban renaissance? In: Urban Studies 45/12, 2449–2470.

Lefebvre, Henri (1991): The production of space. Malden: Blackwell.

Lindenhayn, Nils/Sties, Nora (2014): Was Marker machen. Versuch über die Materialität soziokultureller Differenzierung. In: Eva Bonn/Christian Knöppler/Miguel Souza (Hg.), Was machen Marker? Logik, Materialität und Politik von Differenzierungsprozessen. Bielefeld: transcript, 11–21.

Lofland, Lyn H. (1989): Social life in the public realm. In: Journal of Contemporary Ethnography 17/4, 453–482.

Lorde, Audre/Rich, Adrienne/Schultz, Dagmar (Hg.) (1991): Macht und Sinnlichkeit. Ausgewählte Texte. Berlin: Orlanda Frauenverlag.

Löw, Martina (2001): Raumsoziologie. Frankfurt a.M.: Suhrkamp.

Maly, Michael (2008): Beyond segregation. Multiracial and multiethnic neighborhoods. Philadelphia: Temple University Press.

Manalansan, Martin F. (2005): Race, violence, and neoliberal spatial politics in the global city. In: Social Text 23/3-4(84-85), 141–155.

Massey, Doreen B. (2005): For space. London: SAGE.

Matthäi, Ingrid (1989): Grüne Inseln in der Großstadt. Eine kultursoziologische Studie über das organisierte Kleingartenwesen in Westberlin. Marburg: Verlag Arbeiterbewegung und Gesellschaftswissenschaft.

MDR (2011): Die Datsche. Paradies in Gefahr. 10.03.2011. https://www.mdr.de/geschichte/ddr/alltag/reisen-freizeit/datsche-paradies-in-gefahr-100.html (letzter Aufruf am 02.05.2024).

MDR (2020): Kleingärtnern in der DDR. Parzellen des Glücks. Fernsehbeitrag, 06.04.2020. https://www.youtube.com/watch?v=NjE7DWy61vw&t=164s (letzter Aufruf am 02.05.2024).

Meuser, Michael/Nagel, Ulrike (2009): ExpertInneninterviews – vielfach erprobt, wenig bedacht. Ein Beitrag zur qualitativen Methodendiskussion. In: Alexander Bogner/Beate Littig/Wolfgang Menz (Hg.), Das Experteninterview. Theorie, Methode, Anwendung. Wiesbaden: Springer VS, 71–80.

Meyer-Renschhausen, Elisabeth (2011): Gemeinschaftlich betriebene Gemüsegärten in Berlin. Eine Studie. https://digital.zlb.de/viewer/api/v1/records/15728126/files/images/134_urban_agriculture_in_berlin.pdf/full.pdf (letzter Aufruf am 16.04.2024).

Mitchell, Don (1995): The end of public space? People's park, definitions of the public, and democracy. In: Annals of the Association of American Geographers 85/1, 108–126.

Mitchell, Don (2016): People's Park again. On the end and ends of public space. In: Environment and Planning A: Economy and Space 49/3, 503–518.

Motakef, Mona (2015): Prekarisierung. Bielefeld: transcript.

Müller, Christa (2012): Urban gardening. Über die Rückkehr der Gärten in die Stadt. München: oekom.

MUNLV (2009): Zukunft des Kleingartenwesens in Nordrhein-Westfalen. Forschungsbericht zur Kleingartensituation in Nordrhein-Westfalen. Düsseldorf: MUNLV.

Niederberger, Marlen/Ruddat, Michael (2012): »Let's talk about sex!«. Über die Eignung von Telefoninterviews in der qualitativen Sozialforschung. In: Forum Qualitative Sozialforschung 13/3. https://doi.org/10.17169/fqs-13.3.1758.

Oguntoye, Katharina/Lorde, Audre (Hg.) (1991): Farbe bekennen. Afro-deutsche Frauen auf den Spuren ihrer Geschichte. Berlin: Orlanda-Frauenverlag.

Ottersbach, Markus (2003): Die Marginalisierung städtischer Quartiere in Deutschland als theoretische und praktische Herausforderung. In: Aus Politik und Zeitgeschichte 28, 32–39.

Paetzelt, Caterina (2022): Schrebergärten – einst und jetzt. In: Alexander Thumfart/Bettina Hollstein/Sandra Tänzer (Hg.), Gärten. Von der Naturbeherrschung zur gesellschaftlichen Utopie. Göttingen: Wallstein, 249–270.

Park, Robert Ezra (1967 [1925]): The city. Suggestions for the investigation of human behavior in the urban environment. In: Robert Ezra Park/Ernest W. Burgess/Roderick D. McKenzie, The city. Chicago: University of Chicago Press, 1–46.

Perry, Evelyn M. (2017): Live and let live. Diversity, conflict, and community in an integrated neighborhood. Chapel Hill: The University of North Carolina Press.

Petermann, Sören/Schönwälder, Karen (2014): Immigration and social interaction. In: European Societies 16/4, 500–521.

Peterson, Melike (2017): Living with difference in hyper-diverse areas: How important are encounters in semi-public spaces? In: Social & Cultural Geography 18/8, 1067–1085.

Pink, Sarah (2008): An urban tour. The sensory sociality of ethnographic placemaking. In: Ethnography 9/2, 175–196.

Pink, Sarah (2015): Doing sensory ethnography. Los Angeles u.a.: SAGE.

Pütz, Robert/Rodatz, Matthias (2013): Kommunale Integrations-und Vielfaltskonzepte im Neoliberalismus. Zur strategischen Steuerung von Integration in deutschen Großstädten. In: Geographische Zeitschrift 101/3-4, 166–183.

Raab, Jürgen (2001): Soziologie des Geruchs. Über die soziale Konstruktion olfaktorischer Wahrnehmung. Konstanz: UVK.

Rinn, Moritz/Wiese, Lena (2020): Politiken sozialer Mischung und die Produktivität von Rassismus im »gefährlichen Viertel«. In: Geograhica Helvetica 75/1, 23–36.

Ronneberger, Klaus/Tsianos, Vassilis (2012): Panische Räume. In: StadtBauwelt 193, 41–49.

Rosol, Marit (2006): Gemeinschaftsgärten in Berlin. Eine qualitative Untersuchung zu Potenzialen und Risiken bürgerschaftlichen Engagements im Grünflächenbereich vor dem Hintergrund des Wandels von Staat und Planung. Berlin: Mensch-und-Buch-Verlag.

Rudolph, Dirk (2003): Wer Gott vertraut und Bretter klaut, der hat ›ne schöne Laube. Zur Geschichte der Berliner »Armengärten«. In: Scheinschlag. Berliner Stadtzeitung 6.

Sandercock, Leonie (1997): Towards cosmopolis. Planning for multicultural cities. Chichester: John Wiley.

Sandercock, Leonie (2004): Towards a planning imagination for the 21st Century. In: Journal of the American Planning Association 70/2, 133–141.

Schmidt, Robert (2012): Soziologie der Praktiken. Konzeptionelle Studien und empirische Analysen. Berlin: Suhrkamp.

Schuster, Nina (2010): Andere Räume. Soziale Praktiken der Raumproduktion von Drag Kings und Transgender. Bielefeld: transcript.

Schuster, Nina (2018): Diverse City. In: Dieter Rink/Annegret Haase (Hg.), Handbuch Stadtkonzepte. Analysen, Diagnosen, Kritiken und Visionen. Opladen/Toronto: Barbara Budrich, 63–86.

Schuster, Nina/Höhne, Stefan (2017): Stadt der Reproduktion. Einführung in den Themenschwerpunkt. In: sub\urban. zeitschrift für kritische stadtforschung 5/3, 9–23.

Schuster, Nina/Volkmann, Anne (2019): Lebenschancen im Quartier. Bedürfnisse, Ressourcen und Strategien von Stadtteilbewohner_innen. In: Raumforschung und Raumordnung 77/4, 401–415.

Sennett, Richard (1997 [1994]): Fleisch und Stein. Der Körper und die Stadt in der westlichen Zivilisation. Frankfurt a.M.: Suhrkamp.

Simmel, Georg (1984): Die Großstädte und das Geistesleben. In: Georg Simmel (Hg.), Das Individuum und die Freiheit. Essais. Berlin: Wagenbach, 192–204.

Simmel, Georg (2018): Der Streit. In: Otthein Rammstedt (Hg.), Soziologie. Untersuchungen über die Formen der Vergesellschaftung. Frankfurt a.M.: Suhrkamp, 284–382.

Smith, Barbara (1978): Toward a black feminist criticism. In: The Radical Teacher 7, 20–27.

Statistisches Bundesamt (2023): Daten aus dem Gemeindeverzeichnis. Städte in Deutschland nach Fläche, Bevölkerung und Bevölkerungsdichte. Gebietsstand: 31.12.2022. https://www.destatis.de/DE/Themen/Laender-Regionen/Regionales/Gemeindeverzeichnis/Administrativ/05-staedte.html (letzter Aufruf am 02.05.2024)

Stehr, Johannes (2020): Alltagsnarrationen über Konflikte und Kriminalität. In: Kriminologisches Journal 52/4, 312–326.

Stein, Hartwig (2000): Inseln im Häusermeer. Eine Kulturgeschichte des deutschen Kleingartenwesens bis zum Ende des Zweiten Weltkriegs: Reichsweite Tendenzen und Groß-Hamburger Entwicklung. Frankfurt a.M./New York: Peter Lang.

Stein, Hartwig (2010): Oasen in der Steinwüste. Der deutsche Kleingarten zwischen pädagogischer Provinz, ökonomischer Nische und privatem Paradies. In: Brita Reimers (Hg.), Gärten und Politik. Vom Kultivieren der Erde. München: oekom, 121–136.

Steinborn, Vera (Hg.) (1991): Arbeitergärten im Ruhrgebiet. Münster: LOK-Report.

Strauss, Anselm L./Corbin, Juliet M. (2010): Grounded theory. Grundlagen qualitativer Sozialforschung. Weinheim: Beltz.

Szczepańska, Magdalena/Kacprzak, Ewa/Maćkiewicz, Barbara/Poniży, Lidia (2021): How are allotment gardens managed? A comparative study of usage and development in contemporary urban space in Germany and Poland. In: Moravian Geographical Reports 29/3, 231–250.

Terlinden, Ulla (1990): Gebrauchswirtschaft und Raumstruktur. Ein feministischer Ansatz in der soziologischen Stadtforschung. Stuttgart: Silberburg.

Valentine, Gill (1996): (Re)negotiating the »heterosexual street«. Lesbian productions of space. In: Nancy Duncan (Hg.), BodySpace. Destabilizing geographies of gender and sexuality. London/New York: Routledge, 146–155.

Valentine, Gill (2008): Living with difference. Reflections on geographies of encounter. In: Progress in Human Geography 32/3, 323–337.

Valentine, Gill (2013): Living with difference. Proximity and encounter in urban life. In: Geography 98/1, 4–9.

Valentine, Gill/Sadgrove, Joanna (2014): Biographical narratives of encounter. The significance of mobility and emplacement in shaping attitudes towards difference. In: Urban Studies 51/9, 1979–1994.

Valentine, Gill/Waite, Louise (2012): Negotiating difference through everyday encounters. The case of sexual orientation and religion and belief. In: Antipode 44/2, 474–492.

Verk, Sabine (1994): Laubenleben. Eine Untersuchung zum Gestaltungs-, Gemeinschafts- und Umweltverhalten von Kleingärtnern. Münster/New York: Waxmann.

Vertovec, Steven (2007): Super-diversity and its implications. In: Ethnic and Racial Studies 30/6, 1024–1054.

Wacquant, Loïc (2001): Für eine Analytik rassischer Herrschaft. In: Anja Weiß (Hg.), Klasse und Klassifikation. Die symbolische Dimension sozialer Ungleichheit. Wiesbaden: Westdeutscher Verlag, 61–77.

Wacquant, Loïc (2003): Leben für den Ring. Boxen im amerikanischen Ghetto. Konstanz: UVK.

Wacquant, Loïc (2013): Für eine Soziologie aus Fleisch und Blut. In: sub\urban. zeitschrift für kritische stadtforschung 2/3, 93–106.

Wacquant, Loïc (2018): Die Verdammten der Stadt. Eine vergleichende Soziologie fortgeschrittener Marginalität. Wiesbaden: Springer VS.

Walgenbach, Katharina/Dietze, Gabriele/Hornscheidt, Antje/Palm, Kerstin (Hg.) (2007): Gender als interdependente Kategorie. Neue Perspektiven auf Intersektionalität, Diversität und Heterogenität. Opladen: Barbara Budrich.

Warnecke, Peter (2001): Laube, Liebe, Hoffnung. Kleingartengeschichte. Berlin: Wächter.

Way, Twigs (2017): Allotments. Stroud: Amberly.

Weber, Max (1988 [1922]): Gesammelte Aufsätze zur Wissenschaftslehre. Tübingen: Mohr.

Wehrheim, Jan (2006): Die überwachte Stadt. Sicherheit, Segregation und Ausgrenzung. Opladen: Barbara Budrich.

Weiß, Anja (2002): Raumrelationen als zentraler Aspekt weltweiter Ungleichheiten. In: Mittelweg 36, 11/2, 76–92.

West, Candace/Fenstermaker, Sarah (1995): Doing difference. In: Gender & Society 9/1, 8–37.

West, Candace/Zimmerman, Don H. (1987): Doing gender. In: Gender & Society 1/2, 125–151.

Wiesemann, Lars (2015): Öffentliche Räume und Diversität. Geographien der Begegnung in einem migrationsgeprägten Quartier – das Beispiel Köln-Mühlheim. Münster: LIT.

Wilson, Helen F./Darling, Jonathan (2016): The possibilities of encounter. In: Jonathan Darling/Helen F. Wilson (Hg.), Encountering the city. Urban encounters from Accra to New York. London/New York: Routledge, 1–24.

Winker, Gabriele (2015): Care Revolution. Schritte in eine solidarische Gesellschaft. Bielefeld: transcript.

Winker, Gabriele/Degele, Nina (2009): Intersektionalität. Zur Analyse sozialer Ungleichheiten. Bielefeld: transcript.

Young, Iris Marion (1990a): Justice and the politics of difference. Princeton: Princeton University Press.

Young, Iris Marion (1990b): The ideal of community and the politics of difference. In: Linda J. Nicholson (Hg.), Feminsim/postmodernism. New York/London: Routledge, 300–322.

Zimmerman, Don H. (1978): Ethnomethodology. In: The American Sociologist 13/1, 6–15.

Verzeichnis der zitierten Interviews und Beobachtungsprotokolle

Interviews

I. 3: 20.02.2019, 57'30, Protokoll, Audioaufnahme und Transkript
I. 5: 09.04.2019, 47'10, Protokoll, Audioaufnahme und Transkript
I. 8: 18.07.2019, 43'50, Protokoll, Audioaufnahme und Transkript
I. 10: 07.08.2019, 49'50, Protokoll, Audioaufnahme und Transkript
I. 11: 10.09.2019, 88'00, Protokoll, Audioaufnahme und Transkript
I. 12: 10.09.2019, 93'00, Protokoll
I. 13: 11.09.2019, 59'30, Protokoll, Audioaufnahme und Transkript
I. 14: 12.09.2019, 71'10, Protokoll, Audioaufnahme und Transkript
I. 17: 06.05.2020, 59'10, Protokoll, Audioaufnahme und Transkript
I. 19: 13.05.2020, 46'00, Protokoll, Audioaufnahme und Transkript
I. 21: 21.07.2020, 75'20, Protokoll, Audioaufnahme und Transkript
I. 22: 29.06.2021, 59'30, Protokoll, Audioaufnahme und Transkript

Beobachtungsprotokolle

P. 3, 170225: 25.05.2017
P. 5, 180421: 21.04.2018
P. 20, 190401: 01.04.2019
P. 21, 190407: 07.04.2019
P. 31, 200308: 08.03.2020

Zahlreiche weitere Interviews, informelle Gespräche und diverse Beobachtungen sind implizit in die Analysen eingeflossen.